语文导学拓展模块

主编 许 娜 霍延会

北京理工大学出版社
BEIJING INSTITUTE OF TECHNOLOGY PRESS

内 容 摘 要

本书是以高等教育出版社出版的中等职业教育课程改革国家规划新教材《语文》（拓展模块）为主要参考教材编写的配套语文导学练习册。本书突出应用性、重视实用性，符合中等职业学校学生的学习现状和语文考试的需求。

本书在编写过程中参考中等职业学校语文教学大纲，依据课本的教学单元编写，结合教材特点和学生实际，练习册突出双基训练，题型全面，内容丰富。该导学从题型上来说，涵盖了选择、填空、阅读和写作等题型；从内容上来说，和课文紧密结合，体现导向性，同时还注重课内阅读与课外阅读的有机结合，实现阅读能力的迁移转化；从练习册的体例上来说，不仅仅有大量的练习题，它还包括学习目标、文学常识、课文解析和知识积累等内容，可以帮助学生对以往知识记忆与理解。每一单元学习完毕，后面还有单元测试，以方便学生对单元教学内容进行检测。整册书学完后有综合检测题。单元检测和综合检测以"河北省普通高等学校对口招生考试语文试题"为模板，题型典型、新颖、难易适中，既注意结合教学单元内容，考查学生的基础知识和基本能力，也注重提升学生的应用能力和创新意识，不仅重视积累与拓展学生的语文知识，而且重视培养提高中职学生的语文综合能力。

版权专有　侵权必究

图书在版编目（CIP）数据

语文导学拓展模块 / 许娜，霍延会主编．— 北京：北京理工大学出版社，2020.7 重印

ISBN 978-7-5682-6179-1

Ⅰ．①语… Ⅱ．①许…②霍… Ⅲ．①语文课 – 中等专业学校 – 教学参考资料 Ⅳ．① G634.303

中国版本图书馆 CIP 数据核字（2018）第 191814 号

出版发行 / 北京理工大学出版社有限责任公司
社　　址 / 北京市海淀区中关村南大街 5 号
邮　　编 / 100081
电　　话 /（010）68914775（总编室）
　　　　　（010）82562903（教材售后服务热线）
　　　　　（010）68948351（其他图书服务热线）
网　　址 / http://www.bitpress.com.cn
经　　销 / 全国各地新华书店
印　　刷 / 定州市新华印刷有限公司
开　　本 / 787 毫米 × 1092 毫米　1/16
印　　张 / 17.5　　　　　　　　　　　　　　　　责任编辑 / 李慧智
字　　数 / 425 千字　　　　　　　　　　　　　　文案编辑 / 李慧智
版　　次 / 2020 年 7 月第 1 版第 3 次印刷　　　　责任校对 / 周瑞红
定　　价 / 42.50 元　　　　　　　　　　　　　　责任印制 / 边心超

图书出现印装质量问题，请拨打售后服务热线，本社负责调换

中等职业教育创优导航文化素养提升系列丛书

编写委员会

主　任　　张志增

委　员　　（按首字汉字笔画排序）

于春红　韦玉海　陈宝忠

张秀魁　张剑锋　张健智

郝玉华　郭建成　黄书林

本书编写组

主　编　　许　娜　霍延会

副主编　　冯淑琴　娄敬捧　李淑霞

参　编　　王晓燕　赵爱珍

编 写 说 明

编写目的及特点

多年来,河北省中职学生使用的都是与教材配发的学科练习册,试题难度整体偏低,试题类型与河北省对口高考试题也不十分一致,在实际使用中,老师们越发觉得语文学科练习册与广大学生的实际学习能力训练不匹配,主要表现在以下几个方面:

第一,忽视了基础知识的训练,学生最基本的修辞、病句等语文能力的培养得不到很好的落实;

第二,所设计的练习题,虽说与课文内容相结合,但对于参加对口高考的学生来说太过简单,不适用;

第三,课外拓展题虽然有一部分,但题型也不符合对口高考的题型。

为此,我们本着"以考纲为本,以生为本"的理念,编写了这套语文导学练习册。

结构体系、栏目设计

本书是以教育部颁发的《中等职业学校语文教学大纲》和《河北省中等职业学校对口升学语文考试大纲》为依据,以"河北省普通高等学校对口招生考试语文试题"为模板。

本书每一课基本都分五大部分:1.学习目标;2.文学常识;3.课文解析;4.知识积累;5.知识检测。其中知识检测部分包括选择题、填空题、课内阅读和拓展阅读四个部分。

本书本着先易后难、先基础后综合、先知识后能力的原则,在知识点覆盖、题型设计、阅读材料选择等方面都进行了仔细斟酌和筛选,使学生既能全面掌握语文知识,又能及时准确理解课文内容。

此外,每一个单元还设计了单元检测题,单元检测题严格按照河北省中等职业学校对口升学考试 2012 年之后的高考题型设置。

与相邻课程的衔接情况

职高二年级语文拓展模块教材和语文基础模块上、下册一脉相承,同时又为高三语文总复习奠定了基础。因此在编写导学练习册的时候,我们注重文学常识和各种基础知识的积累以及知识的拓展。我们导学练习册体系开放而富有活力,它注重全面提高学生的语文素养,在设计上更加重视联系学生的生活实际,着眼于积累语言、启发思维、培养学生的语文能力。

本书既可作为职高学生的练习册,又可作为对口升学的辅导材料,同时也可作为教师的教学用书。

第一单元

一 胡同文化	2
二 废墟的召唤	9
三 过万重山漫想	16
四、西安这座城	23
五 把栏杆拍遍	31
第一单元检测题	38

第二单元

六 过秦论	46
七 鸿门宴	52
八 寡人之于国也	58
九 兰亭集序	63
十 阿房宫赋	69
第二单元检测题	74

第三单元

十一 祝福	82
十二 春之声	90
十三 一个人的遭遇	98
十四 老人与海	106

| 十五 | 微型小说两篇 | **113** |
| 第三单元检测题 | | **121** |

第四单元 ★★★★★★★★★★

十六	反对党八股	**130**
十七	运用之妙，存乎一心	**136**
十八	运用之妙，存乎一心	**143**
十九	音乐就在你心中	**150**
二十	中国艺术表现里的虚和实	**155**
第四单元检测题		**163**

第五单元 ★★★★★★★★★★

二十一	想北平	**172**
二十二	世界是平的，世界是通的	**179**
二十三	中国画与西洋画	**185**
二十四	古希腊的石头	**193**
二十五	奥林匹克精神	**201**
第五单元检测题		**208**

第六单元 ★★★★★★★★★★

二十六	六国论	**216**
二十七	游褒禅山记	**222**
二十八	国殇	**229**
二十九	孔雀东南飞	**235**
三十	陈情表	**242**
第六单元检测题		**249**

| 综合检测题一 | **256** |
| 综合检测题二 | **264** |

第一单元

一　胡同文化

1. 了解胡同文化的特点，掌握作者的行文脉络。
2. 学习作者用朴素平实的语言叙事抒情的手法。
3. 培养学生用文化眼光品评现实生活，透过生活现象看到其隐含的文化内涵的能力。

汪曾祺（1920—1998），江苏高邮人，中国当代作家。主要作品有：小说集《邂逅集》《晚饭花集》《汪曾祺短篇小说选》，儿童小说集《羊舍的夜晚》，京剧剧本《范进中举》，论文集《晚翠文谈》等。所作《大淖记事》获1981年全国优秀短篇小说奖。比较有影响的作品还有《受戒》《异秉》等。

《胡同文化》是作者为摄影艺术集《胡同之没》写的序言。

课文通过对北京市民过去的居处方式——胡同、四合院以及北京市民过去文化形态的描述，指出胡同文化是一种传统的封闭文化，这种胡同式的文化思想，即将随着商品经济发展和改革的大潮涌起而日趋消失。文章分三部分，先谈胡同的起源发展，再谈胡同文化的特征，最后谈胡同文化在时代大潮中的衰落，内在联系紧密。文章语言平白、朴素，口语化强，富于表现力；古典语言与现代语言巧妙地融会贯通，平易简洁，准确生动。

一 胡同文化

 知识积累

1. 给下列加点字注音。

库（　　）　　镊子（　　）　　房檩（　　）　　约鸡蛋（　　）

埗（　　）　　储存（　　）　　挪窝（　　）　　熬白菜（　　）

2. 解释下列词语。

奉公守法：

安土重迁：

不约而同：

冷眼旁观：

逆来顺受：

 知识检测

一、选择题

1. 下列加点的字注音全对的一项是（　　）

A. 储存（zhù）　　惊闺（gū）　　烦躁（zào）　　熬白菜（áo）

B. 露天（lù）　　棱角（líng）　　伺候（sì）　　惜薪司（xīn）

C. 崩塌（tā）　　庠序（xiáng）　　酱油（jiàng）　　撺起来（luò）

D. 骄阳（jiāo）　　虾蟆（xiā）　　低徊（huái）　　乌衣巷（xiàng）

2. 下列词语中没有错别字的一项是（　　）

A. 房檐　安份守己　挪窝　冷眼旁观　　B. 喧闹　莫不关心　精义　置身事外

C. 荣华　逆来顺受　万贯　不约而同　　D. 伺候　满目荒凉　精采　休戚相关

3. 给文中的胡同名称分类不正确的一项是（　　）

A. 大雅宝胡同、王皮胡同、王广福胡同

B. 高义伯胡同、小羊宜宾胡同、王皮胡同

C. 手帕胡同、羊肉胡同

D. 无量大人胡同、石老娘胡同

4. 依次填入下列横线上的词语，最恰当的一项是（　　）

①群众生活　　　　的农产品价格要坚决保持稳定。

②为防范贩毒分子的偷渡，许多国家都在　　　　增设了关卡。

· 3 ·

③没有 _____ 过人生的苦辣，又怎能懂得长辈们创业的艰难。

A. 必需　边界　体味　　　　　　B. 必须　边界　体味

C. 必需　边境　体会　　　　　　D. 必须　边境　体会

5. 下列句子中没有语病的一句是（　　）

A. 许多父母对孩子过于偏爱，饭来张口，衣来伸手，这对孩子的成长是十分有害的。

B. 那种不顾林区实际，片面强调粮食生产，到头来只能是得不偿失。

C. 搜集史料不容易，鉴定史料更不容易，大部分史学家主要力量就用在这方面。

D. 最近的一项调查显示，不少网络游戏带有暴力情节和色情内容，这无疑会严重影响青少年的身心健康。

6. 下列句子使用了比喻修辞手法的一句是（　　）

A. 北京城像一块大豆腐，四方四正。

B. 有些胡同很小，如耳朵眼胡同。

C. 北京人每个人一辈子吃的大白菜摞起来大概有北海白塔那么高。

D. 除了少数"宅门"还在那里挺着，大部分民居的房屋都已经很残破。

7. 对文中"'睡不着眯着'这句话实在太精彩了"中的"精彩"一词分析恰当的一项是（　　）

A. 这是反语，讽刺了北京人死要面子。　　B. 反映了北京文化的市民化特点。

C. 传神地刻画了北京人"忍"的特点。　　D. 道出了北京人的倔强。

8. 对文中"北京人，真有你的"的理解最恰当的一项是（　　）

A. 讽刺了北京人的怀旧情绪。

B. 奚落北京某些人逆来顺受的小市民心态。

C. 赞叹北京某些用语的幽默。

D. 称道"老北京"懂得生活，语言精辟。

二、填空题

1. 本文的作者是 _____ ，中国现代作家，江苏高邮人。作品主要有短篇小说 _____ 等。本文是作者为摄影艺术集 _____ 写的序。

2. 根据课文内容填空。

①北京城像一块大豆腐，_____ 。

②这种方正不但影响了北京人的生活，_____ 。

③但是他们舍不得"挪窝儿"_____ 。

④各人自扫门前雪，_____ 。

⑤忍着吧！_____ ！

三、课内阅读

（1）胡同和四合院是一体。胡同两边是若干四合院连接起来的。胡同、四合院，是北京市民的居住方式，也是北京市民的文化形态。我们通常说北京的市民文化，就是指的胡同文化。胡同文化是北京文化的重要组成部分，即使不是最主要的部分。

（2）胡同文化是一种封闭的文化。住在胡同里的居民大都安土重迁，不大愿意搬家。有在一个胡同里一住住几十年的，甚至有住了几辈子的。胡同里的房屋大都很旧了，"地根儿"房子就不太好，旧房檩，断砖墙。下雨天常是外面大下，屋里小下。一到下大雨，总可以听到房塌的声音，那是胡同里的房子。但是他们舍不得"挪窝儿"，——"破家值万贯"。

（3）四合院是一个盒子。北京人理想的住家是"独门独院"。北京人也很讲究"处街坊"。"远亲不如近邻"。"街坊里道"的，谁家有点事，婚丧嫁娶，都得"随"一点"份子"，道个喜或道个恼，不这样就不合"礼数"。但是平常日子，过往不多，除了有的街坊是棋友，"杀"一盘；有的是酒友，到"大酒缸"（过去山西人开的酒铺，都没有桌子，在酒缸上放一块规成圆形的厚板以代酒桌）喝两"个"（大酒缸二两一杯，叫做"一个"）；或是鸟友，不约而同，各晃着鸟笼，到天坛城根、玉渊潭去"会鸟"（会鸟是把鸟笼挂在一处，既可让鸟互相学叫，也互相比赛），此外，"各人自扫门前雪，休管他人瓦上霜"。

（4）北京人易于满足，他们对生活的物质要求不高。有窝头，就知足了。大腌萝卜，就不错。小酱萝卜，那还有什么说的。臭豆腐滴几滴香油，可以待姑奶奶。虾米皮熬白菜，嘿！我认识一个在国子监当过差，伺候过陆润庠、王垿等祭酒的老人，他说："哪儿也比不了北京。北京的熬白菜也比别处好吃，——五味神在北京。"五味神是什么神？我至今考查不出来。但是北京人的大白菜文化却是可以理解的。北京人每个人一辈子吃的大白菜摞起来大概有北海白塔那么高。

（5）北京人爱瞧热闹，但是不爱管闲事。他们总是置身事外，冷眼旁观。北京是民主运动的策源地，"民国"以来，常有学生运动。北京人管学生运动叫做"闹学生"。学生示威游行，叫做"过学生"。与他们无关。

（6）北京胡同文化的精义是"忍"。安分守己、逆来顺受。老舍《茶馆》里的王利发说，"我当了一辈子的顺民"，是大部分北京市民的心态。

1. 找出选文第（1）、（2）段的中心句

第（1）段的中心句为（不超过30字）：

第（2）段的中心句为（限12字）：

2. 从语序的角度分析，第一段有一个倒装式句子，请注意筛选：

这个句子的倒装部分为：

若将全句梳理和调整一下，其正常语序为：

3. 选文从哪几个方面写胡同文化的特点？请分条表述。

4. 下列不属于胡同文化封闭性的一项是（　　）

A. 居民大都安土重迁，不大愿意搬家。

B. 有人在胡同里一住几十年，舍不得挪窝儿。

C. 北京人理想的住家是"独门独院"。

D. 安分守己，逆来顺受。

四、拓展阅读

我爱北京的小胡同

季羡林

（1）我爱北京的小胡同，北京的小胡同也爱我，我们已经结下了永恒的缘分。

（2）六十多年前，我到北京来考大学，就下榻于西单大木仓里面一条小胡同中的一个小公寓里。白天忙于到北大三院去应试。北大与清华各考试三天，考得我焦头烂额，筋疲力尽。夜里回到公寓小屋中，还要忍受臭虫的围攻，特别可怕的是那些臭虫的空降部队，防不胜防。

（3）但是，我们这一帮山东来的学生仍然能够苦中作乐。在黄昏时分，总要到西单一带去逛街。街灯并不辉煌，"无风三尺土，有雨一街泥"会令人不快，我们却甘之若饴。耳听铿锵清脆、悠扬有致的京腔，如闻仙乐。此时鼻管里会蓦地涌入一股幽香，是从路旁小花摊上的栀子花和茉莉花那里散发出来的。回到公寓，又听到小胡同中的叫卖声："驴肉！驴肉！""王致和的臭豆腐！"其声悠扬、深邃，还含有一点凄清之意。这声音把我送入梦中，送到与臭虫搏斗的战场上。

（4）将近五十年前，我在欧洲待了十年多以后，又回到了故都。这一次是住在东城的一条小胡同里：翠花胡同，与南面的东厂胡同为邻。我住的地方，后门在翠花胡同，前门则在东厂胡同，据说就是明朝的特务机关东厂所在地，是折磨、囚禁、拷打、杀害所谓"犯人"的地方。冤死之人极多，他们的鬼魂据说常出来显灵。我是不相信什么鬼怪的，我感兴趣的是这一大所房子本身。它地跨两个胡同，其大可知。里面重楼复阁，四廊盘曲，院落错落，花园重叠，一个陌生人走进去，必定是如入迷宫。不辨东西。

（5）然而，这样复杂的内容，无论是从前面的东厂胡同，还是从后面的翠花胡同，都是看不出来的。外面十分简单，里面十分复杂；外面十分平凡，里面十分神奇。这是北京许多小胡同共有的特点。

（6）据说当年黎元洪大总统在这里住过。我住在这里时，北大校长胡适住在黎住过的房子中。我住的地方仅仅是这个大院子中的一个旮旯，在西北角上。但是这个旮旯也并不小，是一个三进的院子，我第一次体会到"庭院深深深几许"的意境。我住在最深一层院子的东房中，院子里摆满了汉代砖棺，黄昏时分，总会让人感觉到鬼影幢幢，毛骨悚然。所以很少有人敢在晚上来拜访我。我每日与鬼为邻，倒也过得很安静。

（7）第二进院子里有很多树木。我最初没有注意到是什么树。有一个夏日的晚上，刚下过一阵雨，我走到树下，忽然闻到一股幽香。原来这些是马缨花树，树上正开着繁花，幽香就是从这里散发出来的。

（8）这一下子让我回忆起几十年前西单的栀子花和茉莉花的香气。当时我是一个十九岁的大孩子，现在成了中年人。相距将近二十年的两个我，忽然融合到一起来了。

（9）不管是六十多年，还是五十多年，都成为过去了。现在北京的面貌天天在改变，层楼摩天，道路宽敞。然而那些可爱的小胡同，日渐消逝，被摩天大楼吞噬掉了。看来在现实中小胡同的命运和地位都要日趋消沉，这是不可抗御的，也不一定就算是坏事。可是我仍然执着地关心我的小胡同。就让它们在我心中占一个地位吧，永远，永远。

（10）我爱北京的小胡同，北京的小胡同也爱我。

1. 第三段中说"我们这一帮山东来的学生仍然能够苦中作乐"。其中"苦"指什么？"乐"又指什么？

2. 你如何理解第（5）段中"外面十分简单，里面十分复杂；外面十分平凡，里面十分神奇。这是北京许多小胡同共有的特点"这句话？结合全文内容回答。

3. 比较《胡同文化》与本文的结尾，说说作者在对胡同未来命运的看法上是否相同，情感是否一致？

4. 下列对文意的理解，不准确的两项是（　　）

A. 文中几次提到花的幽香，流露出对小胡同的爱和眷恋。

B. 它的文化哺育了我。

C. 倒数第二段中的"吞噬"表达了作者对"那些可爱的小胡同，却日渐消逝"的惋惜以及对"摩天大楼"的怨恨。

D. 全文通过对北京小胡同生活片段的描写，表达了作者对已经结下永恒缘分的北京小胡同及其所代表文化的眷恋。

E. 文中多次写到"臭虫"，看出作者对这种"与臭虫搏斗"生活的无奈和对北京小胡同生活的淡淡的遗憾。

二 废墟的召唤

 学习目标

1. 了解历史,理解标题中"召唤"的具体内容,领悟文章主旨。
2. 品味赏析"笔法简约含蓄,文字凝重优美"的语言特点。
3. 掌握做批注的阅读方法。
4. 理解作者对废墟的情感态度和"年轻人"的矛盾心理。

 文学常识

宗璞,当代女作家。原名冯钟璞,1928年7月生于北京。主要从事小说和散文创作。主要作品有:短篇小说《红豆》《弦上的梦》(获1978年度全国优秀短篇小说奖),中篇小说《三生石》(获第一届全国优秀中篇小说奖),散文集《丁香结》,系列长篇"野葫芦引"(《南渡记》《东藏记》《西征记》《北归记》,其中《东藏记》获第六届茅盾文学奖),童话《总鳍鱼的故事》获中国作家协会首届全国优秀儿童文学奖等。

 课文解析

这篇写景抒情散文写于1979年,当时十年动乱刚刚结束不久。文章以作者的行踪为写作顺序,先写眼前的所见,表达作者对历史的凭吊;然后借对风声的描绘引出聆听到废墟的召唤,即由实景实写到虚景虚写;最后又由废墟的召唤而引发深沉的思考,阐释改变废墟这一"疑固历史"所应承担的责任,从而点明主题。全文的思路为凭吊—召唤—思考,思路清晰。

本文融情入景,情景交融;笔法简约含蓄,文字凝重优美;议论富有深意,引人思考。

第一单元

知识积累

1. 给下列加点的字注音。

妲己（　　）　　雕镂（　　）　　褒姒（　　）　　驮碑（　　）

嗫嚅（　　）　　海藻（　　）　　绮辉（　　）　　甲胄（　　）

2. 根据注音写出下列汉字。

zhào（　　）唤　　轮 kuó（　　）　　寨 sū（　　）

yǐ（　　）逦　　远瀛 guàn（　　）　　废 xū（　　）

3. 解释下列词语。

废墟：

迤逦：

凝固：

奇耻大辱：

若无其事：

知识检测

一、选择题

1. 下列加点词语注音正确的一项是（　　）

A. 召唤（zhào）　　嗫嚅（niè rú）　　大水法（fǎ）　　重蹈覆辙（zhé）

B. 绮丽（yǐ）　　塞窣（xī sū）　　海晏堂（yàn）　　怒不可遏（è）

C. 雕镂（lòu）　　褒姒（bǎo si）　　柏油路（bó）　　恪尽职守（gé）

D. 停泊（pō）　　模样（mó yàng）　　远瀛观（guān）　　无倚无靠（yǐ）

2. 下列词语中没有错别字的一项是（　　）

A. 窈窕　　乱石哀草　　奇耻大辱　　迷离扑朔

B. 争辨　　兵器甲胄　　慷慨激昂　　鲜嫩润择

C. 凭吊　　瞬息万变　　若无其事　　理直气壮

D. 诧异　　断阶残碑　　白壁微瑕　　如泣如诉

3. 依次填入下列句子横线上的词语，最恰当的一项是（　　）

①浅淡的光，照在框外的冰上，使人想起月色的 _____ 。

②悄立塔下，觉得人是这样渺小，天地是这样 _____ 。

③这里除了光彩，还有淡淡的芳香，香气似乎也是浅紫色的，梦幻一般轻轻地

· 10 ·

_____着我。

④让善良的人得到保护，邪恶的人得到惩罚，这是和谐社会的基本条件。要做到这一点，只有一条路，就是建立_____社会。

A. 冷清　开阔　笼罩　法制　　　B. 清冷　广阔　环绕　法治

C. 冷清　广阔　环绕　法制　　　D. 清冷　开阔　笼罩　法治

4. 依次填入下列句子横线上的成语，最恰当的一项是（　　）

①这蒙受了奇耻大辱的废墟，只管悠闲地、_____地停泊着。

②那时的我们，是何等_____，是何等地满怀热忱！

③我不怪他们，怎能怪他们呢！我嗫嚅着，很不_____。

A. 安分守己　气势磅礴　理直气壮　　B. 若无其事　慷慨激昂　理直气壮

C. 漫不经心　踌躇满志　理直气壮　　D. 熟视无睹　踌躇满志　理直气壮

5. 下列句子中，没有语病的一句是（　　）

A. 我们有一双聪明能干的手，什么造不出来？

B. 我们坚信有这一天，中国的工业和农业会成为发达的国家。

C. 每一个学生都有创新的潜能，要激发这种潜能，就要养成学生自主学习的能力。

D. 一项好的政策，照理会带来好的效果，但在现阶段，必须阳光操作、民主监督等制约措施，因为好经也要提防不被念歪。

6. 对下面一句所用修辞手法分析正确的一项是（　　）

"在莽苍苍的原野上，这一组建筑遗迹宛如一列正在覆没的船只，而那丛生的荒草，便是海藻，杂陈的乱石，便是这荒野的海洋中的一簇簇泡沫了。"

A. 这句话共有两个比喻：第一个是明喻，本体是"建筑遗迹"，喻体是"船只"，喻词是"宛如"；第二个是暗喻，本体是"乱石"，喻体是"泡沫"，喻词是"是"。

B. 这句话共三个比喻：第一个是明喻，本体是"建筑遗迹"，喻体是"船只"，喻词是"宛如"；第二个是暗喻，本体是"荒草"，喻体是"海藻"；第三个是暗喻，本体"乱石"，喻体是"泡沫"，喻词是"是"。

C. 这句话共有三个比喻：第一个是缩喻，本体是"荒野"，喻体是"海洋"，本体和喻体是修饰与被修饰的关系；荒野像海洋一样；第二个是明喻，本体是"建筑遗迹"，喻体是"船只"，喻词是"宛如"；第三个是暗喻，本体是"乱石"，喻体是"泡沫"，喻词是"是"。

D. 这句话共有四个比喻：第一个是缩喻，本体是"荒野"，喻体是"海洋"，本体和喻体是修饰与被修饰的关系；荒野像海洋一样；第二个是明喻，本体是"建筑遗迹"，喻体是"船只"，喻词是"宛如"；第三个是暗喻，本体是"荒草"，喻体是"海藻"；第四个是暗喻，本体是"乱石"，喻体是"泡沫"，喻词是"是"。

7. 下列句子排列顺序最恰当的一组是（　　　）

①一方面，以娱乐为职能的大众文化得到蓬勃发展的机会。

②与此同时，文化领域却有全然不同的景观。

③问题是怎么产生的呢？

④九十年代的中国，商品大潮汹涌而起，给社会经济生活带来无限生机。

⑤一方面，一部分曲高和寡的精英文化则陷入举步维艰的境地。

⑥原因有多方面，其中之一就是文化的二重性。

A. ⑥⑤①②③④　　　　　　B. ③①⑤④②⑥

C. ④③⑤①②⑥　　　　　　D. ④②①⑤③⑥

8. 《废墟的召唤》一文中的点睛之笔是（　　　）

A. 我忽然醒悟了。

B. 和人类比较起来，个人的一生是小得多的概念了。

C. 留下来吧！就因为是废墟，需要每一个你啊。

D. 废墟，不愿永久停泊。

二、填空题

1. 《废墟的召唤》是一篇＿＿＿＿＿＿（体裁），题目采用的修辞手法是＿＿＿＿＿＿。

2. 《废墟的召唤》作者是女作家＿＿＿＿＿＿，原名＿＿＿＿＿＿，主要作品有《＿＿＿＿＿》《＿＿＿＿＿》《＿＿＿＿＿》等。

三、课内阅读

（1）"断碣残碑，都付与苍烟落照。"身旁的年轻人在自言自语。事隔三十余年，我又在和年轻人辩论了。我不怪他们，怎能怪他们呢！我嗫嚅着，很不理直气壮。"留下来吧！就因为是废墟，需要每一个你啊。"

（2）"匹夫有责。"年轻人是敏锐的，他清楚地说出我嗫嚅着的话。"但是怎样尽每一个我的责任？怎样使环境更好地让每一个我尽责任？"他微笑，笑容介于冷和苦之间。

（3）我忽然理直气壮起来："那'怎样'，不就是内容吗？"

（4）他不答，我也停了说话，且看那瞬息万变的落照。迤逦行来，已到水边。水已成冰，冰中透出枝枝荷梗，枯梗上漾着绮辉。远山凹处，红日正沉，只照得天边山顶一片通红。岸边几株枯树，恰为夕阳做了画框。框外娇红的西山，这时却全呈黛青色，鲜嫩润泽，一派雨后初晴的模样，似与这黄昏全不相干，但也有浅淡的光，照在框外的冰上，使人想起月色的清冷。

二　废墟的召唤

（5）树旁乱草中窸窣有声，原来有人作画。他正在调色板上蘸着颜色，蘸了又擦，擦了又蘸，好像不知怎样才能把那奇异的色彩捕捉在纸上。

（6）"他不是画家。"年轻人评论道，"他只是爱这景色——"

（7）前面高耸的断桥便是整个圆明园唯一的遗桥了。远望如一个乱石堆，近看则桥的格局宛在。桥背很高，桥面只剩了一小半，不过桥下水流如线，过水早不必登桥了。

（8）"我也许可以想一想，想一想这废墟的召唤。"年轻人忽然微笑说，那笑容仍然介于冷和苦之间。

（9）我们仍望着落照。通红的火球消失了。剩下的远山显出一层层深浅不同的紫色。浓处如酒，淡处如烟。那不浓不淡处使我想起春日的紫藤萝，这铺天的霞锦，需要多少个藤萝花瓣啊。

（10）仿佛听得说要修复圆明园了，我想，能不能留下一部分废墟呢？最好是远瀛观一带，或只是这座断桥，也可以的。

（11）为了什么呢？为了凭吊这一段凝固的历史，为了记住废墟的召唤。

1. 作者听到了"废墟的召唤"，但是年轻人却尚有疑惑，作者说"留下来吧！就因为是废墟，需要每一个你啊"。"那'怎样'，不就是内容吗？"这表明了什么？

2. "但是怎样尽每一个我的责任？怎样使环境更好地让每一个我尽责任？""尽责任"指什么？

3. 文章前面说"它该让出地方，好建设新的一切"，后文却说"能不能留下一部分废墟呢？最好是远瀛观一带，或只是这座断桥，也可以的"，这样行文前后是否矛盾？为什么？

4. 对选文第四段中景物描写的作用分析不恰当的一项是（　　）

A. 衬托作者此时的感情由低沉转向昂扬奋发。

B. 象征写作本文是社会背景的变化。

C. 与废墟做鲜明对照，反映作者对新旧制度的爱与憎。

D. 黄昏的美景给改造废墟增添无限的生机与希望。

四、拓展阅读

我的母亲河

赵丽宏

（1）人们聚集在江河畔，靠水为生，以水为路。水的流淌，犹如生命繁衍和律动。水的波光，映照着人间的哀乐疾苦。江河犹如母亲，哺养了城市。

（2）上海有两条母亲河，一条是黄浦江，一条是苏州河。黄浦江雄浑宽阔，穿过城市，流向长江，汇入海洋，这是上海的象征。而苏州河，虽是黄浦江的一条支流，但她和上海的关系却似乎更为密切。她曲折蜿蜒地流过来，流过月光铺地的沉睡原野，流过炊烟缭绕的宁静乡村，流过兵荒马乱，流过饥馑贫困，流过晚霞和晨雾，流过渔灯和萤火，从荒凉缓缓流向繁华，从远古悠悠流到今天……

（3）一百多年前，人们就在苏州河畔聚集、居住、谋生，大大小小的工厂作坊，犹如蘑菇，在河畔争先恐后滋生。苏州河就像流动的乳汁，滋润着两岸的市民。在我童年的记忆中，苏州河是一条变幻不定的河。她清澈时，河水黄中泛青，看得见河里的水草，数得清浪中的游鱼。江南的柔美，江北的旷达，都在她沉着的涛声里交汇融和。这样的苏州河，犹如一匹绿色锦缎，飘拂缠绕着城市的胸脯。

（4）我无法忘记苏州河给我的童年带来的快乐，我曾在苏州河里游泳，站在高高的桥头跳水，跳出了我的胆大无畏；投入无声的急流中游泳，游出了我的自信沉着。我还记得河上的樯桅和桨橹，船娘摇橹的姿态仪态万方，把艰辛的生计，美化成舞蹈和歌。我还记得离我家不远的苏州河桥头的"天后宫"，一扇圆形的门洞里，隐藏着神秘，隐藏着往日的刀光剑影。据说那里曾是"小刀会"的指挥部，草莽英雄的故事，淹没了妖魔鬼怪的传说。我还记得河边的堆货场，那是孩子们的迷宫和堡垒，热闹紧张的"官兵捉强盗"，将历史风云浓缩成了孩子的漫画。

（5）少年时，我常常在苏州河畔散步。我曾经幻想自己变成了那些曾在这里名扬天下的海派画家，任伯年、虚谷、吴昌硕，和他们一样，踩着青草覆盖的小路，在鸟语花香中寻觅诗情画意，用流动的河水洗笔，蘸涟涟清波研墨，绘树绘花，绘自由自在的鱼鸟，画山画河，画依山傍水的人物……然而幻想过去，眼帘中的现实，却是浊流汹涌，河上传来小火轮的喧哗，还有弥漫在空气里的腥浊……

（6）终于有了像童年时一样亲近苏州河的机会。前不久，上海举办了一个讴歌母亲河的诗会，请我当评委。组织诗会的朋友说，请你从近处看看今天的苏州河吧。昔日杂乱的堆货场，成了一个现代化的游船码头。踏着木质的阶梯登上快艇，河上的风景扑面而来。先看水，水是黄色的，黄中泛绿，有透明度。远处水面忽然溅起小小的浪花，浪花中银光一闪，竟然是鱼！没有看清楚是什么鱼，但却是活蹦乱跳的水中精灵。童年在河里游泳的景象，突然又浮现在眼前，40多年前，我在苏州河里游泳，常有小鱼撞击我的身体。现在，这些水中精灵又回来了。河道曲曲折折在闹市中蜿蜒穿行，两岸的风光，也使我惊奇。花圃和树林，为苏州河镶上了绿色花边。河畔那些不知何时造起来的楼房，高高低低，在绿荫中争奇斗艳，它们成了上海人向往的住宅区，因为，有一条古老而年轻的河从它们中间静静流过。

（7）生活中有一条江河多好，没有江河，土地就会变成沙漠。江河里有清澈的流水多好，江河污染了，生活也会变得浑浊。苏州河，我亲爱的母亲河，我为她正在恢复青春的容颜而欣慰。一条污浊的河流重新恢复清澈，是一个梦想、一个童话，然而这却是发生在我故乡之城的真实故事。

（8）一个能把梦想变成现实的时代，是令人神往的时代。

（有删改）

1. 下列对散文有关内容的分析和概括，不恰当的一项是（　　　）

A. 本文写的是"我的母亲河"——苏州河，而作者却在第二段的开头说"上海有两条母亲河，一条是黄浦江，一条是苏州河"，并且进一步说黄浦江"是上海的象征"，这显得有点喧宾夺主了。

B. 苏州河见证了上海从贫穷到繁华的过程，为像"我"这样的上海普通百姓带来了许多成长的乐趣，提供了许多生活的便利，所以作者说和黄浦江相比，苏州河与上海的关系似乎更为密切。

C. 作者少年时期常常在苏州河畔漫步，曾幻想自己能像吴昌硕等海派画家一样，在苏州河畔寻觅诗情画意，纵情描绘苏州河的美景，这诗意地表达了作者对母亲河的喜爱和赞美。

D. 现在的苏州河，不仅有着现代化的码头，而且河水也变得清澈了，两岸栽花种树，生机盎然，楼房高高低低，错落有致。这样的变化让作者感到既惊奇又欣喜。

2. 文章第六段突出描写了一个什么细节？这样写有什么作用？

3. 本文主要写了哪两个方面的内容？这两方面内容构成了怎样的关系？这样写有什么好处？

4. 文章结尾写道："一个能把梦想变成现实的时代，是令人神往的时代。"请结合文章内容，谈谈你对这句话的理解和所受到的启发。

三　过万重山漫想

学习目标

1. 理清文章思路，深入理解文章所蕴含的哲理。
2. 品味辨析重点语句，学会联想和想象。
3. 学习前人知难而上、敢为人先的进取精神。

文学常识

刘征，原名刘国正，1926年出生，北京人。诗人、杂文家、语文教育家、全国中学语文教学研究会名誉理事长。刘征，是他从事文学活动而用的专名。主要作品有：寓言诗《三戒》《老虎贴告示》《移山逸事》等，杂文《庄周买水》《复印的运用》《庄周与鲫鱼》等。他广泛参与语文教育方面的研究，写下了大量论文，从不同角度阐述了对语文教育的独到见解。

课文解析

作者穿行三峡过万重山的时候，面对奇景，展开"漫想"，"漫"而有序，以三峡的起点——夔门为起点，以船过三峡为思路的终点，凭借丰富的想象和联想，突破时空的局限，从想到第一个穿过三峡的人，进而想到远古许许多多的"第一个"。作者热情讴歌了知难而上、敢为天下先的进取精神，期望人们在新的历史条件下，发扬这种精神，创造更加辉煌的业绩。

作者借漫想，把古代与现在及未来、把虚景与实景联系起来，巧妙地在现实与想象之间自由切换，表现了丰富的想象力。文章用词生动，突出表现了景物的特征，感染力强。

知识积累

1. 给下列加点的字注音。

怯弱（　　）　夔门（　　）　欹侧（　　）　栖落（　　）

端倪（　　）　啃噬（　　）　翎毛（　　）　耸峙（　　）

2. 解释下列词语。

惊心动魄：

摧山坼地：

黯然失色：

知识检测

一、选择题

1. 下列加点字读音全都正确的一项是（　　）

A. 眺望（tiào）　薄雾（báo）　栖落（xī）　耸峙云霄（zhì）

B. 敝帚（zhǔ）　礁石（jiāo）　上溯（shuò）　摧山坼地（chāi）

C. 竹篙（gāo）　啃噬（shì）　顷刻（qīng）　喊喊喳喳（zhā）

D. 脊梁（jǐ）　泯灭（mǐn）　无恙（yàng）　燧木取火（suì）

2. 下列词语中没有错别字的一项是（　　）

A. 船舷　一泻千里　暗然失色　旁征博引

B. 欹侧　休养生息　相濡以沫　惊心动魄

C. 端倪　口干舌噪　掉以轻心　再接再厉

D. 步履　穿流不息　直截了当　恰如其分

3. 依次填入下列各句横线处的词语，最恰当的一项是（　　）

①针对众多作家指责百度文库侵权的问题，百度提出了解决的办法：将百度文库中文学作品附带广告的大部分_____回报给版权方。

②人类在_____的行程中，每一分钟都在向着难以数计的未知的领域进军。

③对学生的教育，如果在生活上"怀里抱着走"，在课业上"鞭子赶着走"，那么将_____无穷，很难培养出国家需要的人才。

④每次会议，王书记都鼓励大家发表自己的见解，他常说：人民的事业需要我们讲真话，而不负责任的_____是事业的绊脚石。

A. 效益　慢慢　祸害　附和　　　　B. 收益　漫漫　祸害　附会

C. 收益　漫漫　贻害　附和　　　　D. 效益　慢慢　贻害　附会

4. 下列加点成语使用恰当的一项是（　　）

A. 王刚同学不仅认真学习，而且好为人师，班上的同学不管谁在学习上遇到困难，只要找到他，他都乐意帮助。

B. 面对这奇景，语言中的一切华丽辞藻都黯然失色。

C. 俗话说"人无完人，金无足赤"，这一次他在工作中出现的问题是小问题，不足为训，看一个人应该看主流。

D. 明星出书无可厚非，但有的书错别字连篇累牍，简直让人难以忍受。

5. 下列各句中标点符号使用正确的一项是（　　）

A. 我们的船开向哪里？是回到往古还是驶向未来？是堕入地府还是飞上仙界？我不知道。

B. 年味淡了，是经济和社会发展的必然？还是其中另有原因？我们是漠然置之？还是积极主动地去做什么？

C. 高考复读生越来越多，大体可分为两类：一类是正常发挥了水平，但没考上理想院校。一类是没有正常发挥水平，希望来年再考。

D. "水击三千里，抟扶摇而上者九万里，"也许还要高远。

6. 下列句子中，没有语病的一句是（　　）

A. 教育主管部门要求，各级各类学校学生的生活用品以及床上用品都应由学生自主购买，不得统一配备。

B. 科学工作者认为，具有如此独特的适于华南虎种群自然繁衍的生态环境，目前国内已经不多了。

C. 虽然现在所学的一些专业课，对我们很陌生，学起来比较吃力，不过我相信，在老师的帮助下，只要下苦功夫，就一定能够学好。

D. 在私人汽车消费市场的推动下，我国汽车已成为世界仅次于美、日的第三大汽车生产国，仅次于美国的第二汽车消费国。

7. 对下列句子修辞手法理解不正确的一项是（　　）

A. 那夹江两岸连绵起伏的高山，有的耸峙云霄；有的横枕江面；有的像虎豹迎面扑来，似已躲闪不及；有的像天女腾空飞起，仿佛转瞬即逝。（排比，将三峡的景物描绘得细腻深刻，增强了语言的分量）

B. 前面的路有多长？这峡道会不会有几千几万里，会不会直通到海底甚至通到地狱？他不知道，也没有想。（设问，数问一答，自问自答，增强语言美，有利于抒发丰富的感情，增强语言的感染力。）

C. 海水东注，撞击、啃噬着东边的大山，年深日久，终于"凿开"一条通道，就是"三

峡"。（借代，以部分代整体，突出事物的本质特征，收到含蓄委婉的表达效果）

D. 人类的历史，对于我本来如同远在云天之上、不可端倪的飞鸟，此时忽如栖落在手指上，简直可以数一数它的翎毛。（比喻，新颖而美妙的比喻，来自对事物丰富的联想，给人以无穷的回味）

8. 下面一段话排序最恰当的一项是（　　）

能使用工具的人类的出现，据说距今已有两三百万年。不要小看＿＿＿＿，＿＿＿＿，＿＿＿＿，＿＿＿＿，他们越过了人类儿童时代一座又一座真正的"三峡"——不，他们的步履更为艰难，他们的业绩更为伟大。

① 第一个使用石器的人　　② 第一个燧木取火的人
③ 第一个跨上马背的人　　④ 第一个弯弓射箭的人

A. ①②③④　　　　　　　B. ②①③④
C. ①②④③　　　　　　　D. ①④②③

二、填空题

1. "三峡"西起重庆奉节的＿＿＿＿，东到湖北宜昌的＿＿＿＿，包括＿＿＿＿、＿＿＿＿和＿＿＿＿，全长193公里，最窄处仅百米左右。

2. 《过万重山漫想》是＿＿＿＿（作者）于1979年写的一篇＿＿＿＿（体裁），"过"是＿＿＿＿，体现的是空间切换；"万重山"指坐船穿行长江三峡经过的崇山峻岭；"漫想"是＿＿＿＿，反映时间链接，指不受拘束地畅想。

三、课内阅读

（1）——第一个穿过三峡的是谁？

（2）第一个，是的，总有第一个吧。没有第一个，就不会有后来的无数个，包括我在内。于是，我的思绪，如同被疾风牵引着，无边无际地展延开去。

（3）既然有第一个，那么，他穿过三峡是在什么时候呢？三峡是大禹开凿的，那是古代神话，不是事实。考诸文献，《禹贡》里已有四川某些山川的记载，这篇最早的地理志，多数学者认为成于战国时期。巴郡和蜀郡也是战国时的秦开始设置的。似乎可以说，打开四川和内地的通路（包括北边翻越秦岭的蜀道和东边的三峡），大约不晚于春秋战国时期，第一个人穿过三峡自然还要早一些。

（4）那个时候，穿过三峡使用什么交通工具呢？记得我年轻的时候，见过南宋北派山水画家夏圭画的一个手卷《巴船下峡图》，画的虽是木船，却大得很，船舱是两层楼，篙工舵师有十几个。那长篙短篙挂在礁石上，巨浪狂扑，船舷鼓侧，生死在毫发间的情景，至今想来还感到惊心动魄。夏圭画的是宋朝的船，由南宋上溯两千年左右的周秦时代，那时的船自然要简陋得多，也许只有原始的独木船了。用独木船穿过三峡，简直难以想象，可是那第一个人就是毫不含糊地这么做的。

（5）再想下去。第一个穿过三峡的人，绝然不是第一个。在他之前必定已有许多个，只是或者半路折回，或者中途遇险，没有走完三峡的全程而已。折回的和遇险的都为探明三峡的航道尽了力，但也给后来者增加了精神负担。折回的要说："我试过了，是通不过的。"遇险的自己不会说，别人却要说："还想冒险，不要命了吗？"也还会有一些旁观的、嘲笑的、反对的，喊喊喳喳地发议论，甚至上前拉一把。然而，第一个穿过三峡的人微微一笑，还是登上了独木船。

（6）那时候，人们对自然的认识还是极有限的。他站立在独木船上，拿起竹篙的时候会想些什么呢？

（7）前面的路有多长？这峡道会不会有几千几万里，会不会直通到海底甚至通到地狱？他不知道，也没有想。前面的路有多险？那高崖会不会劈头盖顶崩落下来？那礁石会不会狼牙一样遍布江底？那江水会不会中途变成直下千仞的飞瀑？他不知道，也没有想。前面的路上会遇到些什么？会不会遇到百丈的蛟、九头的蛇？会不会遇到双睛似电、头颅如山的妖魔鬼怪？他不知道，也没有想。他自己会不会中途遇险？如果遇险，他会像一个水泡那样顷刻消散，还是会给人们留下永远的记忆？他不知道，也没有想。他只是想走出去，去扩大生活的世界。于是，他用竹篙一点，独木船开动了……

1. 选文结构上独具匠心，借助一些关键语句，把材料紧密地连接在一起。请找出这些关键语句。

2. "那时候，人们对自然的认识还是极有限的"，这句中的"那时候"指的是什么时候？

3. 第一个穿过三峡的人要克服哪些方面的困难？

4. 对选文第（7）段分析理解有误的一项是（   ）

A. 从内容上讲，以设问的修辞，写出第一个穿过三峡的人所面临的巨大危险，所要克服的种种艰难险阻，赞扬他超凡的勇气。

B. 段中四次说"他不知道，也没有想"，在层次安排上突出了一个"险"字，形成了排比句式，从而突出了首位穿过三峡者"明知山有虎，偏向虎山行"的勇于探险精神。

C. 行文中几次写"也没有想"是为了宕开数笔，结尾却又回到了"想"上来，这样安排突出了第一个穿过三峡的人的坚定信念。

D. 该段中几次强调"他不知道"，意在说明第一个穿过三峡的人的确对他所面临的艰险一无所知，正是因为无知才无畏，所以"他用竹篙一点，独木船开动了"。

四、拓展阅读

江南雪

欧阳冰云

（1）我守着季节的变换，等待着江南雪舞的曼妙，已经很久很久……犹如守着永恒，任由岁月变换。

（2）秋天，江南棉船小镇的秋天。阡陌纵横的道路无限延伸，像一双双神奇的臂膀拥抱着一望无垠的棉田。我的姐妹，系起了棉布围裙，浩浩荡荡地走进棉田。一朵朵雪白的棉花在她们的指尖盛开、飞舞。丰收的喜悦和汗水汇成棉田外那条龙脉，龙湖滋润着江南，也滋润着江南如雪的棉花，充实着江南人的梦想和世界。

（3）洁白的棉花在奶奶纤细、干枯的指尖绽放，在奶奶的怀抱盛开。奶奶坐在地里剥棉花。含苞待放的棉花，包裹在青褐色的棉花桃里，奶奶用纤细的手指一掰，雪白的棉花朵儿就在奶奶干枯的手掌中悄然绽放。奶奶把剥好的棉花装在篾篓里，棉花一点点积累，一点点增高，不一会工夫就像堆砌的雪堆。雪白的棉花飘落在奶奶的发丝上，染白了奶奶的青丝，奶奶就一直这样剥棉花，直到满头白发，双手失去了知觉。奶奶是在棉花盛开的深秋离开我们的。那夜，她坐在灯下悠悠地剥棉花，棉花一篓篓摆在奶奶面前，她就坐在洁白的棉花堆中，剥着剥着，再也没有醒来。棉花在奶奶的指尖恒久地盛开，一朵一朵……

（4）我在那个深秋背着简单的行囊，离开了江南，去追溯自己的梦想。在中原辽阔的土地上，我看见大片大片的麦子和高粱，延伸向无边无际的天空。我穿梭在麦地里，感觉自己的渺小和浅薄。金黄的麦芒刺痛了心里柔软的底线，我躺在麦禾上哭泣，我牵挂江南美丽的雪花，温暖的棉花。粮食滋养着生命，棉花温暖着身体、精神和灵魂。奔波的日子，我夜夜拥抱温暖的棉被，那是爱的锦囊，是母亲千万里的牵挂。

（5）江南又一个雪花飞舞的季节，我归来。层层叠叠的雪花覆盖着江南的棉田，寒风张着贪婪的臂膀，要将时间留住。江南棉船小镇，像一首经典的歌谣，在龙湖的码头荡漾。我坐在龙湖的船上，凝视着江南雪中的棉船，我心中歌谣纷飞。此时此刻，我像一个纯情的江南少女，满怀心事地吟唱。雪花深处，该是怎样热闹的丰收场景，该是怎样热烈而丰富的过往。瞬间，沉淀成一片纯净的画面。

（6）棉花的枯枝还残留在风雪中。雪花飘落在棉花的枝桠上，远远望去，像是盛开的棉花，雪白雪白，满满一地，让人心生许多惊喜和温暖。奶奶抚摸过的棉花，在雪地里盛开，仿佛知道这个世界还有很多的寒凉，义无反顾地开始了灵魂的蜕变。

（7）大朵大朵的雪花，覆盖在奶奶的坟头，那是棉花的精魂，在恒久地追忆着奶奶。江南雪，从奶奶的身边一直铺开，铺向遥远的天际。雪夜，我听到雪花在我的窗棂下低低地哭泣，寒风从门窗的缝隙里探着脑袋张望，瞅准了棉被的边缘，从床沿溜进我温暖的被窝。瓦楞的缝隙里，有雪花钻进来的响动，在静寂的寒夜发出隐秘的声音。我蜷缩在温暖的棉被里，里面散发着奶奶的气息，柔情、亲切、温暖，这种气息一直在夜晚抚摸着我，环绕着我。我一闭上眼睛，就看见奶奶像雪花一样飘过来，在黑夜中落定在床沿上，抚摸棉被和我。我不停地颤抖，雪花在我脸上融化，浸湿了棉布枕头。

（8）冰天雪地，银装素裹，到处回荡着相对的命运。棉船小镇的人们纷纷背上了棉被衣物，在雪花飞舞中走向他乡。只有漫天雪花在呜咽。雪花的归宿是土地，而棉花却选择了背井离乡。

（9）枯枝在雪地里颤抖、呼叫和哭泣。棉船失去了他的孩子，耕种棉船这块土地的孩子。离乡的脚步，踏上了寻梦的远方。枝头的雪花朵朵，犹如棉花盛开的美。此刻，却寂寞、冷清。

（10）无边的雪将天地合一。温暖的棉花将寒冷的身体包裹，故乡或者他乡，棉花都将像亲人一般，呵护着你。

江南雪，棉花似雪，雪似棉花，是爱的精魂，是梦的故乡。

1. 请简要分析第四自然段在文中的作用。

2. 江南雪与棉花是文章的写作主体，文章为什么用了大量的笔墨写奶奶？

3. 寻梦必将离乡，远方与故乡永远不能重合。请依据文本内容，并联系现实探究你对寻梦与归乡关系的理解。

4. 下列对文章内容的理解和概括，不符合文意的一项是（　　）

A. 江南棉船小镇的秋季里，姐妹们在棉田里尽享丰收的喜悦，奶奶也在这时候走向生命的终点，这些抒情的描写，给故乡染上了一层绮丽梦幻的色彩。

B. "棉花在奶奶的指尖恒久地盛开"，既写出奶奶临终前劳作时的情景，也写出了那种温馨、那种满足在"我"心中留存的永恒记忆。

C. 第七自然段运用拟人的修辞手法写雪花与寒风，渲染冬夜客居异乡的寒冷孤独，自然引发作者对奶奶的思念。

D. 全文以雪与棉象征灵魂的纯净、爱的温暖，旨在表达作者寻梦之旅中的追求和失落，流露出对家园的渴望与坚守的感情。

四 西安这座城

【学习目标】

1. 了解散文的文体特点。
2. 提高学生提取和概括文章主要内容的能力。
3.. 激发学生对中国传统历史文化的兴趣和热爱。

【文学常识】

贾平凹,陕西省丹凤县人,当代著名作家。代表作有《废都》《秦腔》《古炉》《高兴》《带灯》《老生》《极花》《山本》等长篇小说16部。中短篇小说《黑氏》《美穴地》《五魁》及散文《丑石》《商州三录》《天气》等。作品曾五次获得国家级文学奖,被翻译出版为英语、法语、瑞典语等30多个语种,并被改编为电影、电视、话剧、戏剧等20余种。贾平凹是一位当代中国最具叛逆性、最富创造精神和广泛影响的作家。

【课文解析】

这是一篇从不同角度展现西安悠久灿烂的历史和文化的散文。第一部分作者先写自己曾在陕南乡下的梦和城中古树以及由此产生的岁月随感,然后再写关中地区的一段民谣,从中映射出这里的风土人情,传递自己的热爱之情。第二部分即第四自然段,作者从不同的角度介绍洋溢着中国文化和历史传统的古都西安。可分为以下四层:1.西安虽饱经沧桑却风范依存。2.介绍了别具特色的西安古建筑。3.介绍了西安的文化、方言、及人民的生活习惯3.介绍了西安人杰地灵且人们具有忧患意识。第三部分即最后一个自然段,写作者已与永远是中国文化魂魄所在地的西安古城融为一体。

第一单元

【知识积累】

1. 给下列加点的字注音。

拓片（   ） 老妪（   ） 烟囱（   ） 显赫（   ） 怯弱（   ）
黝黑（   ） 高跷（   ） 火铳（   ） 琐碎（   ） 韶音（   ）

2. 解释下列词语。

杞人忧天：

夸父逐日：

矫情：

【知识检测】

一、选择题

1. 下列加点字注音全都正确的一项是（   ）

A. 确凿（záo）   枝柯（kē）   叮嘱（zhǔ）   炽热（zhì）
B. 嫉妒（jí）   幡旗（fān）   澎湃（bài）   哺育（bǔ）
C. 哽咽（gěng）   懊悔（huǐ）   恍惚（huǎng）   讪笑（shàn）
D. 苋菜（xiàn）   污秽（huì）   踱步（dù）   装裱（biǎo）

2. 下列词语中没有错别字的一项是（   ）

A. 以身作则 翔实 明火执仗 沿袭   B. 励精图治 精采 满腹经纶 蛰居
C. 融会贯通 渔具 提纲挈领 撕杀   D. 各行其是 陷井 众口铄金 宣泄

3. 依次填入横线处的词语，最恰当的一项是（   ）

①课堂教学对话是平等的对话，是打破了时空_____的对话，是心灵的交流与撞击。

②去年，41家大型企业派人专程到西安翻译学院表达了对210名在校大三学生的预聘_____。

③_____职业教育能将科学技术与现实生产力结合，使科技成果迅速地转化为生产力，_____备受重视。

A. 界限 意向 由于/因而   B. 界限 意见 因为/从而
C、界线 意见 由于/因而   D. 界线 意向 因为/从而

4. 下列各句中加点的成语使用恰当的一句是（　　）

A. 在反腐败的斗争中，公众的监督一旦缺失，往往导致腐败势力不可收拾，使反腐败的成本变得异常巨大。

B. 在建立导弹防御系统问题上，美德两国首鼠两端，但布什说："意见不合不影响保持朋友关系。"

C. 五一期间，通往中华恐龙园的大道上人流接踵而至，形成一道假日旅游的亮丽风景线。

D. 老张每次出差时，细心的妻子总会在他的提包里放上一包常用药，以备不时之需。

5. 下列各句中没有语病的一句是（　　）

A. 为了教育学生健康成长，从去年起，我们与街居委会密切配合，狠抓了校外教育工作，取得了明显效果。

B. 公司董事会把他吸收到领导班子里来，让他担任副总经理职务，是经过仔细、严格的考验和研究的。

C. 7月底建成的国外动物卫生信息系统能够动态监视国外动物疫情，科学评估进口动物和动物产品传入疫病的风险。

D. 不少研究鲁迅先生的资料表明：鲁迅先生越到晚年，为无产阶级解放事业奋斗的思想就越来越更加明确，更加坚定。

6、填入横线处与上下文衔接最恰当的一项是（　　）

印象中，成熟的向日葵，花盘都是低垂的，_____。_____，_____，_____。_____，_____。

①阵晨风拂过

②可我家的这几株向日葵初出茅庐

③所以有诗人赞叹，愈是成熟，愈是谦虚

④在绿叶一片低沉而嘈杂的合唱中，传出她们清亮而高亢的欢叫

⑤依然高昂着头，开心而单纯地笑着，就像稚气未脱的乡野小妹子

⑥尚不懂得伟大的谦虚，也不懂得虚伪的世故

A.③②⑥⑤①④　　B.④②①⑤⑥③　　C.②⑥⑤①④③　　D.③①⑤②⑥④

7. 下列句子中，标点符号的使用正确的一项是（　　）

A. 据世界卫生组织统计（WHO），全球有1/3的患者死于药物滥用，数字惊人，后果严重。

B. 他想了半天也没想出熊的颜色与下坠的速度有什么关系，于是老老实实地在答案栏里写下了"不知道。"

C. 杨绛先生的淳朴、敦厚向来为人称道，但淳朴之内隐含着高贵，敦厚之中透射着倔强。

D. 中央电视台《星光大道》栏目自开播以来一直走百姓路线，受到广大观众的一致好评。

8. 下列歌词中所用修辞手法不同于其他三项的是（　　　）

A. "就算整个世界被寂寞绑票，我也不会奔跑"（吴青峰《小情歌》）

B. "爱上一匹野马，可我的家里没有草原"（宋冬野《董小姐》）

C. "孤独的花睁开流泪的眼，祈求时间不要去改变"（卢庚戌《风花树》）

D. "这城市已摊开他孤独的地图，我怎么能找到你等我的地方"（高晓松《模范情书》）

二、填空题

1. 贾平凹，陕西省丹凤县人，_____（时代）著名作家。代表作有《废都》《秦腔》等等。

2.《西安这座城》是一篇从不同的角度展现西安悠久灿烂历史和文化的_____（文体）。

3. 本文涉及到的两个成语分别是_____、_____，两个著名的历史人物是_____、_____。

三、课内阅读

西安这座城

我庆幸这座城在中国的西部，在苍茫的关中平原上，其实只能在中国西部的关中平原上才会有这样的城，我忍不住就唱起关于这个地方的一段民谣：

八百里秦川黄土飞扬，三千万人民吼叫秦腔，

调一碗黏面喜气洋洋，没有辣子嘟嘟囔囔。

这样的民谣，描绘的或许缺乏现代气息，但落后并不等于愚昧，它所透出的一种气势，没有矫情和虚浮，是冷的幽默。是对旧的生存状态的自审。我唱着它的时候，唱不出声的常常是想到了夸父追日渴死在去海的路上的悲壮。正是这样，数年前南方的几个城市来人，以优越异常的生活待遇招募我去，我谢绝了，我不去，我爱陕西，我爱西安这座城。我生不在此，死却必定在此，当百年之后躯体焚烧于火葬场，我的灵魂随同黑烟爬出了高高的烟囱，我也会变成一朵云游荡在这座城市的上空的。

当世界上的新型城市愈来愈变成了一堆水泥，我该如何来叙说西安这座城呢？是的，没你要夸耀曾经是13个王朝国都的历史，也不自得八水环绕的地理风水，承认中国的政治、经济、文化的中心已不在这里，对于显赫的汉唐，它只能称为"废都"。但可爱的是，时至今日，气派不倒的，风范犹存的，在全世界的范围内最具古都魅力的，也只有西安

了。它的城墙赫然完整，独身站定在护城河上的吊桥板上，仰观那城楼、角楼、女墙垛口，再怯懦的人也要豪情长啸了。大街小巷方正对称，排列有序的四合院砖雕门楼下已经黝黑如铁的花石门墩，让你可以立即坠入了古昔里高头大马驾驶了木制的大车喤喤喤开过来的境界里去。如果有机会收集一下全城的数千个街巷名称：贡院门、书院门、竹笆市、琉璃市、教场门、端履门、炭市街、麦苋街、车巷、油巷……你突然感到历史并不遥远，以至眼前飞过一只不卫生的苍蝇，也忍不住怀疑这苍蝇的身上有着汉时的模样或者有唐时的标记。现代的艺术在大型的豪华的剧院、影院、歌舞厅日夜上演着，但爬满青苔的古钱一样的城根下，总是有人在观赏着中国最古老的属于这个地方的秦腔，或者皮影木偶。这不是正规的演艺人，他们是工余的娱乐，有人演，就有人看，演和看都宣泄的是一种自豪，生命里涌动的是一种历史的追忆，所以你也明白了街头饭馆里的餐具，碗是那么的粗的瓷，大的称之为海碗。逢年过节，你见过哪里的城市的街巷表演着社戏，踩起了高跷，扛着杏黄色的幡旗放火铳，敲纯粹的鼓乐？最是那土的掉渣的土话里，如果依音笔写出来，竟然是文言文中的极典雅的词语，抱孩子不说抱，说"携"，口中没味不说没味，说"寡"，即使骂人滚开也不说滚，说"避"。你随便走进一条巷的一户人家吧，是艺术家或者是公人、小职员、个体的商贩，他们的客厅必是悬挂了装裱考究的字画，桌柜上必是摆设了几件古陶旧瓷。对于书法绘画的理解，对于文物古董的理解的珍存，成为他们生活的基本要求。男人们崇尚的是黑与白的色调，女人们则喜欢穿大红大绿的衣裳，质朴大方，悲喜分明。他们少以言辞，多以行动；喜欢沉默，善于思考；崇拜的是智慧，鄙夷的是油滑；又整体雄浑，无琐碎甜腻。西安的科技人才云集，产生了众多的全球也著名的数学家、物理学家，但民家却大量涌现着《易经》的研究家，观天象，搞预测，作遥控。你不敢轻视了静坐于酒馆一角独饮的老翁或巷头鸡皮鹤首的老妪，他们说不定就是身怀绝技的奇人异才。清晨的菜市场上，你会见到托着豆腐。三个两个地立在那里谈论着国内的新闻。在公共厕所蹲坑，你也会听到最及时的关于联合国的一次会议的内容。关心国事，放眼全球，似乎对于他们是一种多余，但他们就是有这种古都赋予的秉性。"杞人忧天"从来不是他们讥笑的名词。甚至有人庄严地提议，在城中造一尊大的杞人雕塑，与那巍然树立的丝绸之路的开创人张骞塑像相映成辉，成为一种城标。整个西安城，充溢着中国历史的古意，表现的是一种东方的神秘，囫囵囵是一个旧的文物，又鲜活活是一个新的象征。

1. 从文章开头一段引用的民谣就可以大致看出西部关中平原人民的性格特征，请结合全文内容加以概括。

2、文章结尾处说"整个西安城……囫囵囵是一个旧的文物又鲜活活是一个新的象征"。"一个旧的文物"指的是什么?"一个新的象征"指的是什么?

3.(1)古城西安的魅力具体体现在哪些方面?

(2)作者对此怀有怎样的感情?

4.下列说法不符合原文意思的一项是(　　　)
A. 关中地区的秦腔和皮影木偶是人们自娱自乐的地方戏,它已成了人们追忆历史、宣泄自豪的方式。
B. 西安人杰地灵这是古城悠久的历史和丰富的文化所赋予的,这座古城也因此永葆活泼的生命力。
C. 西安曾是十三朝古都它的衰落有其历史的原因也有其文化的原因。
D. 文章既表现了西安这座古城的魅力,也写出了古都人的鲜明个性。

四、拓展阅读

千年古城梅州——走进客家世界的香格里拉

①香格里拉,一个充满传奇和异域色彩名字,一个永恒、和平、宁静的象征,一个美得令人惊艳的旷古秘境,一个远离尘嚣宁静安逸的人间净土,一个世人魂牵梦绕的世外桃源。

②在客家人心里,梅州就像旷古秘境——香格里拉,是他们魂牵梦绕的世外桃源。这里,天地澄明,山幽水碧,风光圣洁,犹若方外之境;这里,汉风唐韵穿越千年的悠悠岁月悠扬萦绕,幻化为闪烁着先民遗风的处处风物,未经世俗污染,淳朴如初。

③梅州的山,葱茏清幽,自成风韵。"粤东群山之祖"阴那山,集雄奇与秀丽于一体,引无数文人墨客为之折腰。登临山巅,山风阵阵徐徐吹来,云雾自眼前飘过,聚了又散,仿佛置身云端仙境。

④梅州的山,或大或小,或险或秀,无不用青翠欲滴的绿意阐释对人间的厚爱,令人心旷神怡,忘乎天上人间。郁郁青山,不仅诉不尽梅州无限风光,而且孕育了清冽的

山泉和清新的空气。

⑤梅州的水，空灵如诗，悠扬如歌。散布在梅州青山之间的万千清泉，配合着山势的起伏，敲打出一曲曲抑扬顿挫的曲调，细细品味，竟像天籁般的客家山歌一样流淌，令人沉醉。

⑥巍巍群山，孕育了梅州人的母亲河——梅江。梅江悠悠，一水护城，清明如镜，光可鉴人。远眺江水，波光粼粼，摇曳生姿，楚楚动人。梅江两岸，翠耸的青山，婆娑的垂杨柳，森森的凤尾竹与斑驳的古墙，与天光云影相互缠绵着，在水中交互出一幅恬静淡雅的山水画卷，常常令人流连忘返。偶尔有渔夫撑着竹筏自江面悠然而过，此情此景，丝毫不逊色于桂林。

⑦梅州的山还孕育了水平如镜的绿潭，如素有"岭南日月潭"之称的蕉岭长潭、五华益塘等，湖水碧绿，依山赋形，似极仙女遗落人间的镜子。这些湖水或驰骋或游弋，山青水碧，水天一色，烟波浩渺，令人陶醉。若遇月夜，波光潋滟，美不胜收，宛若梦幻。一年四季，江面烟雾迷茫，尤以冬日为甚，蒸腾的水汽与两岸的山岚遥相呼应，将周遭点染得仿若人间仙境。

⑧物华天宝，人杰地灵，山水灵气必定孕育梅州不凡的千年历史和文化。"筚路桃弧辗转迁，南来远过一千年，方言足证中原韵，礼俗犹留三代前。"黄遵宪用一首凝练的七绝诗意地描绘了一幅客家先民南迁的历史画卷。历史上，客家先民历经了五次大迁徙，每一次辗转，都是一次寻觅梦里桃源之旅。穿过千年的风雨，客家人崇尚诗礼的传统使原生态的中原文化在梅州这片土地上得以保留。

⑨梅州人一言语、一举手、一投足，细细品味，都散发着古之遗风雅韵，被誉为中原文化的活化石。客家方言至今仍保存着中原古汉语"唐音"，这种未被同化污染的方言，是客家人流徙中的精神故乡，它神奇地托起了整个民系千年不灭的命运。一路南下的梅州客家人还保留着舞龙舞狮等丰富多彩的客家风情，这种舞龙舞狮，舞动的不正是中原龙图腾的飞扬么，传递的又何尝不是原生态的中原文化？

⑩梅州，一座处处散发着中原汉唐雄风的千年古邑。在这里，您不仅可以饱览原生态的美景，品味原汁原味的中原文化，而且可以流连于山间田野之中，逛山冈，吹山风，听山歌，慢慢的您会放慢您的脚步，放松您的心情，放飞您的梦想。在饱览青山绿水间淡忘红尘，在仰望文化高山时涤荡心灵，走进它，您就走进了客家世界的香格里拉——梅州。

（选自《羊城晚报》，内容有删改）

1. 请仔细阅读全文，找出本文的中心句，并说说文章从哪些方面体现"梅州是客家世界的香格里拉"？

2. 请你赏析第⑤段画线的句子。

3. 下面对文章的理解和赏析有误的一项是（　　）

A. 首段对香格里拉的解说，为引出对客家世界的香格里拉——梅州的描写起到铺垫作用。

B. "湖水碧绿，依山赋形，似极仙女遗落人间的镜子。"此句运用拟人的修辞手法，形象生动地把长潭水平如镜的美展现出来。

C. 第⑧段引用黄遵宪的七绝是为了说明客家不凡的千年历史和文化，同时增加了文学色彩。

D. 最后一段总结全文，呼应开头，照应题目，表达了对梅州美景和文化的赞美之情。

五　把栏杆拍遍

学习目标

1. 理清文章思路，了解辛弃疾成为爱国词人的历程。
2. 体会联想对表现辛弃疾形象的作用，学习运用联想来表达自己的感受。
3. 领悟以辛弃疾为代表的中国民族脊梁的精神实质。

文学常识

梁衡，当代作家。生于1946年，山西霍州人，著名新闻理论家、散文家、科普作家和政论家。主要作品：科学史章回小说《数理化通俗演义》；新闻三部曲《没有新闻的角落》《新闻绿叶的脉络》《新闻原理的思考》；散文集《夏感与秋思》《名山大川感思录》《人杰鬼雄》等；学术论文集《为文之道》《壶口瀑布》等。有《晋祠》《夏》《觅渡、觅渡、渡何处？》《跨越百年的美丽》《把栏杆拍遍》等多篇散文入选中等学校课本。

课文解析

"把栏杆拍遍"语出辛弃疾的《水龙吟》，现在往往表示借拍打栏杆来发泄心中说不出来的抑郁苦闷之气。

这是一篇带有人物评论性质的散文，作者通过引申、联想，把辛弃疾的八首词和相关史料结合起来，形象地展示出历史的生动面貌，再现了"历史歪打正着地"把辛弃疾从一个爱国志士"逼"成"只能笔走龙蛇、泪洒宣纸，为历史留下了一声声悲壮的呼喊、遗憾的叹息和无奈的自嘲"的爱国词人的过程。

大胆的联想和想象，丰富了文章的内涵；对比手法的运用，鲜明地突出了人物形象。

知识积累

1. 给下列加点的字注音。

押解（　　　）　　媲美（　　　）　　金戈（　　　）　　整饬（　　　）

金瓯（　　　）　　诠释（　　　）　　淬火（　　　）　　遒劲（　　　）

2. 解释下列词语。

光复：

媲美：

赋闲：

遒劲：

浅尝辄止：

知识检测

一、选择题

1. 下列加点字注音全都正确的一项是（　　　）

   A. 遒劲（jìng）　　炽热（zhì）　　嚼碎（jiáo）　　浅尝辄止（zhé）

   B. 整饬（zhì）　　干练（gàn）　　别墅（shù）　　变生肘腋（zhǒu）

   C. 媲美（bǐ）　　押解（jiè）　　蹂躏（lìn）　　命运多舛（zhuǎi）

   D. 淬火（cuì）　　苟安（gǒu）　　挑灯（tiǎo）　　浅斟低唱（zhēn）

2. 下列词语没有错别字的一项是（　　　）

   A. 锤练　　直截了当　　马革裹尸　　羊毫软笔

   B. 诽谤　　五内具焚　　了无痕迹　　以身许国

   C. 委婉　　气势磅礴　　忠肝义胆　　笔走龙蛇

   D. 遗憾　　壮志难酬　　振聋发溃　　望眼欲穿

3. 下列句子横线处填入的词语最恰当的一项是（　　　）

   ①现在的"80后""90后"多是独生子女，＿＿＿＿＿老人的压力非常大，老人只有得到社会的普遍照顾，年轻人才能安心干事业。

   ②每年三月，全国人大代表和政协委员都聚集北京，共商＿＿＿＿＿。

   ③公积金有明确的产权归属，任何不经投资者同意使用的都属于＿＿＿＿＿挪用。

   ④金融危机导致很多人失业，连华尔街的许多金融精英都不得不重新就业，甚至降

低身价，去从事他们原来 _____ 的职业。

  A. 赡养　国是　侵占　鄙视　　　　B. 抚养　国是　侵犯　蔑视

  C. 抚养　国事　侵犯　鄙视　　　　D. 赡养　国事　侵占　蔑视

4. 下列加点成语使用恰当的一项是（　　）

A. 在学校排球比赛中，高二五班的同学顽强拼搏，把对手打得前仰后合，只有招架之功而无还手之力。

B. 只要你能身临其境为我想一想，你就会同情我的处境，不会对我这样求全责备了。

C. 她爸爸是乐队指挥，妈妈是歌唱家，平日耳闻目睹，多方接触，所以她也爱好音乐。

D. 我们开辟绿色通道，减免税费，同时我们还抑制囤积居奇，保证物价能够不受这些过度投机行为的干扰。

5. 下列句中标点符号使用正确的一项是（　　）

A. 我国许多优秀的影视作品都是由文学作品改编而成的，如《英雄儿女》（根据巴金《团圆》改编）、《红高粱》（根据莫言《红高粱家族》改编）……等等。

B. 在山村住得久了，周围的鸡呀、鸭呀、牛呀、羊呀，还有山水、草木都给你亲近感。

C. 中国戏剧种类繁多，除国粹京剧外，还有山东的吕剧、柳子戏、上海的沪剧、越剧，河南的豫剧，安徽的黄梅戏等地方剧种。

D. 小李见他笑得有点异常，就问："怎么了？你。"他回答说："没什么，别多心。"

6. 下列句子中，没有语病的一句是（　　）

A. 建立监督机制非常重要，企业对制度的决策、出台、执行到取得成效的每个环节都纳入监督的范围，就能切实有效地增强执行力。

B. 从大量观测事实中告诉我们，要掌握天气的连续变化，最好每小时都进行观测。

C. 蓝印花布是我国民间传统工艺品之一，它格调朴素、雅致，蕴含着我国人民独特的生活情调和审美趣味，散发着迷人的魅力。

D. 学习自然科学，如果不掌握语文这门工具，就不可能正确地、深刻地理解概念或原理，不可能有条有理的严密的思维能力。

7. 对下面句子所使用的修辞方法，判断正确的一项是（　　）

①苔痕上阶绿，草色入帘青。

②予谓菊，花之隐逸者也；牡丹，花之富贵者也；莲，花之君子者也。

③苇子还是那么狠狠地往上钻，目标好像就是天上。

④我们欧洲人是文明人，中国人在我们眼中是野蛮人。这就是文明对野蛮所干的事情。

  A. ①对偶 ②排比 ③拟人 ④反语　　B. ①排比 ②夸张 ③拟人 ④比喻

  C. ①排比 ②对偶 ③反问 ④反语　　D. ①夸张 ②对偶 ③反问 ④排比

8. 依次填入下面横线处的语句，与上下文衔接最恰当的一组是（　　）

埋伏和照应需要惨淡经营。埋伏处要能轻轻一笔，若不经意；_____。要使读者看不出斧凿痕迹，只觉得 _____ ，如一丛花，如一棵菜。虽由人力，却似天成。如果看出来这里是埋伏，那里是照应，_____ 。

①照应处要顺理成章，水到渠成　　②照应处要水到渠成，顺理成章

③清清爽爽，简简单单　　　　　　④自自然然，完完整整

⑤便成死症　　　　　　　　　　　⑥便太浅湿

A. ①③⑥　　B. ①④⑤　　C. ②③⑤　　D. ②④⑥

二、填空题

1. 《把栏杆拍遍》是 _____（作者）写的一篇带有 _____ 性质的文章。

2. "把栏杆拍遍"语出辛弃疾的词 _____ ，往往表示 _____ 。

3. 醉里挑灯看剑，_____ 。

4. 把吴钩看了，_____ ，无人会，登临意。

5. 青山遮不住，_____ 。

三、课内阅读

（1）中国历史上由行伍出身，以武起事，而最终以词为业，成为大诗词家的只有一人，这就是辛弃疾。这也注定了他的词及他这个人在文人中的唯一性和在历史上的独特地位。

（2）老实说，辛弃疾的词不是用笔写成，而是用刀和剑刻成的。他永以一个沙场英雄和爱国将军的形象留存在历史上和自己的诗词中。时隔千年，当今天我们重读他的作品时，仍感到一种凛然杀气和磅礴之势。比如这首著名的《破阵子》：

醉里挑灯看剑，梦回吹角连营。八百里分麾下炙，五十弦翻塞外声。沙场秋点兵。

马作的卢飞快，弓如霹雳弦惊。了却君王天下事，赢得生前身后名。可怜白发生。

（3）我敢大胆说一句，这首词除了武圣岳飞的《满江红》可与之媲美外，在中国上下五千年的文人堆里，再难找出第二首这样有金戈之声的力作。虽然杜甫也写过"射人先射马，擒贼先擒王"，军旅诗人卢纶也写过"欲将轻骑逐，大雪满弓刀"，但这些都是旁观式的想象、抒发和描述，哪一个诗人曾有他这样亲身在刀刃剑尖上滚过来的经历？"列舰层楼""投鞭飞渡""剑指三秦""西风塞马"他的诗词简直是一部军事辞典。他本来是以身许国，准备血洒大漠、马革裹尸的。但是南渡后他被迫脱离战场，再无用武之地。像屈原那样仰问苍天，像共工那样怒撞不周，他临江水，望长安，登危楼，拍栏杆，只能热泪横流。

楚天千里清秋，水随天去秋无际。遥岑远目，献愁供恨，玉簪螺髻。落日楼头，断鸿声里，江南游子。把吴钩看了，栏杆拍遍，无人会、登临意。（《水龙吟》上阕）

（4）谁能懂得他这个游子，实际上是亡国浪子的悲愤之心呢？这是他登临建康赏心亭时所作。此亭遥对古秦淮河，是历代文人墨客赏心雅兴之所，但辛弃疾在这里发出的却是一声声悲怆的呼喊。他痛拍栏杆时一定想起过当年的拍刀催马，驰骋沙场，但今天空有一身力，一腔志，又能向何处使呢？

（5）辛词比其他文人更深一层的不同，是他的词不是用墨来写，而是蘸着血和泪涂抹而成的。我们今天读其词，总能清清楚楚地听到一个爱国忠臣，一遍一遍地哭诉，一次一次地表白；总忘不了他那在夕阳中扶栏远眺、望眼欲穿的形象。

……

（6）说到辛词的笔力多深，是刀刻也罢，血写也罢，其实他的追求从来不是要做一个词人。……作为封建知识分子，对待政治，他不像陶渊明那样浅尝辄止，便再不染政；也不像白居易那样长期在任，亦政亦文。对国家民族他有一颗放不下、关不住、比天大、比火热的心；他有一身早炼就、憋不住、使不完的劲。……

（7）有人说辛词也婉约，多情细腻处不亚柳永、李清照。……但柳李的多情多愁仅止于"执手相看泪眼""梧桐更兼细雨"，而辛词中的婉约言愁之笔，于淡淡的艺术美感中，却又含有深沉的政治与生活哲理。真正的诗人，最善以常人之心言大情大理，能于无声处炸响惊雷。

（8）我常想，要为辛弃疾造像，最贴切的题目就是"把栏杆拍遍"。他一生大都是在被抛弃的感叹与无奈中度过的。当权者不使之为官，却为他准备了锤炼思想和艺术的反面环境。他被九蒸九晒，水煮油炸，千锤百炼。历史的风云，民族的仇恨，正与邪的搏击，爱与恨的纠缠，知识的积累，感情的浇铸，艺术的升华，文字的锤打，这一切都在他的胸中、他的脑海、翻腾、激荡，如地壳内岩浆的滚动鼓胀，冲击积聚。既然这股能量一不能化作刀枪之力，二不能化作施政之策，便只有一股脑地注入诗词，化作诗词。他并不想当词人，但武途政路不通，历史歪打正着地把他逼向词人之道。终于被他修炼到连叹一口气，也是一首好词了。

1. 文章第（3）段最突出的表现手法是什么？请简要分析。

2. 文章以"把栏杆拍遍"为题，文中也多次写到"拍栏杆"，请简述辛弃疾"拍栏杆"的含义。

3. 辛弃疾的词有哪些特点？请根据文章内容分点回答。

4. 下列对文章的理解和分析，不正确的一项是（　　）

A. 本文为了把辛弃疾由爱国志士到爱国词人的心路历程展现出来而多处运用了联想。如由"弃疾"这个名，联想到他忧国的心病，联想到他表达这种忧思的原因等。

B. 这篇散文用豪迈奔放的语言，热情洋溢地歌颂了爱国词人辛弃疾，笔力雄厚，慷慨悲壮。

C. 从修辞上说，文章多处运用对偶短句和排比句式，使文章整齐而有节奏，增强了表达的效果。

D. 作者认为辛弃疾"在文人中的唯一性和在历史上的独特地位"，是积 300 年北宋南宋之动荡的历史背景和他自己对词创作的悟性、聪明产生的。

四、拓展阅读

最后一位戴罪的功臣（节选）

梁 衡

（1）既然中国近代史是从 1840 年鸦片战争算起，禁烟英雄林则徐就是近代史上第一人。

（2）可惜这个第一英雄刚在南海点燃销烟的烈火，就被发往新疆接受朝廷给他的处罚。怎么摆脱这种状况？最常规的办法是得过且过，忍气苟安，争取朝廷早点召回。特别不能再惹是非，自加其罪。一般还要想设法讨好皇帝，贿赂官员。这时内地的家人和朋友正在筹措银两，准备按清朝法律为他赎罪。林则徐却断然拒绝：我没有任何错，这样假罪真赎，是自认其咎，何以面对历史？他选择了上对苍天，下对百姓，我行我志，不改初衷，为国尽力。

（3）林则徐看到这里荒地遍野，便向伊犁将军建议屯田固边，先协助将军开垦城边的 20 万亩荒地。垦荒必先兴水利，但这里向无治水习惯与经验，他带头规范，捐出私银，承修了一段河渠。这被后人称为"林公渠"的工程，一直使用了 123 年，直到 1967 年新渠建成才得以退役。就像当年韩愈发配南海之滨带去中原先进耕作技术一样，林则徐也将内地的水利、种植技术推广到清王朝最西北的边陲。他还发现并研究了当地人创造的特殊水利工程"坎儿井"，并大力推广。皇帝本是要用边地的恶劣环境折磨他，用寂寞和孤闷郁杀他，他却在这亘古荒原上爆出一声惊雷。

（4）林则徐在伊犁修渠垦荒卓有成效，但就像当年治好黄河一样，皇帝仍不饶他，又派他到南疆去勘察荒地。南疆沙海无垠，天气燥热，人烟稀少，语言不通。对皇帝而言，这是对他的进一步惩罚，而在他，则是在暮年为国为民再尽一点力气。1845 年 1 月 17 日，林则徐在三儿聪彝的陪伴下，由伊犁出发，在以后一年内，他南到喀什，东到哈密，勘遍东、南疆域。他经历了踏冰而行的寒冬和烈日如火的酷暑，走过"车厢颠簸似箕中粟"的戈壁，住过茅屋、毡房、地穴，风起时"彻夕怒号""毡庐欲拔""殊难成眠"，甚至可以吹走人马车辆。林则徐每到一地，三儿与随从搭棚造饭，他则立刻伏案办公，"理公牍至四鼓"，只能靠第二天在车上假寐一会儿，其工作紧张、艰辛如同行军作战。对垦荒修渠工程他必得亲验土方，察看质量，要求属下必须"上可对朝廷，下可对百姓，中可对僚友"。别人十分不理解，他是一戍边的罪臣啊，何必这样认真，又哪来的这种精神？说来可怜，这次受旨勘地，是皇帝给的苦役，活得干，名分全无。他的一切功劳只能记在当地官员的名下，甚至连向皇帝写奏折、汇报工作、反映问题的权利也没有，只能拟好文稿，以别人的名义上奏。这是何等的难堪，又是何等的心灵折磨啊。但是他忍了，他不计较，能为国出力就行。整整一年，他为清政府新增69万亩耕地，极大地丰盈了府库，巩固了边防。林则徐真是干了一场"非分"之事，他以罪臣之名，而行忠臣之事。

（5）林则徐还有一件更加"非分"的事，就是大胆进行了一次"土地改革"。当勘地工作结束，将返回哈密时，路遇百余官绅商民跪地不起，拦轿告状。原来这里山高皇帝远，哈密王将辖区所有土地及煤矿、山林、瓜园、菜圃等皆霸为己有。数十年间如此横行竟无人敢管。林则徐接状后勃然大怒，立判将土王占的一万多亩耕地分给当地汉维农民耕种，并张出布告："新疆与内地均在皇舆一统之内，无寸土可以自私。民人与维吾尔人均在皇恩并育之中，无一处可以异视。"各族人民奔走相告，生计无忧，民族和睦，边防巩固。他这是以罪臣之身又多管了一件"闲事"啊！

（6）林则徐是皇家钦定的、中国古代最后的一位罪臣，又是人民托举出来的、近代史开篇的第一位功臣。

1. 本文主要是从哪两个角度来选材组材的？（除标点不超过10个字）

2. 文章第二自然段在全文中起什么作用？请简要分析。

3. 充军伊犁期间，林则徐"在这亘古荒原上爆出一声惊雷"，"惊雷"具体表现在哪些方面？请结合文意分条概括。

4. 下列对文章的分析和解说不正确的一项是（　　）

A. 本文抓住林则徐的业绩和品格，选择丰富典型的史料，通过叙述、描写、评议揭示其特有的精神风貌。

B. 第四自然段详细描写环境的恶劣和林则徐的艰苦行程，目的之一是反衬出林则徐为国为民不计个人得失的高贵品质和创建的丰功伟绩。

C. 林则徐在勘地工作结束将返回哈密时，曾在当地进行了一次土地改革，将土王占的一万多亩耕地分给当地汉维农民。

D. 本文在客观公正评价的同时，融入作者浓郁的情感，使林则徐的精神更好地感染读者。

第一单元检测题

一、选择题

1. 下列词语中加点的字，读音完全相同的一组是（　　）
   A. 行动　道行　品行　各行各业
   B. 停泊　湖泊　漂泊　淡泊名利
   C. 加强　勉强　倔强　强词夺理
   D. 解析　解脱　解除　解甲归田

2. 下列词语中，没有错别字的一组是（　　）
   A. 绚丽　萧索　安分守己　逆来顺受
   B. 精义　暮蔼　一蹴而就　走头无路
   C. 端倪　沧桑　步履维艰　满怀热忱
   D. 藤罗　喧闹　惨淡经营　宁缺毋烂

3. 下列各句中，加点成语使用恰当的一句是（　　）
   A. 我本来就对那里的情况不熟悉，你却硬要派我去，这不是差强人意吗？
   B. 辛弃疾的词大多以激昂跌宕、翻云覆雨的气势来抒情言志，风格豪放雄浑，在南宋词坛中占有重要地位。
   C. 贾平凹在连篇累牍地发表小说并取得很大成绩后，又开始创作散文，这些散文也收到许多读者的喜爱。
   D. 在我处境最艰难的时候，你向我伸出双手，给了我极大的安慰，这些我是没齿不忘的。

4. 下列句子中没有语病的一句是（　　）
   A. 食醋富有氨基酸、钙、磷、铁和维生素 B 等成分，具有美白功效，皮肤吸收之后，可改善营养缺乏。
   B. 这次培训的学员，除北大本校外，还有来自清华大学等15所高校的教师、学生。
   C. 一家心理机构对使用手机的人群进行抽样调查，结果显示超过50%以上的人有"手机依赖症"，总在期待收到最新信息。
   D. 南方没有集体供暖，居民可采用电取暖或燃烧取暖的方式，他们正是通过这种方式解决了取暖的问题。

5. 依次填入下面横线上的词语，最恰当的一项是（　　）
   居住在这些城堡中的主要是军队，_____ 有小商人和手工业者；_____ 这些小商人和手工业者是依靠军队生活的，_____ 军队撤退，这些城堡 _____ 就废弃了。
   A. 还　可　所以　那
   B. 又　而　如果　那
   C. 也　但　只要　也
   D. 并　但　因此　也

6. 下面各句运用的修辞手法判断正确的一项是（　　）

①大水法的拱形大门，依然卷着波涛。　②一千个读者就有一千个哈姆雷特。
③君不见高堂明镜悲白发，朝如青丝暮成雪。　④船头飞溅起来的浪花，唱着欢乐的歌。

A.①夸张　②比喻　③拟人　④借代
B.①比喻　②夸张　③拟人　④借代
C.①比喻　②借代　③夸张　④拟人
D.①拟人　②夸张　③借代　④比喻

7. 依次填入下面一段文字横线上的语句最恰当的一项是（　　）

白马湖最好的时候是黄昏。湖上的山笼着一层青色的薄雾，_____。水光暗淡，像是一面古铜镜。_____。天上偶尔见到几只归鸟，我们看着它越飞越高，直到不见为止。

①在水里映着参差的模糊的影子
②参差的模糊的影子在水里映着
③轻风吹来，有一两缕波纹，但随即平静了
④微风飘来，有一两缕波纹，但很快就消失了

A.①③　　　　　　　　　　B.①④
C.②③　　　　　　　　　　D.②④

8. 下面说法不正确的一项是（　　）

A.《史记》是我国第一部纪传体通史，《汉书》是我国第一部纪传体断代史。
B.《废墟的召唤》作者翦伯赞，他是我国现代著名的历史学家。
C.圆明园是我国清代名园之一，遗址在北京西郊海淀附近。
D.《把栏杆拍遍》一文的作者是我国当代作家梁衡，题目"把栏杆拍遍"出自辛弃疾的词《水龙吟》中的一句。

二、诗文阅读

武陵春

李清照

风住尘香花已尽，日晚倦梳头。物是人非事事休，欲语泪先流。

闻说双溪春尚好，也拟泛轻舟。只恐双溪舴艋舟，载不动，许多愁。

1. 下面对这首词理解不恰当的一项是（　　）

A."风住尘香花已尽"是说鲜花经过春风的摇动已经零落殆尽，只有土地上还残留些花的芬芳，说明这时已到了暮春时节。
B."日晚倦梳头"用外在的行为表达了词人内心的哀愁。
C."闻说双溪春尚好，也拟泛轻舟"写出了词人泛舟双溪的欢乐。

D."只恐双溪舴艋舟,载不动,许多愁"写出了词人心中无比深重的愁苦。"舴艋舟",狭长的小船,形如"蚱蜢"。

2. 对这首词赏析不恰当的一项是(　　)

A.上片直接写愁情的深重,下片婉转地从欲遣愁泄忧的角度,进一步表现愁情之深重。

B.这首词集中抒写离情别绪,主题鲜明,凄婉动人。

C.全词想象丰富,化无形的愁绪为有重量的实体,构思新颖,极富创意。

D.全词格调十分凄苦忧伤,体现了浅显而凝练、含蓄而又不深涩的艺术风格。

三、科技文阅读

化学制剂

(1)地球上生命的历史也就是生物与它们的环境相互作用的历史。动植物的形体和习性在很大程度上是由环境造成的,而反向作用,即生物对其所在环境的实际影响则相对较小。只有到了20世纪,作为物种之一的人类才获得了足够的力量,有效地改变了他所在的世界——大自然。

(2)在过去的四分之一世纪里,这种力量不仅增大到令人不安的程度,而且性质也发生了变化。人类对环境最可怕的破坏,是那些有害甚至致命的物质对空气、土地、河流、海洋造成的污染。在当今对环境的普遍污染中,化学药品和辐射线共同改变着生物的根本性质。喷洒在农田、森林或花园里的化学药品长期留在土壤中,进入活的生物体内,在一种毒害和死亡的连锁反应中从一个生物体传到另一个生物体。有时候,这些化学药品会随着地下溪流神秘地流淌,直到冒出地表,通过空气和阳光的化合作用构成新形式。植物毒死了,牲畜得病了,曾经一度纯净的井水,也给饮用它的人群造成了危害。

(3)适应这些化学药品所需要的时间应该用大自然的尺度来衡量——人的一生太短暂,而它所要求的是若干个世纪。但即使经过漫长的时间,人们能够奇迹般地适应了它们,也无济于事,因为各个实验室还在源源不断地冒出新的化学药品,并投入使用。这些药品的数字实在令人震惊:每年有500种新的化学药品需要人和动物的身体以某种方式与之适应。其后果还不容易被我们所预料,因为它完全超出了我们对生物学的理解和经验。

(4)20世纪40年代中期以来,为了杀死老鼠等啮齿动物以及害虫、杂草而研制出来的基本化学药品就超过200种。这些粉末、喷雾液、烟雾剂在农场、花园、森林和家庭中都普遍使用。它们不加选择地杀死任何昆虫,不管它是"好"是"坏"。这种剧毒物质覆盖在叶片表面上,或者滞留在土壤中,能使鸟儿不再歌唱,鱼儿不再遨游。可是,人们使用这些药品,其目的仅仅是消灭屈指可数的几种害虫、杂草或老鼠等。

(5)药物喷洒的发展过程似乎卷入了一个永无终点的螺旋。自从敌敌畏被允许民用以后,杀虫剂便逐步升级。因为有的昆虫已演化出对某一杀虫药具有抗药性的新品种,于是，人们又发明一种更毒的药剂，接着，再发明一种比这种药剂还要毒的药剂。然而，难道有人会相信，可以向地球表面倾泻这么多毒物而又适宜于一切生物生长吗？

1. 根据文意，下列对文中的"足够的力量"的理解，正确的一项是（　　）

A. 人类所获得的空前的改变社会环境的力量。

B. 地球上的生物施加给自然环境的反向作用。

C. 环境对地球上的生物的作用和地球上生物对环境的反作用。

D. 人类在 20 世纪所取得的足以改变自然环境的力量。

2. 下列不属于人类对环境的直接影响的一项是（　　）

A. 动植物的形体和习性在很大程度上是由环境造成的，而生物对其所在环境的实际影响则相对较小。

B. 自 20 世纪 40 年代中期以来，超过 200 种基本化学药品被研制出来用于杀死老鼠等啮齿动物以及害虫、杂草。

C. 粉末、喷雾液、烟雾剂等化学药品的普遍使用，能够不加选择地杀死任何昆虫，不管它是"好"是"坏"。

D. 那些药品中的剧毒物质覆盖在叶片表面上，或者长期滞留在土壤中，能使鸟儿不再歌唱，鱼儿不再遨游。

3. 下列表述，不符合原文意思的一项是（　　）

A. 地球上生命的历史也就是包括人类在内的生物与它们所在的环境相互作用、相互影响的历史。

B. 化学药品中那些有害甚至致命的物质严重污染了空气、土地、河流、海洋，这是对环境最可怕的破坏。

C. 适应这些化学药品需要若干个世纪，而人生太短暂，所以人类能够适应化学药品的想法是行不通的。

D. 无论化学药品的毒性有多大，有些害虫总有办法演化出具有抗药性的超级品种。

4. 根据原文提供的信息，下列推断正确的一项是（　　）

A. 动植物的形体和习性在很大程度上是由环境造成的，人类也就可以通过自己的努力提高动植物的质量。

B. 化学药品和辐射线能够改变生物的根本性质，所以治理环境污染的首要任务就是控制化学药品和辐射线。

C. 仅仅为了消灭屈指可数的几种害虫、杂草、老鼠等，可见人类研制化学药品是得不偿失。

D. 药物喷洒的发展过程卷入了一个无终点的螺旋，所以化学药品也将会永无止境地研制下去。

四、填空题

1. 讨论可分为 _____ 和 _____ 两种。

2. 审题可从 _____ 、明确内容范围、_____ 、挖掘标题寓意等方面入手。

3. 立意要正确、_____ 、_____ 、深刻。

4. 《胡同文化》是我国当代作家 _____ 为摄影艺术集 _____ 写的序。

5. 《过万重山漫想》作者是我国当代作家 _____ ，题目中的"万重山"指坐船穿行 _____ 经过的崇山峻岭。

五、应用文写作

王林今天早晨在学校操场捡到一个黑色皮包，里面有现金180元、一张建行卡和一串钥匙。请你代王林拟一则招领启事。

六、现代文阅读

山影（节选）

方 叶

古往今来，人们游历山川，除了欣赏大自然的秀美风光，获取履艰历险的快慰外，更多的是为了让自己的心灵与静美的山水相洽相融，排遣心中的郁结。而山庐梦影，既真实又缥缈。既可亲可感，又可寻可思，理所当然是高人雅士抒情写意的最佳具象。看唐代诗人笔下的山影是何等瑰丽多姿！"黄河远上白云间，一片孤城万仞山""青海长云暗雪山，孤城遥望玉门关"，在边塞诗人高适、岑参、王之涣、王昌龄的眼中，山影是多么苍凉、壮阔和空旷啊。但为了边关的安宁，"不教胡马度阴山"，征夫守卒们长年累月，甚至一生都在那里浴血苦战。苍凉的山影烘托出的正是诗人那博大的胸襟和壮美情趣。具有豪放落拓性格的诗仙李白，他笔下的山影却充满了浪漫、神奇的色彩，"天姥连天向天横，势拔五岳掩赤城""我欲因之梦吴越，一夜飞渡镜湖月"，诗人用一种震天撼地的笔力，道出了对美好理想的追求和对自由、光明的向往。作为山水大诗人大画家的王维，原本就倾心于凄美的风光，经历了安史之乱的波折，更加看破世事，觉得功名利禄，不过是过眼烟云，不值得依恋，于是，他走出金碧辉煌的皇宫，走出浑浊的世道，投向佛寺和大自然的怀抱，把自己的身影彻底地融入浓浓淡淡的山影里。无论置身"空山新雨后"，还是"独坐幽篁里"，也无论品味"山色有无中"，还是聆听"深山何处钟",山影勾勒出的是他那种怡然自得、超凡脱俗的心态;行行句句,无不充满了清幽恬淡的禅意和孤寂深远的意趣。

人们对于山影的喜爱,纯然是精神上的快乐和抚慰。"少无适俗韵,性本爱丘山"的陶渊明,辞去归来,在寻常的山中采菊、种豆、除草、饮酒、写诗、抚琴,悠远的山影雕塑了一个高洁伟岸的形象。同样的,敬亭山也并不孤高绝寰,而李白照样"相看两不厌"。个中奥妙,是敬亭山的山影里栖立着诗人那种"众鸟高飞尽,孤云独去闲"的傲然不羁的心曲,以及对趋炎附势、溜须拍马时尚的轻蔑。尽管敬亭山的山影并不巍峨奇峭,却历尽了千载而不朽。

许多年来,攀山涉水,深入林谷,山影始终是我无法走出的一个梦境。我知道,悠远的山影并非虚幻,更非死寂。在它森浩的襟怀里,有凌云的峰崖,有壮巍的树木,有灵动的溪泉,宛转的鸟语,有数不清的清纯美丽的花草,而山影把这一切拥入自己的怀抱,相济相融,酿造出自然界的一种大和谐,大完美。常常沐浴在这种宁幽净洁的氛围中,人自然会渐渐变得神怡意远起来。

1. 简析"唐代诗人笔下"山影"瑰丽多姿"的特点。

2. 人们喜爱山影的原因是什么?请分两条回答。

3. 为什么说"山影始终是我无法走出的一个梦境"?

4. 下列对文章的赏析,不正确的一项是(　　)
A. 作者对山影的特殊感情,既是自身的需求又源于艺术的魅力。
B. 人们游历山川,只是为了获得攀山涉水、履艰历险的快感。
C. 李白对敬亭山"相看两不厌",是因为敬亭山象征着他傲然不羁、蔑视权贵的个性。
D. 文章融"我"的感情与众多艺术家的情感于一体,显示了丰厚的文化底蕴和自身的审美情趣。

七、写作训练

请以"踮起脚尖"为题,写一篇不少于800字的记叙文。

第二单元

六　过秦论

学习目标

1. 学习用事实做根据论证中心论点的写法。
2. 通过贾谊对秦王朝迅速灭亡原因的分析，了解作者借古讽今的写作意图。
3. 归纳掌握文中的通假字、古今异义词、多义词、词类活用、特殊句式等。

文学常识

贾谊（前200—前168），西汉洛阳人，政论家、文学家。少有才名，18岁时，以善文为郡人所称。20岁时被汉文帝刘恒召为博士，不久迁太中大夫，参与政事，深受倚重。因提议改革政治，遭权贵嫉妒、毁谤，谪为长沙王太傅。转任梁怀王太傅。梁怀王坠马而死，贾谊深自歉疚，抑郁而亡，时仅33岁。所著政论以《过秦论》《论积贮疏》《陈政事疏》最有名。今人辑有《贾谊集》，包括《新书》十卷。

课文解析

《过秦论》是贾谊政论散文的代表作，着重叙述秦王朝的兴起、发展、统一直至最终灭亡的过程，揭露了秦始皇的暴虐无道，以充分的史实揭示出秦王朝迅速灭亡的原因——"仁义不施而攻守之势异也"。作者总结秦王朝覆灭的历史教训，意在借古讽今，告诫当朝统治者要施行仁政，以免重蹈秦亡的覆辙。本文通篇采用对比论证手法，秦国本身先盛后衰的对比、秦与六国的对比、秦与陈涉的对比、陈涉与六国的对比，这四组对比运用使文章结构宏伟，气势磅礴，论证有力。本文语言整散结合，大量排比、对偶、夸张句式的运用，使文章气韵流畅，语势充沛。

六 过秦论

知识积累

1. 给加点字注音。

殽函（　　　）　　窥周室（　　　）　　逡巡（　　　）

劲弩（　　　）（　　　）　　瓮牖绳枢（　　　）　　度长絜大（　　　）（　　　）

一夫作难（　　　）

2. 解释下列加点的词语。

西举巴蜀（　　　　　）　　　　不爱珍器重宝肥饶之地（　　　　　）

追亡逐北（　　　　　）　　　　北筑长城而守藩篱（　　　　　）

非抗于九国之师也（　　　　　）

知识检测

一、选择题

1. 下列加点字的注音正确的一项是（　　　）

A. 鞭笞（chī）　　行伍（háng）　　一撮盐（cuō）　　比权量力（liàng）

B. 藩篱（fān）　　佣金（yòng）　　煞风景（shā）　　万乘之势（shèng）

C. 瓶颈（jìng）　　劲弩（nǔ）　　国子监（jiān）　　毁家纾难（nàn）

D. 召唤（zhào）　　押解（jiè）　　压轴戏（zhǒu）　　度长絜大（duó）

2. 以下选项中不含通假字的一项是（　　　）

①赢粮而景从　　　　　　　　　②合从缔交，相与为一

③振长策而御宇内　　　　　　　④余威震于殊俗

⑤序八州而朝同列，百有余年矣　⑥孝公既没

⑦信臣精卒陈列兵而谁何　　　　⑧蹑足行伍之间，而倔起阡陌之中

A. ①⑤　　　　　　　　　　　　B. ②③

C. ③④　　　　　　　　　　　　D. ④⑧

3. 下列句子中加点的词古今意义相同的一项是（　　　）

A. 明智而忠信，宽厚而爱人

B. 才能不及中人

C. 山东豪俊遂并起而亡秦族矣

D. 于是废先王之道，焚百家之言

4. 下列句中加点词用法归类正确的一项是（　　）

①天下云集响应　　②外连衡而斗诸侯　　③却匈奴七百余里
④履至尊而制六合　⑤且夫天下非小弱也　⑥序八州而朝同列
⑦席卷天下　　　　⑧陈涉瓮牖绳枢之子

A. ①②③／④⑧／⑤⑥⑦
B. ①⑦／②⑥⑧／③④／⑤
C. ①⑦／②③④⑤／⑥⑧
D. ①⑦／②③⑥／④⑧／⑤

5. 与例句句式相同的一项是（　　）

例：一夫作难而七庙隳

A. 铸以为金人十二
B. 委命下吏
C. 非铦于钩戟长铩也
D. 身死人手，为天下笑者

6. 下列各句加点词的意义或用法相同的一组是（　　）

A. 且夫天下非小弱也　　　　　　一夫作难而七庙隳
B. 秦有余力而制其弊　　　　　　王寥、田忌、廉颇、赵奢之伦制其兵
C. 然陈涉瓮牖绳枢之子　　　　　然秦以区区之地
D. 追亡逐北，伏尸百万　　　　　秦无亡矢遗镞之费

7. 与例句中"而"字的用法相同的一项是（　　）

例句：皆明智而忠信，宽厚而爱人

A. 秦无亡矢遗镞之费，而天下诸侯已困矣
B. 积善成德，而神明自得
C. 而刘夙婴疾病
D. 吾尝终日而思矣

8. 下面对四个句子中的"以为"的分类，正确的一项是（　　）

①南取百越之地，以为桂林、象郡　　②铸以为金人十二
③据亿丈之城，临不测之渊以为固　　④自以为关中之固

A. ①／②③④
B. ①②／③④
C. ①／②③④
D. ①②③／④

9. 以下六句话分别编为四组，全都说明秦"攻守之势异"而"仁义不施"的一组是（　　）。

①外连衡而斗诸侯　　　　　　②追亡逐北，伏尸百万，流血漂橹
③执敲扑而鞭笞天下　　　　　④隳名城，杀豪杰
⑤践华为城，因河为池　　　　⑥信臣精卒陈利兵而谁何

A. ①③⑤
B. ②④⑥
C. ①②⑤
D. ③④⑥

10. 对所给文句翻译正确的一句是（　　）

A. 履至尊而制六合，执敲扑而鞭笞天下。

译文：登上至高无上的尊位，拿着刑具逼迫天下百姓。

B.乃使蒙恬北筑长城而守藩篱。

译文：于是让蒙恬在北面修筑长城并让他守卫在竹木做藩篱的军营中。

C.信臣精卒陈利兵而谁何。

译文：可靠的臣子、精锐的士卒拿着锋利的兵器，盘问来往行人。

D.自以为关中之固，金城千里，子孙帝王万世之业也。

译文：自以为险固的关中，金属修筑的城墙，正是子孙万代帝王的功业。

二、填空题

1.《过秦论》一文的作者是西汉的_____。鲁迅先生盛赞《过秦论》："_____，沾溉后人，其泽甚远。"

2.本文的中心论点是_____。

3._____，_____，天下云集响应，赢粮而景从。

三、课内阅读

及至始皇，奋六世之余烈，振长策而御宇内，吞二周而亡诸侯，履至尊而制六合，执敲扑而鞭笞天下，威振四海。南取百越之地，以为桂林、象郡，百越之君，俯首系颈，委命下吏。乃使蒙恬北筑长城而守藩篱，却匈奴七百余里；胡人不敢南下而牧马，士不敢弯弓而报怨。于是废先王之道，焚百家之言，以愚黔首；隳名城，杀豪杰；收天下之兵，聚之咸阳，销锋镝，铸以为金人十二，以弱天下之民。然后践华为城，因河为池，据亿丈之城，临不测之渊以为固。良将劲弩守要害之处，信臣精卒陈利兵而谁何。天下已定，始皇之心，自以为关中之固，金城千里，子孙帝王万世之业也。

秦王既没，余威震于殊俗。陈涉瓮牖绳枢之子，甿隶之人，而迁徙之徒也；才能不及中人，非有仲尼、墨翟之贤，陶朱、猗顿之富；蹑足行伍之间，而倔起阡陌之中，率疲弊之卒，将数百之众，转而攻秦；斩木为兵，揭竿为旗，天下云集响应，赢粮而景从。山东豪俊遂并起而亡秦族矣。

1.下列各句加点词解释正确的一项是（　　）

A.因河为池（河流）　　　　　金城千里（坚固的城池）

B.履至尊而制六合（天地和四方）　奋六世之余烈（发展）

C.信臣精卒陈利兵而谁何（精锐的士兵）　以愚黔首（黑色）

D.不爱珍器重宝肥饶之地（爱惜）　非抗于九国之师也（匹敌）

2.下列句中加点词与例句中加点词活用相同的一项是（　　）

例：却匈奴七百余里

A. 可使有勇　　　　　　　　B. 序八州而朝同列
C. 有泉侧出　　　　　　　　D. 吾从而师之

3. 句式与其他三项不同的一项是（　　　）

A. 金城千里　　　　　　　　B. 然而不王者，未之有也
C. 金石可镂　　　　　　　　D. 覆之以掌

4. 下列说法不符合原文的一项是（　　　）

A. 秦始皇不仅消灭了各国诸侯，而且继续扩大版图，创建了史无前例的大帝国。
B. "胡人不敢南下而牧马，士不敢弯弓而报怨"这就意味着秦从此转入攻势。
C. 秦始皇愚民、弱民、防民的目的是以"关中之固，金城千里"来确保"子孙帝王万世之业也"。
D. 这段文字义正词严，充分揭露了秦始皇的暴虐无道，为本文结句"仁义不施而攻守之势异也"做铺垫。

四、拓展阅读

过秦论（中篇节选）

贾　谊

秦灭周祀，并海内，兼诸侯，南面称帝，以养四海。天下之士，斐然向风。若是，何也？曰：近古之无王者久矣。周室卑微，五霸既灭，令不行于天下。是以诸侯力政，强凌弱，众暴寡，兵革不休，士民罢弊。今秦南面而王天下，是上有天子也。既元元①之民冀得安其性命，莫不虚心而仰上。当此之时，专威定功，安危之本，在于此矣。

秦王怀贪鄙之心，行自奋之智，不信功臣，不亲士民，废王道而立私爱，焚文书而酷刑法，先诈力而后仁义，以暴虐为天下始。夫兼并者高诈力，安危者贵顺权，此言取与守不同术也。秦离战国而王天下，其道不易，其政不改，是其所以取之也。守之者无异也。孤独而有之，故其亡可立而待也。借使秦王论上世之事，并殷、周之迹，以制御其政，后虽有淫骄之主，犹未有倾危之患也。故三王②之建天下，名号显美，功业长久。

【注】：①元元：善良的，可怜的。②三王：夏禹、商汤、周文王。

1. 下列句中加点字的解释不正确的一项是（　　　）

A. 南面称帝，以养四海　　　养：养育，统治
B. 强凌弱，众暴寡　　　　　暴：残暴
C. 周室卑微　　　　　　　　卑微：衰败
D. 兵革不休，士民罢弊　　　罢：同"疲"，疲惫

2. 下列加点字意义和用法不相同的一项是（　　）

A. 元元之民冀得安其性命　　　　秦有余力而制其弊

B. 废王道而立私爱　　　　　　　此四君者，皆明智而忠信

C. 秦王怀贪鄙之心　　　　　　　及至始皇，奋六世之余烈

D. 令不行于天下　　　　　　　　谪戍之众，非抗于九国之师也

3. 下列句中，无通假字的一项是（　　）

A. 天下之士斐然乡风。　　　　　B. 是以诸侯力政。

C. 秦离战国而王天下。　　　　　D. 兵革不休，士民罢弊。

4. 以下说法不合文意的一项是（　　）

A. 秦始皇统一天下本来就不得人心，后来又实行暴政，所以秦朝很快就倾覆了。

B. 天下百姓虚心仰止，表明他们要求过安定的生活，这表明秦的统一符合民心。

C. 兼并天下不妨采用一些诈力手段，但安定之后想保有天下就一定要实行仁政。

D. 秦始皇不懂得攻守之势已发生了变化，以诈力统治天下，终于导致了秦王朝的死亡。

七　鸿门宴

学习目标

1. 掌握作者和《史记》的相关知识，了解写作背景。
2. 掌握重要的实词、虚词和特殊的句式，积累文中出现的成语。
3. 分析主要人物形象，学习在矛盾冲突中刻画人物。
4. 能客观分析历史人物，树立正确的价值观，懂得善于听取建议而兴事业的道理。

文学常识

司马迁（约前145—约前90），西汉著名史学家、文学家、思想家。字子长，夏阳（今陕西韩城南）人。迁生于龙门，十岁诵古文，二十岁外出考察，足迹遍南北。元封三年（前108）继父职，任太史令，得以博览皇家珍藏的大量图书和文献。在《史记》草创未就之时，因替投降匈奴的李陵辩护，下狱受腐刑。出狱后任中书令（掌管皇家机要文件），发愤著书，在公元前91年前后完成《史记》。

《史记》是我国第一部纪传体通史，记载了从传说中的黄帝到汉武帝三千年间的历史。全书130篇，包括本纪12篇，世家30篇，列传70篇，书8篇，年表10篇，共52万多字，鲁迅评价为"史家之绝唱，无韵之《离骚》"。司马迁的著作除《史记》外，还有《报任安书》和《悲士不遇赋》。

课文解析

全文以"鸿门宴"为中心事件，以项羽杀不杀刘邦、刘邦能否在宴会上安然脱逃为情节发展的关键，依照时间顺序展开故事情节。课文赏析的重点是人物形象的塑造，作者善于在激烈的矛盾冲突中刻画人物。作者在刻画人物时，语言精练传神，往往抓住人物的寥寥数语，或一些细节，就能使人物性格暴露无遗；善于运用对比、衬托的手法使人物性格更为鲜明、准确。课文虽是节选，但故事情节不仅相对完整而且跌宕起伏，张弛有致，引人入胜。

七 鸿门宴

知识积累

1. 给加点字注音。

飨士卒（   ）　　百余骑（   ）　　戮力（   ）　　数目（   ）

瞋目（   ）　　目眦（   ）　　　砧板（   ）　　刀俎（   ）

2. 解释下列加点的词语。

欲王关中（   ）　　　　　　　而听细说（   ）

籍吏民（   ）　　　　　　　　张良西向侍（   ）

目眦尽裂（   ）　　　　　　　闻大王有意督过之（   ）

知识检测

一、选择题

1. 下列词语中加点字的注音，全部正确的一项是（   ）

A. 瞋目（chēng）　　处暑（chǔ）　　一哄而散（hòng）　　睚眦必报（zì）

B. 屠戮（lù）　　　　拙劣（zhuō）　　心宽体胖（pán）　　挑拨离间（jiàn）

C. 谙熟（ān）　　　　砧板（zhān）　　浑水摸鱼（hùn）　　否极泰来（pǐ）

D. 忖度（duó）　　　磅礴（páng）　　数见不鲜（shuò）　　乘人之危（chéng）

2. 下列句子中不含通假字的一项是（   ）

A. 距关，毋内诸侯　　　　　　　　B. 愿伯具言臣之不敢倍德也

C. 旦日不可不蚤自来谢项王　　　　D. 故幸来告良

3. 下列句子中加点的词古今意义相同的一项是（   ）

A. 将军战河北，臣战河南　　　　　B. 沛公奉卮酒为寿，约为婚姻

C. 备他盗之出入于非常也　　　　　D. 今沛公先破秦入咸阳，秋毫不敢有所近

4. 下列句子中加点的词归类正确的一项是（   ）

①沛公军霸上　　②范增数目项王　　③籍吏民，封府库

④刑人如恐不胜　　⑤素善留侯张良　　⑥项伯杀人，臣活之

⑦吾得兄事之　　⑧沛公欲王关中　　⑨交戟之士欲止不内

⑩沛公旦日从百余骑来见项王

A. ①②③④⑧／⑥⑨⑩／⑤／⑦　　B. ①②③④／⑥⑨⑩／⑤／⑧⑦

C. ①②③④／⑥⑧⑨⑩／⑤⑦　　　D. ①②③④／⑤／⑥⑧⑨⑩／⑦

5. 下列句子与"欲呼张良与俱去"句式相同的一项是（　　）

A. 得复见将军于此　　　　　　　B. 吾属今为之虏矣

C. 可使有勇　　　　　　　　　　D. 夺项王天下者必沛公也

6. 下列各组中加点的词语，意思相同的一项是（　　）

A. 旦日不可不蚤自来谢项王　　　哙拜谢

B. 然不自意能先入关破秦　　　　其意常在沛公也

C. 故遣将守关者，备他盗之出入与非常也　　君安与项伯有故

D. 为击破沛公军　　　　　　　　谁为大王为此计者

7. 与"因击沛公于坐"中"因"的用法相同的一项是（　　）

A. 相如因持璧却立　　　　　　　B. 不如因而厚遇之

C. 蒙故业，因遗策　　　　　　　D. 因宾客至蔺相如门谢罪

8. 下列对文章的概括与分析不正确的一项是（　　）

A. 鸿门宴是项羽和刘邦在灭秦后长达五年斗争的开端，一开始从刘邦和项羽的兵力对比，可以看出项羽占有绝对优势，战争的主动权在项羽手中。故事的开端是曹无伤告密。

B. 刘邦面对张良传来的项伯密报，一时间显得手足无措，但面对项伯时所表现出的一系列言行举止又让我们看到刘邦很有心计，善于随机应变的一面。

C. 刘邦借项伯的嘴向项羽表明自己"日夜望将军至"，"不敢倍德"，可见刘邦对项羽由衷地尊敬。来到鸿门宴后的一番道歉之词更可以看出他对项羽非常恭顺、虔诚。

D. 宴会上，范增见举玦示意，项羽不理，就与项庄合谋要借舞剑杀了刘邦。项伯也拔出剑舞起来，并常常用自己的身体掩护刘邦，但项羽不加制止。可见项羽是不主张杀死刘邦的，反映出他胸无城府、优柔寡断、刚愎自用。

9. 下列句子的翻译正确的一项是（　　）

A. 今入关，财物无所取，妇女无所幸，此其志不在小。

现在入了关，不掠取财物，不迷恋女色，这说明他的志向不在小处。

B. 杀人如不能举，刑人如恐不胜。

杀人如果不能杀尽，用刑罚唯恐不能用尽酷刑。

C. 大行不顾细谨，大礼不辞小让。

做大事不必顾虑细枝末节，讲大礼不必计较小的过失。

D. 所以遣将守关者，备他盗之出入与非常也。

所以才派遣将领把守函谷关，是为了防备其他盗贼的出入与意外的变故。

二、填空题

1. 《鸿门宴》选自《_____》，它的作者是_____（朝代）的_____。
2. 《史记》是我国第一部_____通史，它是我国古代散文史上的一座丰碑，其人物传记开了我国史传文学之先河，被鲁迅誉为"_____，_____"。
3. _____，大礼不辞小让。
4. 如今人方为刀俎，_____，何辞为。

三、课内阅读

沛公已去，间至军中。张良入谢，曰："沛公不胜杯杓，不能辞。谨使臣良奉白璧一双，再拜献大王足下，玉斗一双，再拜奉大将军足下。"项王曰："沛公安在？"良曰："闻大王有意督过之，脱身独去，已至军矣。"项王则受璧，置之坐上。亚父受玉斗，置之地，拔剑撞而破之，曰："唉！竖子不足与谋！夺项王天下者必沛公也。吾属今为之虏矣！"

1. 下列句中加点词的解释不正确的一项是（　　）
   A. 间至军中　　间：从小路
   B. 张良入谢　　谢：谢罪
   C. 再拜奉大将军足下　　再拜：拜两次
   D. 闻大王有意督过之　　督：监督

2. 下列句中的"之"字，指代对象为"白璧一双"的一项是（　　）
   A. 闻大王有意督过之
   B. 置之坐上
   C. 置之地
   D. 吾属今为之虏矣

3. 下列句中加点词，与"拔剑撞而破之"中的"破"用法相同的一项是（　　）
   A. 间至军中
   B. 距关，毋内诸侯，秦地可尽王也
   C. 左右欲刃相如
   D. 项伯杀人，臣活之

4. 对文段中的四个人物及其言行，说法不正确的一项是（　　）

A. 张良和范增分别是刘邦和项羽的谋士。
B. 张良的后一段话，明是道歉，暗含指责。项羽没听出他的意思。
C. 项羽接受了刘邦的礼物，说明他非常注意外交礼节。
D. 范增看出了刘邦是项羽最危险的敌人，所以他把刘邦的礼物打破了。

四、拓展阅读

项羽本纪（节选）

项籍者，下相人也，字羽。初起时，年二十四。其季父项梁，梁父即楚将项燕，为秦将王翦所戮者也。项氏世世为楚将，封于项，故姓项氏。

项籍少时，学书不成，去；学剑，又不成。项梁怒之。籍曰："书足以记名姓而已。剑一人敌，不足学，学万人敌。"于是项梁乃教籍兵法，籍大喜，略知其意，又不肯竟学。项梁尝有栎阳逮①，乃请蕲狱掾曹咎书抵栎阳狱掾司马欣，以故，事得已。项梁杀人，与籍避仇于吴中。吴中贤士大夫皆出项梁下。每吴中有大徭役及丧，项梁常为主办，阴以兵法部勒宾客及子弟，以是知其能。秦始皇帝游会稽，渡浙江，梁与籍俱观。籍曰："彼可取而代之也。"梁掩其口，曰："毋妄言，族矣！"梁以此奇籍。籍长八尺余，力能扛鼎，才气过人，虽吴中子弟皆已惮籍矣。

秦二世元年七月，陈涉等起大泽中。其九月，会稽守通谓梁曰："江西皆反，此亦天亡秦之时也。吾闻先即制人，后则为人所制。吾欲发兵，使公及桓楚将。"是时桓楚亡在泽中。梁曰："桓楚亡，人莫知其处，独籍知之耳。"梁乃出，诫籍持剑居外待。梁复入，与守坐，曰："请召籍，使受命召桓楚。"守曰："诺。"梁召籍入。须臾，梁眴籍曰："可行矣！"于是籍遂拔剑斩守头。项梁持守头，佩其印绶。门下大惊，扰乱，籍所击杀数十百人。一府中皆慑伏，莫敢起。梁乃召故所知豪吏，谕以所为起大事，遂举吴中兵。使人收下县，得精兵八千人。梁部署吴中豪杰为校尉、侯、司马。有一人不得用，自言于梁。梁曰："前时某丧，使公主某事，不能办，以此不任用公。"众乃皆伏。于是梁为会稽守，籍为裨将，徇下县。

《史记·项羽本纪》

【注】①栎阳逮：因案件牵连被栎阳县捕去。

1. 下列语句中加点词语的解释不正确的一项是（　　）

A. 略知其意，又不肯竟学　　　　略：大致

B. 以故，事得已　　　　　　　　故：缘故

C. 阴以兵法部勒宾客及子弟　　　阴：暗中

D. 吾欲发兵，使公及桓楚将　　　将：将领

2. 下列各组中加点虚词的意义和用法相同的一组是（　　）

A. 封于项 / 长于臣

B. 梁以此奇籍 / 不及召下兵，以故荆轲逐秦王

C. 独籍知之耳 / 愿伯具言臣之不敢倍德也

D. 于是项梁乃教籍兵法 / 问今是何世，乃不知有汉

3. 下列语句全部表现项羽有大志、有勇力的一组是（　　）

①学书不成，去；学剑，又不成

②剑一人敌，不足学，学万人敌

③籍曰："彼可取而代之也。"

④吾闻先即制人，后则为人所制

⑤力能扛鼎，才气过人

⑥籍所击杀数十百人

A. ①②⑤⑥　　　　　　　　　　B. ②③⑤⑥

C. ①③④⑥　　　　　　　　　　D. ②③④⑤

4. 下列对原文有关内容的分析和概括，不正确的一项是（　　）

A. 项籍小的时候，学写字、学武艺都没学成，学兵法也浅尝辄止，半途而废。

B. 秦始皇巡游会稽时，项籍竟然敢说将来可以取代他，可见项籍少怀壮志，抱负不凡，所以项梁认为他不寻常。

C. 项籍年轻时虽然对读书识字没多大兴趣，但他身材高大，才能、勇气、胆识超出常人，周围的人都怕他。

D. 陈涉起义后，项籍立即带领项梁起事，砍下郡守的头，杀掉上百个郡府的侍从、护卫，收取属县的壮丁，用兵力降服了地方。

八　寡人之于国也

学习目标

1. 了解孟子所提倡的"仁政"思想，把握孟子的论辩艺术及其"好辩""善辩"的主客观原因。
2. 掌握"数、发、直、兵、胜"在不同语言环境中的意思，了解"于、之"两个虚词在不同语言环境中的用法。
3. 了解"或……或……""直……耳""是……也""是何异于……"等几个句式的特点，辨析它们和现代汉语的不同特点。
4. 结合本文，联系历史资料，了解孟子思想对当时及后世的影响。

文学常识

孟子（约公元前372—前289），名轲，字子舆，战国时邹（山东）人。我国古代著名的思想家、政治家、教育家。他是孔子以后的儒学大师，被尊称为"亚圣"，后世将他与也孔子合称为"孔孟"。《孟子》是孟子与他的弟子共同完成的，共七篇，记述孟子的言行。

课文解析

本文围绕"民不加多"的问题展开讨论，阐述了孟子"施仁政"的政治主张及"行王道"的具体做法，并在一定程度上揭露了社会的不平等，体现了孟子王道政治的主要内容，即倡导仁政，反对霸道，消除战乱，发展生产，使黎民不饥不寒，安居乐业。作者善于运用比喻说理，巧妙设喻。在语言上大量使用排比、对偶句式，使文章音节铿锵，气势充沛，具有雄辩的气势。

八 寡人之于国也

知识积累

1. 给下列加点字注音。

弃甲曳兵（　　）　数罟（　　）（　　）　养生丧死（　　）

庠序（　　）　饿莩（　　）　畜养（　　）

孝悌（　　）

2. 解释下面加点的词语。

填然鼓之（　　）　数罟不入洿池（　　）　孝悌之义（　　）

王无罪岁（　　）

知识检测

一、选择题

1. 下列加点字的读音正确的一项（　　）

   A. 孝悌（dì）　　不可胜食（shēng）　　剔除（tī）　　毋庸置疑（wù）

   B. 鸡豚（tún）　　饿莩遍野（piáo）　　丧礼（sàng）　　丧心病狂（sàng）

   C. 洿池（wū）　　弃甲曳兵（yè）　　畜养（xù）　　六畜兴旺（xù）

   D. 庠序（xiáng）　　衣帛食肉（yì）　　数罟（gǔ）　　数典忘祖（shǔ）

2. 下列没有通假字的一项是（　　）

   A. 七十者衣帛食肉　　　　　　B. 不可，直不百步耳

   C. 涂有饿莩而不知发　　　　　D. 颁白者不负戴于道路矣

3. 下列各句中加点的词古今意义相同的一项是（　　）

   A. 无如寡人之用心者　　　　　B. 是使民养生丧死无憾也

   C. 然而不王者，未之有也　　　D. 河内凶，则移其民于河东

4. 与例句中加点词用法相同的一项是（　　）

   例句：填然鼓之

   A. 谨庠序之教　　　　　　　　B. 是使民养生丧死无憾也

   C. 王无罪岁　　　　　　　　　D. 秋毫不敢有所近

5. 与"然而不王者，未之有也"句式相同的一项是（　　）

   A. 是亦走也　　　　　　　　　B. 蚓无爪牙之利，筋骨之强

   C. 然不自意能先入关破秦　　　D. 廉颇者，赵之良将也

6. 下列加点词的意思完全相同的一项是（　　）

A. 请以战喻　　　　　　　　　　　　寡人窃闻赵王好音，请奏瑟

B. 材木不可胜用　　　　　　　　　　沛公不胜杯杓

C. 斧斤以时入山林　　　　　　　　　以五十步笑百步

D. 狗彘食人食而不知检　　　　　　　谷不可胜食也

7. 下列句中的"于"表比较的一项是（　　）

A. 寡人之于国也　　　　　　B. 不拘于时，学于余

C. 则无望民之多于邻国也　　D. 会于西河外渑池

8. 下列各句全部属于孟子认为"王道之始"采取的措施的一组是（　　）

①不违农时　　②谷不可胜食也　　③斧斤以时入山林

④数罟不入洿池　　⑤鱼鳖不可胜食也　　⑥是使民养生丧死无憾也

A. ①②③　　　　　　　　　　B. ②④⑥

C. ①③④　　　　　　　　　　D. ②④⑤

二、填空题

1. 《孟子》是记载_____时期思想家_____言行的书，由孟子及其弟子编成，共七篇。

2. 孔子被尊称为"_____"，孟子被尊称为"_____"

3. 谨庠序之教，申之以孝悌之义，_____。

4. 出自本文的两个成语是_____、_____。

三、课内阅读

梁惠王曰："寡人之于国也，尽心焉耳矣。河内凶，则移其民于河东，移其粟于河内；河东凶亦然。察邻国之政，无如寡人之用心者。邻国之民不加少，寡人之民不加多，何也？"

孟子对曰："王好战，请以战喻。填然鼓之，兵刃既接，弃甲曳兵而走，或百步而后止，或五十步而后止。以五十步笑百步，则何如？"

曰："不可，直不百步耳，是亦走也。"

曰："王如知此，则无望民之多于邻国也。

"不违农时，谷不可胜食也。数罟不入洿池，鱼鳖不可胜食也。斧斤以时入山林，材木不可胜用也。谷与鱼鳖不可胜食，材木不可胜用，是使民养生丧死无憾也。养生丧死无憾，王道之始也。

"五亩之宅，树之以桑，五十者可以衣帛矣。鸡豚狗彘之畜，无失其时，七十者可以食肉矣。百亩之田，勿夺其时，数口之家，可以无饥矣；谨庠序之教，申之以孝悌之义，

颁白者不负戴于道路矣。七十者衣帛食肉，黎民不饥不寒，然而不王者，未之有也。

"狗彘食人食而不知检，涂有饿莩而不知发，人死，则曰：'非我也，岁也。'是何异于刺人而杀之，曰：'非我也，兵也'？王无罪岁，斯天下之民至焉。"

1. 对下列句中加点词解释正确的一项是（　　）

A. 弃甲曳兵而走　　　　　　　　兵：士兵

B. 数罟不入洿池　　　　　　　　罟：用网捕鱼

C. 邻国之民不加少　　　　　　　加：增加

D. 涂有饿莩而不知发　　　　　　发：打开粮仓，赈济百姓

2. 下列与例句句式一样的一项是（　　）

例：申之以孝悌之义

A. 会于会稽山之阴之兰亭　　　　B. 君何以知燕王

C. 移其粟于河内　　　　　　　　D. 求人可使报秦者

3. 下列各项中加点词与"养生丧死无憾"中的"生"活用相同的一项是（　　）

A. 秋毫不敢有所近　　　　　　　B. 宁许以负秦曲

C. 其进愈难，而其见愈奇　　　　D. 巫医乐师百工之人，不耻相师

4. 下列分析正确的一项是（　　）

A. 孟子就梁惠王希望"寡人之民""加多"直接提出了自己的意见。

B. 在本文中，孟子主要阐述了"施仁政"的政治主张及"行王道"的具体做法。

C. 文中孟子重点批评了梁惠王在荒年所采取的移民移粟的主张。

D. 文中围绕使"民加多"的话题，巧妙设喻，先正后反，排比铺张，气势磅礴。

四、拓展阅读

孟子见梁惠王。王曰："叟！不远千里而来，亦将有以利吾国乎？"

孟子对曰："王！何必曰利？亦有仁义而已矣。王曰'何以利吾国？'大夫曰'何以利吾家？'士庶人曰'何以利吾身？'上下交征利而国危矣。万乘之国，弑其君者，必千乘之家；千乘之国，弑其君者，必百乘之家。万取千焉，千取百焉，不为不多矣。苟为后义而先利，不夺不餍。未有仁而遗其亲者也，未有义而后其君者也。王亦曰仁义而已矣，何必曰利？"（《孟子·梁惠王上》）

1. 下列加点字的注音，不正确的一项是（　　）

A. 叟（sǒu），不远千里而来

B. 万乘（shèng）之国

C. 千乘之国弑（shì）其君者

D. 未有仁而遗（wèi）其亲者也

2. 下列加点的词解释不正确的一项是（　　）

A. 王！何必曰"利"　　　　必：必然。

B. 亦将有以利吾国乎　　　有以：有什么办法。

C. 弑其君者必千乘之家　　弑：杀害。

D. 未有仁而遗其亲者也　　遗：丢弃。

3. 下列句中的加点词，古今意义不相同的一项是（　　）

A. 王何必曰利

B. 寡人之于国也，尽心焉耳矣

C. 察邻国之政，无如寡人之用心者

D. 王如知此，则无望民之多于邻国也

4. 下列对原文有关语句的理解，不正确的一项是（　　）

A. 在孟子拜见梁惠王时，梁惠王直言所谈之利，并不完全是一己私利，这从"利吾国"中可以看出。

B. 孟子回答的"王！何必曰'利'？亦有'仁义'而已矣"，及时抓住梁惠王的话题，说之以"仁义"之利。

C. 正是因为梁惠王怀有谋利之心，孟子才说以"仁义"之大利，用来消除梁惠王所贪图的眼前之小利。

D. 孟子认为，讲"仁义"的人不会抛弃父母，不会不顾念自己的君王，因此，"仁义"足以立国。

九　兰亭集序

 学习目标

1. 掌握本文情景交融、叙议结合的写作特点，体会行文的巧妙。
2. 学习作者正视现实，直抒胸臆，用语朴实清新的文风。
3. 掌握"修、期、致"等词的多义性，了解文中的词类活用、成分省略等语言现象。
4. 正确认识作者感情由乐转悲的原因以及在深沉感叹中暗含的对人生的眷恋和热爱之情。

 文学常识

王羲之（321—379），字逸少，东晋琅琊临沂（今属山东）人，世居会稽山阴（今浙江绍兴），书法家，有"书圣"之称，也擅长诗文。官至右军将军、会稽内史，故世称王右军。工书法，尤其擅长楷书与行书。与钟繇并称"钟王"。他书写的《兰亭集序》被称为"天下第一行书"。

 课文解析

本文是一篇诗序。课文先绘声绘色地记叙了兰亭集会的盛况，接着叙志抒怀，抒发了对人生的无限感慨，文中既有对老之将至、人生无常的感慨，又有对人生的眷恋、热爱之情，同时也否定了老庄"一死生""齐彭殇"的虚无主义的人生态度，从而树立了自己的生命意识——"死生亦大矣"，表达了一种积极处世的人生态度。本文以情感抒发为线索，景中含情、情理相生。语言清新朴实，意境清丽淡雅。

 知识积累

1. 给下列加点字注音。

癸丑（　　）　修禊（　　）　激湍（　　）　会稽（　　）（　　）

流觞（　　）　　彭殇（　　）　　曾不知（　　）

2. 解释下面加点的字。

列坐其次（　　　　）　　信可乐也（　　　　）　　因寄所托（　　　　）

所之既倦（　　　　）　　喻之以怀（　　　　）　　虽世殊事异（　　　　）

知识检测

一、选择题

1. 下列选项，加点字读音完全相同的一项是（　　　）

A. 修禊 若合一契　　聘任 游目骋怀　　稽查 稽首　　狂妄 矫枉过正

B. 嫌隙 往哲先贤　　彭殇 流觞曲水　　静躁 名声大噪　　情致 残羹冷炙

C. 惠风 拾人牙慧　　形骸 言简意赅　　曲流 曲高和寡　　犹如 以儆效尤

D. 揣摩 清流急湍　　嗟悼 蹉跎岁月　　癸丑 众目睽睽　　怪诞 筵席

2. 下列各句中不含通假字的一项是（　　　）

A. 虽取舍万殊，静躁不同　　　　　　B. 后之视今，亦犹今之视昔

C. 或因寄所托，放浪形骸之外　　　　D. 愿伯具言臣之不敢倍德也

3. 下列加点词语与现代汉语用法比较，分类正确的一组是（　　　）

①列坐其次　　　②或取诸怀抱　　　③此地有崇山峻岭

④引以为流觞曲水　⑤亦将有感于斯文　⑥天朗气清，惠风和畅

A. ①②④⑤/③⑥　　　　　　　　　B. ①②③⑤/④⑥

C. ①②④/③⑤⑥　　　　　　　　　D. ①③⑤/②④⑥

4. 与"齐彭殇为妄作"的"齐"用法相同的一项是（　　　）

A. 固知一死生为虚诞　　　　　　　B. 群贤毕至

C. 五十者可以衣帛矣　　　　　　　D. 拔剑撞而破之

5. 下列句式不同于其他三项的是（　　　）

A. 当其欣于所遇　　　　　　　　　B. 引以为流觞曲水

C. 大王来何操　　　　　　　　　　D. 仰观宇宙之大，俯察品类之盛

6. 下列加点词的含义相同的一项是（　　　）

A. ①一人飞升，仙及鸡犬。信夫！　②所以游目骋怀，足以极视听之娱，信可乐也

B. ①虽无丝竹管弦之盛　　　　　　②仰观宇宙之大，俯察品类之盛

C. ①会于会稽山阴之兰亭　　　　　②会其怒，不敢献

D. ①夫人之相与，俯仰一世　　　　②向之所欣，俯仰之间，已为陈迹

7. 下列加点"于"字用法与其他不同的一项是（   ）

A. 会于会稽山阴之兰亭　　　　　　B. 因击沛公于坐

C. 亦将有感于斯文　　　　　　　　D. 樊哙覆其盾于地

8. 下列句子翻译错误的一项是（   ）

A. 或因寄所托，放浪形骸之外。

译文：就着自己所爱好的事物，寄托自己的情怀，不受拘束，放纵无拘地生活。

B. 未尝不临文嗟悼，不能喻之于怀。

译文：面对古人那些文章时总是感叹悲伤，心里又不明白为什么会这样。

C. 古人云："死生亦大矣"。

译文：古人说："死中求生也很伟大啊。"

D. 固知一死生为虚诞。

译文：本来就知道把死和生看做一样的说法是不真实的。

9. 对文段内容的分析和概括，不正确的一项是（   ）

A. 本文虽是诗序，作者却借题发挥，从游宴活动谈到他的生死观，并表达了对生命的价值和意义的探求。

B. 在生死观方面，作者感到人事在变、历史在发展，由盛到衰、由生到死都是必然的，因此要及时行乐。

C. 本文语言或骈或散，骈散间行，各得其长；不尚华丽辞藻、不重典故堆砌，文笔洗练，自然有致。

D. 综观全文，作者时喜时悲、喜极而悲，行文也随感情的变化由平静而激荡、再由激荡而平静，具有波澜起伏之美。

二、填空题

1. 《兰亭集序》选自《_____》，作者是东晋著名书法家_____，有"_____"之称。

2. 仰观宇宙之大，_____。

3. 是日也，天朗气清，_____。

4. 固知一死生为虚诞，_____。

三、课内阅读

永和九年，岁在癸丑，暮春之初，会于会稽山阴之兰亭，修禊事也。群贤毕至，少长咸集。此地有崇山峻岭，茂林修竹，又有清流激湍，映带左右，引以为流觞曲水，列坐其次，虽无丝竹管弦之盛，一觞一咏，亦足以畅叙幽情。是日也，天朗气清，惠风和畅。仰观宇宙之大，俯察品类之盛，所以游目骋怀，足以极视听之娱，信可乐也。

夫人之相与，俯仰一世。或取诸怀抱，晤言一室之内；或因寄所托，放浪形骸之外。虽趣舍万殊，静躁不同，当其欣于所遇，暂得于己，快然自足，曾不知老之将至；及其所之既倦，情随事迁，感慨系之矣。向之所欣，俯仰之间，已为陈迹，犹不能不以之兴怀；况修短随化，终期于尽。古人云："死生亦大矣。"岂不痛哉！

每览昔人兴感之由，若合一契，未尝不临文嗟悼，不能喻之于怀。固知一死生为虚诞，齐彭殇为妄作。后之视今，亦犹今之视昔，悲夫！故列叙时人，录其所述。虽世殊事异，所以兴怀，其致一也。后之览者，亦将有感于斯文。

1. 对下列句子中加点词的解释，不正确的一项是（　　）

A. 群贤毕至　　　　　　　　毕：全，都

B. 信可乐也　　　　　　　　信：相信

C. 暂得于己　　　　　　　　暂：短暂

D. 况修短随化，终期于尽。　修：（寿命）长

2. 下列各组句子中，加点的词的意义和用法都相同的一组是（　　）

A. 会于会稽山阴之兰亭　　　当其欣于所遇

B. 引以为流觞曲水　　　　　犹不能不以之兴怀

C. 或因寄所托，放浪形骸之外　　故列叙时人，录其所述

D. 仰观宇宙之大　　　　　　后之视今，亦犹今之视昔

3. 以下句子分别编为四组，都能揭示作者心情悲痛的原因的一组是（　　）

①仰观宇宙之大　　　　　②趣舍万殊，静躁不同

③向之所欣，俯仰之间，已为陈迹　　④修短随化，终期于尽

⑤死生亦大矣　　　　　　⑥一死生为虚诞，齐彭殇为妄作

A. ①②⑤　　　　　　　　B. ①③⑥

C. ②④⑥　　　　　　　　D. ③④⑤

4. 下列对原文有关内容的分析和概括，不正确的一项是（　　）

A.《兰亭集序》是作者为他和名士们在山阴县兰亭举行聚会所写的诗而作的序，是一篇诗序。

B. 首段点明聚会的时间、地点、人物、环境和事由，着重表现宴会的豪华和与会人的快乐。

C. 二、三段由乐转悲，抒发了作者由兰亭聚会引发的人生盛事不常而流年易逝的感慨。

D. 本文思路清晰，结构严谨，写景、叙事、议论和抒情相结合，语言清新自然，简洁雅致。

四、拓展阅读

王羲之传

王羲之字逸少，司徒导之从子也。羲之幼讷于言，人未之奇。及长，辩赡，以骨鲠称。尤善隶书，为古今之冠，论者称其笔势，以为飘若浮云，矫若惊龙，深为从伯敦、导所器重。时陈留阮裕有重名，裕亦目羲之与王承、王悦为王氏三少。时太尉郗鉴使门生求女婿于导，导令就东厢遍观子弟。门生归，谓鉴曰："王氏诸少并佳，然闻信至，咸自矜持。唯一人在东床坦腹食，独若不闻。"鉴曰："正此佳婿邪！"记之，乃羲之也，遂以女妻之。

羲之雅好服食养性，不乐在京师，初渡浙江，便有终焉之志。会稽有佳山水，名士多居之，谢安未仕时亦居焉。孙绰、李充等皆以文义冠世，并筑室东土与羲之同好。尝与同志宴集于会稽山阴之兰亭，羲之自为序以申其志。

性好鹅，会稽有孤居姥养一鹅，善鸣，求市未能得，遂携新友命驾就观。姥闻羲之将至，烹以待之，羲之叹惜弥日。又山阴有一道士，养好鹅，之往观焉，意甚悦，固求市之。道士云："为写《道德经》，当举群相送耳。"

羲之欣然写毕，笼鹅而归，甚以为乐。尝至门生家，见篚几滑净，因书之，真草相半。后为其父误刮去之，门生惊懊者累日。羲之书为世所重，皆此类也。每自称："我书比钟繇，当抗行；比张芝草，犹当雁行也。"曾与人书云："张芝临池学书，池水尽黑，使人耽之若是，未必后之也。"

（《晋书·王羲之传》）

1. 对下列句子中加点的词解释不正确的一项是（　　）

A. 以骨鲠称　　骨鲠：耿直

B. 记之，乃羲之也　　记：查访，打听

C. 雅好服食养性　　雅：高雅

D. 笼鹅而归　　笼：用笼装

2. 下列各组句子中加点的词的意义和用法，不相同的一组是（　　）

A. 谢安未仕时亦居焉　　　　　　　积土成山，风雨兴焉

B. 意甚悦，固求市之　　　　　　　至于颠覆，理固宜然

C. 为写《道德经》，当举群相送耳。　低头共耳语："不久当还归，誓天不相负。"

D. 羲之欣然写毕，笼鹅而归　　　　人非生而知之者

3. 与"人未之奇"句式特点不相同的一项是（　　）

A. 而今安在哉　　　　　　B. 君何以知燕王

C. 多于南亩之农夫　　　　D. 大王来何操

4. 下列对原文的叙述和分析，不正确的一项是（　　）

A. 王羲之是司徒王导的堂侄子，年幼时并没有显出什么特异之处，成人后擅长隶书，被称为古往今来的佼佼者。后来被太尉郗鉴相中，成为郗家的乘龙快婿。

B. 王羲之淡泊名利，性喜自然，曾与当时在会稽的文人雅士聚集在会稽郡山阴县的兰亭，写下著名的《兰亭序》以抒发自己的感受。

C. 王羲之书法精湛，不但擅长楷书和草书，而且主张学习书法应该全身心地投入，只不过为人狂放傲岸，言谈之间常常把自己与钟繇、张芝相提并论。

D. 会稽山水美丽，名士聚集于此，谢安、孙绰、李充等人以文章名扬天下，都在此建屋居住，与王羲之情投意合。

十　阿房宫赋

学习目标

1. 了解作者及背景,积累文中文言知识点。
2. 感受课文形象生动的比喻、丰富瑰丽的想象、大胆奇特的夸张特点。
3. 学习本文描写为议论蓄势、议论为描写增加深度的写作特色。
4. 了解秦亡的原因及作者借古讽喻的目的。

文学常识

杜牧(803—852),字牧之,唐京兆万年(现在陕西西安人)。唐文宗大和二年(828)中进士,授弘文馆校书郎。晚年居住在长安城南的樊川别墅,后世因此称他为"杜樊川"。杜牧工诗、赋、辞,而以诗歌创作成就最大,在晚唐诗坛独树一帜。人们将他和杜甫相比,称他为"小杜";又和他同时代的李商隐齐名,并称"小李杜"。散文气势雄浑,多针砭时事;诗歌语言流丽而又风味清新,气势豪宕而又情致婉约。著有《樊川文集》。

课文解析

本篇课文通过描写阿房宫的兴建及毁灭生动形象地总结了秦朝统治者因为骄奢而亡国的历史教训,向唐统治者发出了警告,表现出一个封建时代正直的文人忧国忧民、匡世济俗的情怀。文章结构谨严、条理清晰。前半部分铺叙阿房宫建筑规模宏大、宫内生活奢靡豪华;后半部分转为议论抒情,侧重阐述秦亡原因,总结历史教训,以鉴后人。本文的语言无论描写,还是议论,都充满激情,文采飞扬,且字句整齐,声韵和谐,充分体现了"赋"的特点。

知识积累

1. 给下列加点字注音。

骊山（　　） 缦回（　　） 妃嫔（　　） 剽掠（　　）

鼎铛（　　） 迤逦（　　）（　　） 锱铢（　　）（　　）

参差（　　）（　　）

2. 解释下面加点的词语。

四海一（　　） 廊腰缦回（　　） 缦立远视（　　）

取之尽锱铢（　　） 独夫之心（　　） 函谷举（　　）

知识检测

一、选择题

1. 下列加点字的注音完全正确的一项是（　　）

A. 奢靡（shē） 风光霁月（jì） 鼎铛玉石（dāng） 锱铢必较（zī）

B. 剽悍（biāo） 悬梁刺股（liáng） 杳无音信（yǎo） 管弦呕哑（ōu）

C. 参差（cēn） 会稽山（jí） 倚马可待（yǐ） 冥顽不化（míng）

D. 骊山（lí） 应接不暇（xiá） 横眉怒目（héng） 水涨船高（zhǎng）

2. 下列加点词语含义与现代汉语不同的一组是（　　）

①覆压三百余里，隔离天日　　②独夫之心，日益骄固

③骊山北构而西折，直走咸阳　　④各抱地势，钩心斗角

⑤一旦不能有，输来其间　　⑥燕赵之收藏，韩魏之经营

⑦一日之内，一宫之间，而气候不齐　　⑧明星莹莹，开妆镜也

⑨可怜焦土　　⑩多于市人之言语

A. ①③④⑥⑦⑧⑨　　B. ②⑤⑦⑧⑩

C. ①③⑤⑦⑧　　D. ②④⑦⑧⑨

3. 下列各句中加点词与例句中加点词用法不同的一项是（　　）

例句：长桥卧波，未云何龙

A. 朝歌夜弦　　B. 后人哀之而不鉴之

C. 族秦者秦也，非天下也　　D. 可怜焦土

4. 选出与"秦人不暇自哀"句式不同的一项（　　）

A. 有不得见者三十六年　　B. 然不自意能先入关破秦

70

C. 忌不自信　　　　　　　　　　D. 句读之不知

5. 对下列各句中加点的词语解释不正确的一项是（　　）

A. 秦爱纷奢，人亦念其家　　　　念：顾念
B. 使负栋之柱，多于南亩之农夫　　负：承担
C. 使六国各爱其人，则足以拒秦　　爱：吝惜
D. 则递三世可至万世而为君　　　　递：传递

6. 下列句中"之"的用法不同于其他三项的是（　　）

A. 杳不知其所之也　　　　　　　B. 及其所之既倦
C. 乃夜驰之沛公军　　　　　　　D. 填然鼓之

7. 对"秦人不暇自哀，而后人哀之；后人哀之而不鉴之，亦使后人而复哀后人也"中的四个"后人"的理解，不正确的一项是（　　）

A. ①②两个"后人"都指代秦以后的统治者。
B. ①②③都指秦代以后的统治者。
C. ③指唐以后的统治者。
D. ④指唐朝统治者。

8. 下列表述有误的一项是（　　）

A. 杜牧，字牧之，号樊川居士，与李商隐并称"小李杜"。
B. 全文四段可分两大部分。前半部分铺排描写，后半部分议论开掘。
C. 总结秦王朝灭亡的历史教训，用以儆诫"后人"是全文主旨。
D. 阿房宫被焚，作者说"楚人一炬，可怜焦土"，可见，作者认为这是值得怜悯的事件。

二、填空题

1. 杜牧，_____（朝代）著名诗人，文学家，人们将他与_____合称为"小李杜"。
2. 杜牧，字牧之，号樊川居士，因晚年居长安城南樊川别墅，故后也称"杜樊川"，著有《_____》。
3. 廊腰缦回，檐牙高啄；各抱地势，_____。
4. 长桥卧波，_____？_____，不霁何虹？高低冥迷，不知西东。

三、课内阅读

嗟乎！一人之心，千万人之心也。秦爱纷奢，人亦念其家。奈何取之尽锱铢，用之如泥沙？使负栋之柱，多于南亩之农夫；架梁之椽，多于机上之工女；钉头磷磷，多于

在庾之粟粒；瓦缝参差，多于周身之帛缕；直栏横槛，多于九土之城郭；管弦呕哑，多于市人之言语。使天下之人，不敢言而敢怒。独夫之心，日益骄固。戍卒叫，函谷举，楚人一炬，可怜焦土！

呜呼！灭六国者六国也，非秦也；族秦者秦也，非天下也。嗟夫！使六国各爱其人，则足以拒秦；使秦复爱六国之人，则递三世可至万世而为君，谁得而族灭也？秦人不暇自哀，而后人哀之；后人哀之而不鉴之，亦使后人而复哀后人也。

1. 对下列各句中加点的词语解释不正确的一项是（　　　）

A. 秦爱纷奢，人亦念其家　　　　　　念：顾念

B. 奈何取之尽锱铢，用之如泥沙　　　锱铢：古代重量单位，极言其细微

C. 独夫之心　　　　　　　　　　　　独夫：孤单的人

D. 多于九土之城郭　　　　　　　　　九土：九州

2. 下列各句中加点的词语古今义基本相同的一项是（　　　）

A. 这个差使又好似天王堂　　　　　　B. 一日之内，一宫之间，而气候不齐

C. 备他盗之出入与非常也　　　　　　D. 瓦缝参差，多于周身之帛缕

3. 下列各组中加点的词语，意义和用法全部相同的一项是（　　　）

A. ①使负栋之柱，多于南亩之农夫　　②使六国各爱其人，则足以拒秦

B. ①独夫之心，日益骄固　　　　　　②辘辘远听，杳不知其所之也

C. ①一宫之间，而气候不齐　　　　　②后人哀之而不鉴之

D. ①使六国各爱其人　　　　　　　　②不爱珍器重宝肥饶之地

4. 对上面两段文字分析不正确的一项是（　　　）

A. 第一段用比喻句和排比句，极言秦始皇不顾人民死活和民心向背，残民而自肥，很快失掉了民心。

B. 第二段还写到了老百姓对于秦的暴政敢怒而不敢言，但最终还是火山一样爆发出来，使秦迅速灭亡。

C. 对于秦的灭亡和阿房宫的被烧毁，作者用"可怜焦土"一语寄予了一定的同情。

D. 第二段作者更进一步指出，六国和秦的灭亡，都是由于内部原因造成的。

四、拓展阅读

（1）尝读六国世家，窃怪天下之诸侯，以五倍之地，十倍之众，发愤西向，以攻山西千里之秦，而不免于灭亡。常为之深思远虑，以为必有可以自安之计。盖未尝不咎其当时之士，虑患之疏，而见利之浅，且不知天下之势也。

（2）夫韩、魏不能独当秦，而天下之诸侯藉之以蔽其西，故莫如厚韩亲魏以摈秦。秦人不敢逾韩、魏以窥齐、楚、燕、赵之国，而齐、楚、燕、赵之国因得以自完于其间矣。

以四无事之国，佐当寇之韩、魏，使韩、魏无东顾之忧，而为天下出身以当秦兵。以二国委秦，而四国休息于内，以阴助其急。若此，可以应夫无穷，彼秦者将何为哉？不知出此，而乃贪疆场尺寸之利，背盟败约，以自相屠灭。秦兵未出，而天下诸侯已自困矣。至使秦人得伺其隙，以取其国，可不悲哉！（苏辙《六国论》）

（3）以余观之，彼六国者皆欲为秦所为，未可专以罪秦也。当是时，东诸侯立国也，未有能愈于秦国也；其溺于攻伐，习于虞诈，强食而弱肉者，视秦无异也。兵连祸结，曾无虚岁，向使有擅形便之利如秦者，而又得天助焉，未必不复增一秦也，惟其终不克为秦之所为，是以卒自弱，而取夷灭。（李桢《六国论》）

1. 对下列句子中加点词的解释，正确的一组是（　　）

①窃怪天下之诸侯（私下）　　②盖未尝不咎其当时之士（过失）
③故莫如厚韩亲魏以摈秦（摈弃）　　④天下诸侯已自困矣（困窘）
⑤未可专以罪秦也（有罪的秦国）　　⑥兵连祸结，曾无虚岁（竟然）
⑦向使有擅形便利如秦者（假使）　　⑧为国者无使为积威之所劫（劫掠）哉

A.①②⑤⑥　　B.②③⑤⑧
C.①④⑥⑦　　D.①④⑦⑧

2. 下列句子中加点词语同现代汉语的意思或用法不相同的一项是（　　）

A. 以攻山西千里之秦　　B. 而为天下出身以当秦兵
C. 而四国休息于内　　D. 以为必有可以自安之计

3. 第（1）段采用的论证方法是（　　）

A. 喻证法　　B. 例证法
C. 对比法　　D. 引证法

4. 下列说法，不符合原文内容的一项是（　　）

A. 苏辙认为"使韩、魏无东顾之忧，而为天下出身以当秦兵"的条件是"秦人不敢逾韩、魏以窥齐、楚、燕、赵之国"。
B. 李桢认为六国在"溺于攻伐，习于虞诈，强食而弱肉"等方面与秦国是没有什么区别的。
C. 苏辙认为六国灭亡的原因在于不知佐韩、魏以摈秦，"而乃贪疆场尺寸之利，背盟败约，以自相屠灭"。
D. 李桢认为六国灭亡是由于未占到有利地势，又未得天助，否则，其中的任何一个也可以像秦国一样统一天下。

第二单元检测题

一、选择题

1. 下列词语中加点字的读音,全都不相同的一组是（　　）
   A. 逡巡　竣工　疏浚　怙恶不悛
   B. 蓼蓝　谬论　绸缪　戮力同心
   C. 侪辈　救济　跻身　风光霁月
   D. 砧板　粘贴　字帖　如坐针毡

2. 下列句子中没有通假字的一项是（　　）
   A. 师者,所以传道受业解惑也
   B. 旦日不可不蚤自来谢项王
   C. 蹑足行伍之间,而倔起阡陌之中
   D. 或因寄所托,放浪形骸之外

3. 下列各句中的加点词语,与现代汉语词义相同的一项是（　　）
   A. 韩魏之经营
   B. 零丁孤苦,至于成立
   C. 而犹有可以不赂而胜之之势
   D. 祖母刘今年九十有六

4. 下列加点词的活用现象与例句相同的一项是（　　）
   例句：戍卒叫,函谷举,楚人一炬,可怜焦土
   A. 追亡逐北,伏尸百万
   B. 寡人之民不加多
   C. 范增数目项王
   D. 群贤毕至,少长咸集

5. 下列加点词不是名词作状语的是（　　）
   A. 常以身翼蔽沛公
   B. 得佳者笼养之
   C. 道芷阳间行
   D. 秦孝公据崤函之固

6. 下列各句与例句句式相同的一项是（　　）
   例句：颁白者不负戴于道路矣
   A. 死生亦大矣
   B. 然而不王者,未之有也
   C. 以吾一日长乎尔
   D. 铸以为金人十二

7. 下列加点词的解释正确的一项是（　　）
   A. 曾不知老之将至（曾经）
   B. 不爱珍器重宝肥饶之地（喜爱）
   C. 张良西向侍（侍奉）
   D. 缦立远视而望幸焉（久立）

8. 与例句加点词意思相同的一项是（　　）
   例：蒙故业,因遗策
   A. 相如因持璧却立
   B. 因循守旧

C. 沛公起如厕，因招樊哙出　　　　　D. 因宾客至蔺相如门谢罪

9. 下列各句中加点词的用法与例句加点词的用法相同的一项是（　　）

例句：所以遣将守关者，备他盗之出入与非常也

A. 昼夜勤作息
B. 顾念蓄劣物终无所用
C. 君子博学而日参省乎己
D. 闻大王有意督过之

10. 下列关于文学常识的表述不正确的一项是（　　）

A.《兰亭集序》先绘声绘色地记叙了兰亭集会的盛况，接着叙事抒怀，抒发了作者对人生的无限感慨。

B.《过秦论》是北宋贾谊政论文的代表作，文章论述了秦的兴起、灭亡及原因，鲜明地提出了本文的中心论点："仁义不施而攻守之势异也。"

C.《史记》是我国第一部纪传体通史，其人物传记开了我国史传文学之先河，被鲁迅誉为"史家之绝唱，无韵之离骚"。

D.《孟子》一书是孟子的言论汇编，是儒家的经典著作，与《论语》《大学》《中庸》合在一起称为"四书"。

二、诗文阅读

泊秦淮

杜 牧

烟笼寒水月笼沙，夜泊秦淮近酒家。
商女不知亡国恨，隔江犹唱《后庭花》。

1. 对这首诗的词句解说错误的一项是（　　）

A. "寒水"，寒冷的江水，指穿过南京流入长江的秦淮河。

B. "商女"，茶楼酒馆里侍候客人的歌女。

C. "隔江"的"江"，指秦淮河，商女在岸上酒楼歌唱，诗人在对面岸上倾听，所以说"隔江"。

D. "后庭花"即《玉树后庭花》，据说是南朝荒淫误国的陈后主所作的乐曲，历来被人看作是"亡国之音"。

2. 关于这首唐诗，分析不当的一项是（　　）

A. 首句写景，描绘出水边夜色的淡雅；第二句叙事，把"近酒家"放在句末，引出商女之歌。

B. 商女热衷歌唱《后庭花》的靡靡之音，诗人意在批判她们的幼稚无知，沉湎于纸醉金迷的生活。

C. 本诗描绘了一幅有声有色的画面，笼罩着一种悲凉的气氛，表现出诗人对国家命

运的关切和忧虑。
D. 这首诗写诗人的所见所闻所感，语言清新自然，构思精巧缜密，是唐诗中的优秀之作。

三、科技文阅读

外科手术中的"微创"与"无创"

"微创"外科一词顾名思义，要比"腔镜""小切口""小径路""内镜"外科更为广泛，它是要达到造成最小的创伤（局部及全身）的外科，而不是限于哪一种方式或哪一种工具。可以说，微创外科是指在任何外科创伤应急情况下，达到最佳的内环境稳定（局部及全身）。

外科学的发展总是离不开当时的科技背景。20世纪后期，基于微电子学、光学、现代先进技术和工艺的发展，出现了内镜、腔镜技术，这为实现微创外科奠定了坚实的基础。内镜技术的发展，终于使外科能够有一"绿色通道"来实施。

现代科学技术发展的特征是走向综合化、社会化，并且速度在加快，这是不可抗拒的。事实上，腹腔镜技术在妇产科中已出现多年，但由于器械上的原因迟迟未用，直到1986年计算机集成电路微型摄像机的出现，使腹腔镜显像发生了革命性变化。1987年法国的普通外科及妇产科医生莫丽特，首次在腹腔镜下完成了首例胆囊切除术，奠定了腹腔镜外科的基础。此后，腹腔镜外科便有力地推动了微创外科的发展。

技术的实施服务于概念的运用，而新技术亦将引发新的概念。"外科微创化"作为贯彻于外科各领域的概念，将促使微创外科技术的全面发展。"微创"一直是外科学追求的境界，但以往无法克服小切口与显露不充分的矛盾。内镜技术引出新概念：小入路，有限制的充分显露。完善的外科需要手术视野的完善显露，并不是需要大切口。内镜解决了手术入路并不改变外科实质。广义的微创外科应是缩小外科所带来的局部和全身的伤害性效应，不管是采用何种方法。所以微创外科概念应该并非只是限于内镜术和腹腔镜术，而有更广阔的视野。

21世纪的微创外科，前景是非常激动人心的。在这个信息时代，传统的外科操作可能被微创的、准确的器械操作所代替。其趋向将是从微创到无创的发展，外科医生可能从用手操作过渡到用计算机操作，可以完全不接触病人，实现从当前的腔镜手术，到机器人辅助的手术，再到远距离操纵的手术。当前发展很快的如虚拟技术、三维立体可视技术和计算机控制的机器人手术，可以比外科医生的手术更为准确并确保无误。科学技术的发展带来了由生物学、信息学和物理学互相融合的生物智能时代，但随之又会出现新问题，就是在21世纪外科医生该怎么办。看来这是不可避免的，外科医生只能抱着开放的心情，学习和融合到新的科技发展潮流中去！

1. 对"微创外科"技术说明不正确的一项是（　　）

A. 仅限于内镜外科和腹腔镜外科。

B. 在任何外科创伤应急情况下，达到最佳的内环境稳定。

C. 它是不限于哪一种方式或工具的达到造成最小创伤的外科。

D. 缩小外科所带来的局部和全身的伤害性效应，而不管采用什么方法。

2. 对画线句子理解正确的一项是（　　）

A. 内镜技术为实现微创外科奠定了坚实的基础。

B. 内镜技术解决了外科手术的入路问题，从而改变了外科实质。

C. 内镜技术的发展使我们找到了微创外科由于器械影响而发展缓慢的症结所在。

D. 内镜技术的发展找到了解决微创外科研究中小切口与显露不充分的矛盾的方法。

3. 根据原文提供的信息，下列判断正确的一项（　　）

A. "微创外科"是在腔镜、小切口、小路径、内镜外科基础上发展起来的，它们才是外科学发展的基础。

B. 由于虚拟技术、三维立体可视技术和计算机控制的机器人发展很快，因此，它们比外科医生的手术更为准确。

C. "外科微创化"作为贯彻于外科各领域的概念，促使微创外科技术全面发展，并成为外科学追求的最高境界。

D. 微创外科有广义和狭义之分。"21世纪的微创外科，前景是非常激动人心的"，即是针对广义的微创外科而言的。

4. 下列说法不符合原文意思的一项是（　　）

A. 21世纪是信息时代，微创的、准确的器械操作将代替传统的外科操作。

B. 生物智能时代的到来，不可避免地带来新问题，那就是21世纪外科医生应该怎么办。

C. 现代科学的发展有力地推动了外科学的发展，腹腔镜技术的运用就说明了这一点。

D. 随着科学技术的迅猛发展，外科学将由微创发展到无创，外科医生可能由手工操作手术过渡到用计算机操作以至远距离操纵手术。

四、填空题

1. 固知一死生为虚诞，_____。

2. "文章西汉两司马"是指_____与司马相如。

3. 杜牧，晚唐杰出的诗人，散文家，与李商隐合称为"_____"。

4. 总结一般由标题、正文、_____三部分组成。

5. 今者项庄拔剑舞，_____。

五、应用文写作

写一份学习总结，全面总结过去一个学期的学习情况。

六、文言文阅读

阿房宫赋

杜 牧

六王毕，四海一。蜀山兀，阿房出。覆压三百余里，隔离天日。骊山北构而西折，直走咸阳。二川溶溶，流入宫墙。五步一楼，十步一阁；廊腰缦回，檐牙高啄；各抱地势，钩心斗角。盘盘焉，囷囷焉，蜂房水涡，矗不知其几千万落。长桥卧波，未云何龙？复道行空，不霁何虹？高低冥迷，不知西东。歌台暖响，春光融融；舞殿冷袖，风雨凄凄。一日之内，一宫之间，而气候不齐。

妃嫔媵嫱，王子皇孙，辞楼下殿，辇来于秦。朝歌夜弦，为秦宫人。明星荧荧，开妆镜也；绿云扰扰，梳晓鬟也；渭流涨腻，弃脂水也；烟斜雾横，焚椒兰也。雷霆乍惊，宫车过也；辘辘远听，杳不知其所之也。一肌一容，尽态极妍，缦立远视，而望幸焉；有不得见者三十六年。燕赵之收藏，韩魏之经营，齐楚之精英，几世几年，剽掠其人，倚叠如山；一旦不能有，输来其间。鼎铛玉石，金块珠砾，弃掷逦迤，秦人视之，亦不甚惜。

嗟乎！一人之心，千万人之心也。秦爱纷奢，人亦念其家。奈何取之尽锱铢，用之如泥沙？使负栋之柱，多于南亩之农夫；架梁之椽，多于机上之工女；钉头磷磷，多于在庾之粟粒；瓦缝参差，多于周身之帛缕；直栏横槛，多于九土之城郭；管弦呕哑，多于市人之言语。使天下之人，不敢言而敢怒。独夫之心，日益骄固。戍卒叫，函谷举，楚人一炬，可怜焦土！

呜呼！灭六国者六国也，非秦也；族秦者秦也，非天下也。嗟夫！使六国各爱其人，则足以拒秦；使秦复爱六国之人，则递三世可至万世而为君，谁得而族灭也？秦人不暇自哀，而后人哀之；后人哀之而不鉴之，亦使后人而复哀后人也。

1. 对下列句中加点词语解释正确的一项是（　　　）

A. 廊腰缦回　　缦：没有花纹的丝织品　　B. 剽掠其人　　剽：抢劫，掠夺

C. 负栋之柱　　负：依仗，依靠　　D. 日益骄固　　固：本来

2. 下列各句中加点词与例句中加点词用法完全相同的一项是（　　　）

例句：后人哀之而不鉴之

A. 序八州而朝同列　　　　　B. 以故其后名之曰"褒禅"
C. 孔子师郯子、苌弘、师襄、老聃　　D. 王无罪岁

3. 下列各句中的"幸"与"缦立远视，而望幸焉"中的"幸"用法相同的一项是（　　）
A. 今事有急，故幸来告良　　B. 大王亦幸赦臣
C. 则幸得脱矣　　　　　　　D. 而君幸于赵王

4. 分析不正确的一项是（　　）
A. 本文前半部分用铺陈夸张的手法，描写秦始皇的荒淫奢侈；后半部分，由描写转为带有抒情色彩的议论。
B. 本文与《过秦论》的不同点是：本文中陈涉起义等史料详写，《过秦论》中陈涉起义等史料略写。
C. 本文作者借写阿房宫的兴建与毁灭，阐述兴亡之理，以古喻今，切鉴时弊。
D. 本文无论是描写还是议论，都充满了激情，语言精美，富于文采，且字句整齐，声韵和谐。

七、写作训练

阅读下面的材料，根据要求写一篇不少于800字的文章。

台湾爱乐乐团到大陆某市演出，场地两侧不断打出"演出中请勿摄影录音"字幕。演出中，不少观众被精彩表演所感染而猛拍猛录。在场地维持秩序的工作人员，发现谁违规，就用镭射光笔直接照谁，被照观众有的自觉理亏，有的恼羞成怒，现场秩序时好时坏。演出后，爱乐乐团官方微博发出帖子，表明不欢迎那些不尊重艺术的观众。

对以上这件事，你是怎么看的？请你以网友的身份，对爱乐乐团、观众或工作人员的表现加以评论，表明自己的态度，阐述自己的看法。

第三单元

十一　祝福

 学习目标

1. 梳理概括小说情节，体会倒叙写法。
2. 学习本文综合运用肖像描写、动作描写、语言描写等塑造人物的方法。
3. 准确把握祥林嫂的形象特征，理解造成人物悲剧的社会根源，从而认识封建礼教的罪恶本质。
4. 总结鉴赏小说的方法，提高小说鉴赏能力。

 文学常识

鲁迅原名周树人，字豫才，浙江绍兴人，中国现代伟大的文学家、思想家和革命家。1918年5月，第一次用"鲁迅"的笔名，发表中国现代文学史上第一篇白话小说《狂人日记》，奠定了新文学运动的基石。他的主要代表作品有小说集《呐喊》《彷徨》《故事新编》，散文诗集《野草》，散文集《朝花夕拾》，杂文集《南腔北调集》《华盖集》《且介亭杂文》《而已集》等。《祝福》选自他的小说集《彷徨》。鲁迅以笔为武器战斗了一生，被誉为"名族魂"。

 课文解析

《祝福》成功塑造了祥林嫂这一典型形象。祥林嫂是一个安分耐劳、勤快善良的农村妇女。但是，由于她没有经济地位，毫无自主权，又生活在旧社会的最底层，当时社会用"礼教"和"迷信"两把刀子，迫使祥林嫂既不能不守节，又不容许守节，还要她承担不守节的罪名而受尽侮辱和伤害。祥林嫂没有从周围任何人那里得到真正的关注、同情与帮助，得到的只是轻蔑、厌恶和冷漠、嘲讽，最终成为那个时代的牺牲品。可以说，祥林嫂的悲剧是时代的悲剧。小说通过对祥林嫂的不幸遭遇及其周围人物和环境的艺术描写，深刻地揭露了封建礼教对广大群众，特别是劳动妇女的精神摧残，揭示了旧中国劳动妇女悲惨命运的社会根源。

十一 祝福

知识积累

1. 给下列加点字注音。

寒暄（　　）　　朱拓（　　）　　悚然（　　）　　踌蹰（　　）
形骸（　　）　　讪讪（　　）　　瞥（　　）　　　荸荠（　　）
蹙缩（　　）　　牲醴（　　）　　歆享（　　）　　渣滓（　　）
窈陷（　　）　　拗不过（　　）　监生（　　）　　蹒跚（　　）
抟（　　）　　　谬种（　　）　　烟霭（　　）　　炮烙（　　）

2. 解释下列词语。

百无聊赖：

沸反盈天：

知识检测

一、选择题

1. 下列加点字的注音完全正确的一组是（　　）

A. 悚然（sǒng）　蹙缩（cù）　　窈陷（yōu）　　谬种（miù）
B. 牲醴（lǐ）　　歆享（xīn）　　炮烙（lào）　　负疚（jiù）
C. 俨然（yǎn）　倔强（jiàng）　两颊（jiá）　　监生（jiàn）
D. 形骸（hǎi）　讪讪（shàn）　朱拓（tuò）　　新正（zhēng）

2. 下列词语中，没有错别字的一组是（　　）

A. 山坳　唾弃　草窠　沸反盈天　　B. 烟蔼　寒喧　踌蹰　绞丝银镯
C. 彷徨　鬼秘　门槛　相形见绌　　D. 雪褥　荸荠　桌纬　咀嚼赏鉴

3. 依次填入下列横线处的词语，最恰当的一项是（　　）

①旧历的年底_____最像年底，村镇上不必说，就在天空中也显出将到新年的气象来。

②倘不得已，就该用一种替代的隐语，可惜我又不知道，因此屡次想问，而终于_____了。

③"刚才，四老爷和谁生气呢？"我问。"还不是和祥林嫂？"那短工_____的说。

④雷锋同志从来不计较个人的_____得失。

A. 毕竟　终止　简洁　利害　　B. 毕竟　中止　简捷　利害

C. 究竟　中止　简捷　厉害　　　　D. 究竟　终止　简洁　厉害

4. 下列各句中，加点的成语使用不恰当的一句是（　　）

A. 他退休在家，一下子从紧张工作中解脱出来，反而感到无所事事，百无聊赖。

B. 对一个自己不是很了解的人妄加指责，也许是不理智的表现，但是眼看着这件事被搞得沸反盈天，而殷谦又知道事情的真相，就不能再保持可耻的沉默了。

C. 我本来就对那里的情况不熟悉，你却硬要派我去，这不是差强人意吗？

D. 幸而府上向来是宽洪大量，不肯和小人计较的。

5. 下列各句中，标点符号使用不正确的一项是（　　）

A. 然而她是从四叔家出去就成了乞丐的呢？还是先到卫老婆子家然后再成乞丐的呢？那我可不知道。

B. 这里的人照例相信鬼，然而她，却疑惑了，——或者不如说希望：希望其有，又希望其无……。

C. "啊！地狱？"我很吃惊，只得支梧着，"地狱？——论理，就该也有。——然而也未必，……谁来管这等事……。"

D. 她一手提着竹篮，内中一个破碗，空的；一手拄着一支比她更长的竹竿，下端开了裂：她分明已经纯乎是一个乞丐了。

6. 下列各句中，没有语病的一项是（　　）

A. 近视患者都应当接受专业医师的检查，选配合适的眼镜，切忌不要因为怕麻烦、爱漂亮而不戴眼镜。

B. 只有四婶，因为后来雇用的女工，大抵非懒即馋，不但馋而且懒，左右不如意，所以也还提起祥林嫂。

C. 面对突然发生的灾难，一个地方抗灾能力的强弱既取决于当地经济实力的雄厚，更取决于政府的应急机制和领导人的智慧。

D. 我因为常见些但愿不如所料，以为未毕竟如所料的事，却每每恰如所料的起来，所以很恐怕这事也一律。

7. 下列各句中所运用的修辞手法与其他三项不同的是一项是（　　）

A. 一见面是寒暄，寒暄之后说我'胖了'，说我'胖了'之后即大骂其新党。

B. 柳妈的打皱的脸也笑起来，使她蹙缩得像一个核桃，干枯的小眼睛一看祥林嫂的额角，又钉住她的眼。

C. 桔红色的房屋，像披着鲜艳袈裟的老僧，垂头合目，受着雨底洗礼。

D. 祥林嫂很胆怯，不独怕暗夜，怕黑影，即使看见人，虽是自己的主人，也总惴惴的，有如在白天出穴游行的小鼠，否则呆坐着，直是一个木偶人。

8. 填入横线处与上下文衔接最恰当的一项是（　　）

直到十几天之后，这才陆续的知道 _____；_____；_____；

_____，_____：大家所知道的就只是这一点。

①她是春天没了丈夫的

②一个小叔子，十多岁，能打柴了

③他本来也打柴为生

④她家里还有严厉的婆婆

⑤比她小十岁

A. ①③⑤②④ B. ④②①③⑤

C. ①⑤③②④ D. ③②①⑤④

9. 指出下列文学常识有误的一项（　　）

A. 鲁迅，浙江绍兴人，中国现代伟大的文学家、思想家和革命家。他发表了中国现代文学史上第一篇白话小说《狂人日记》。

B. 《四书》指的是《论语》《孟子》《大学》《中庸》。

C. "监生"是"国子监生员"的简称。明清两代进国子监（由封建中央政权建立的最高学府）读书的人叫监生。

D. 鲁迅的小说集有《彷徨》《呐喊》《故事新编》，《祝福》选自《呐喊》。

10. 下列对课文内容理解不正确的一项是（　　）

A. 小说起于祝福，结于祝福，中间一再写到祝福，情节的发展与祝福有着密切的关系。

B. 小说通过对祥林嫂的三次肖像描写，表现祥林嫂每况愈下的悲惨遭遇。

C. 本文采用了插叙的结构方式。小说先写出主人公祥林嫂的悲剧结局，然后由回忆把其不幸的一生写出来。

D. "我"是一个具有进步思想的小资产阶级知识分子形象。祥林嫂一生的悲惨遭遇，正是通过"我"的所见所闻来展现的。

二、填空题

1. 《祝福》的作者是鲁迅，原名_____，字_____。他的散文集是《_____》，散文诗集是《_____》，还有小说集3本，杂文集17本。

2. "四书"指《_____》、《_____》、《_____》、《_____》，"五经"指《_____》、《_____》、《_____》、《_____》、《_____》五部经典著作。

3. 《祝福》成功塑造了_____这一典型形象。她是一个安分耐劳、勤快善良的农村劳动妇女。

三、课内阅读

　　旧历的年底毕竟最像年底，村镇上不必说，就在天空中也显出将到新年的气象来。灰白色的沉重的晚云中间时时发出闪光，接着一声钝响，是送灶的爆竹；近处燃放的可就更强烈了，震耳的大音还没有息，空气里已经散满了幽微的火药香。我是正在这一夜回到我的故乡鲁镇的。虽说故乡，然而已没有家，所以只得暂寓在鲁四老爷的宅子里。他是我的本家，比我长一辈，应该称之曰"四叔"，是一个讲理学的老监生。他比先前并没有什么大改变，单是老了些，但也还未留胡子，一见面是寒暄，寒暄之后说我"胖了"，说我"胖了"之后即大骂其新党。但我知道，这并非借题在骂我：因为他所骂的还是康有为。但是，谈话是总不投机的了，于是不多久，我便一个人剩在书房里。

　　第二天我起得很迟，午饭之后，出去看了几个本家和朋友；第三天也照样。他们也都没有什么大改变，单是老了些；家中却一律忙，都在准备着"祝福"。这是鲁镇年终的大典，致敬尽礼，迎接福神，拜求来年一年中的好运气的。杀鸡，宰鹅，买猪肉，用心细细的洗，女人的臂膊都在水里浸得通红，有的还带着绞丝银镯子。煮熟之后，横七竖八的插些筷子在这类东西上，可就称为"福礼"了，五更天陈列起来，并且点上香烛，恭请福神们来享用，拜的却只限于男人，拜完自然仍然是放爆竹。年年如此，家家如此，——只要买得起福礼和爆竹之类的，——今年自然也如此。天色愈阴暗了，下午竟下起雪来，雪花大的有梅花那么大，满天飞舞，夹着烟霭和忙碌的气色，将鲁镇乱成一团糟。我回到四叔的书房里时，瓦楞上已经雪白，房里也映得较光明，极分明的显出壁上挂着的朱拓的大"壽"字，陈抟老祖写的，一边的对联已经脱落，松松的卷了放在长桌上，一边的还在，道是"事理通达心气和平"。我又无聊赖的到窗下的案头去一翻，只见一堆似乎未必完全的《康熙字典》，一部《近思录集注》和一部《四书衬》。无论如何，我明天决计要走了。

　　况且，一直到昨天遇见祥林嫂的事，也就使我不能安住。那是下午，我到镇的东头访过一个朋友，走出来，就在河边遇见她；而且见她瞪着的眼睛的视线，就知道明明是向我走来的。我这回在鲁镇所见的人们中，改变之大，可以说无过于她的了：五年前的花白的头发，即今已经全白，全不像四十上下的人；脸上瘦削不堪，黄中带黑，而且消尽了先前悲哀的神色，仿佛是木刻似的；只有那眼珠间或一轮，还可以表示她是一个活物。她一手提着竹篮，内中一个破碗，空的；一手拄着一支比她更长的竹竿，下端开了裂：她分明已经纯乎是一个乞丐了。

1. 选文开头描写鲁镇祝福景象的作用是什么？

2. 如何理解"年年如此,家家如此,——只要买得起福礼和爆竹之类的,——今年自然也如此"使用了什么修辞手法?在文中的表达作用是什么?

3. 赏析"她一手提着竹篮,内中一个破碗,空的;一手拄着一支比她更长的竹竿,下端开了裂:她分明已经纯乎是一个乞丐了"这句话,这样写有什么好处?

4. 从文中可以看出鲁四老爷是一个什么样的人?

四、拓展阅读

锄

李 锐

挂着锄把出村的时候又有人问:"六安爷,又去百亩园呀?"

倒拿着锄头的六安爷平静地笑笑:"是哩。"

"咳呀,六安爷,后响天气这么热,眼睛又不方便,快回家歇歇吧六安爷!"

六安爷还是平静地笑笑:"我不是锄地,我是过瘾。"

"咳呀,锄了地,受了累,又没有收成,你是图啥呀六安爷?"

六安爷已经记不清这样的回答重复过多少次了,他还是不紧不慢地笑笑:"我不是锄地,我是过瘾。"

斜射的阳光晃晃地照在六安爷的脸上,渐渐失明的眼睛,给他带来一种说不出的静穆。六安爷看不清人们的脸色,可他听得清人们的腔调。但是六安爷不想改变自己的主意,照样挂着锄把当拐棍,从从容容地走过。

百亩园就在河对面,一抬眼就能看见。一座三孔石桥跨过乱流河,把百亩园和村子连在一起。这整整一百二十亩平坦肥沃的河滩地,是乱流河一百多里河谷当中最大最肥的一块地。西湾村人不知道在这块地上耕种了几千年几百代了,西湾村人不知把几千斤几万斤的汗水撒在百亩园,也不知从百亩园的土地上收获了几百万几千万斤的粮食,更不知这几百万几千万斤的粮食养活了世世代代多少人。但是,从今年起百亩园再也不会收获庄稼了。煤炭公司看中了百亩园,要在这块地上建一个焦炭厂。两年里反复地谈判,煤炭公司一直把土地收购价压在每亩五千元。为了表示绝不接受的决心,今年下种的季节,西湾村人坚决地把庄稼照样种了下去。煤炭公司终于妥协了,每亩地一万五千块。这场惊心动魄的谈判像传奇一样在乱流河两岸到处被人传颂。一万五千块,简直就是一个让人头晕的天价。按照最好的年景,现在一亩地一年也就能收入一百多块钱。想一想就让人头晕,你得受一百多年的辛苦,留一百多年的汗,才能在一亩地里刨出来一万五千块钱呐!胜利的喜悦中,没有人再去百亩园了,因为合同一签,钱一拿,推土机马上就要开进来了。

可是,不知不觉中,那些被人遗忘了的种子,还是和千百年来一样破土而出了。每天早上嫩绿的叶子上都会有珍珠一样的露水,在晨风中把阳光变幻得五彩缤纷。这些种子们不知道,永远不会再有人来伺候它们,收获它们了。从此往后,百亩园里将是炉火熊熊、浓烟滚滚的另一番景象。

六安爷舍不得那些种子。他掐着指头计算着出苗的时间,到了该间苗锄头遍的日子,六安爷就拄着锄头来到百亩园。一天三晌,一晌不落。

现在,劳累了一天的六安爷已经感觉到腰背的酸痛,满是老茧的手也有些僵硬。他蹲下身子摸索着探出一块空地,然后,坐在黄土上很享受地慢慢吸一支烟,等着僵硬了的筋骨舒缓下来。等到歇够了,就再拄着锄头站起来,青筋暴突的臂膀,把锄头一次又一次稳稳地探进摇摆的苗垅里去。没有人催,自己心里也不急,六安爷只想一个人慢慢地锄地,就好像一个人对着一壶老酒细斟慢饮。

终于,西山的阴影落进了河谷,被太阳晒了一天的六安爷,立刻感觉到了肩背上升起的一丝凉意。他缓缓地直起腰来,把捏锄把的两只手一先一后举到嘴前,轻轻地啐上几点唾沫,而后,又深深地埋下腰,举起了锄头。随着臂膀有力的拉拽,锋利的锄刃闷在黄土里咯嘣咯嘣地割断了草根,间开了密集的幼苗,新鲜的黄土一股一股地翻起来。六安爷惬意地微笑着,虽然看不清,可是,耳朵里的声音,鼻子里的气味,河谷里渐起的凉意,都让他顺心,都让他舒服。银亮的锄板鱼儿戏水一般地,在禾苗的绿波中上下翻飞。于是,松软新鲜的黄土上留下两行长长的跨距整齐的脚印,脚印的两旁是株距均匀的玉茭和青豆的幼苗。六安爷种了一辈子庄稼,锄了一辈子地,眼下这一次有些不一般,六安爷心里知道,这是他这辈子最后一次锄地了,最后一次给百亩园的庄稼锄地了。

沉静的暮色中,百亩园显得寂寥、空旷,六安爷喜欢这天地间昏暗的时辰,眼睛里边和眼睛外边的世界是一样的。他知道自己在慢慢融入眼前这黑暗的世界里。

很多天以后,人们跟着推土机来到百亩园,无比惊讶地发现,六安爷锄过的苗垅里,苗壮的禾苗均匀整齐,一颗一颗蓬勃的庄稼全都充满了丰收的信心。没有人能相信那是一个半瞎子锄过的地。于是人们想起六安爷说了无数遍的话,六安爷总是平静固执地说,"我不是锄地,我是过瘾"。

1. 小说以"锄"为标题，有什么寓意？请结合全文简要分析。

2. 小说较为夸张地连续使用"几万""几百万"之类的词语描述百亩园的历史，这样写的作用是什么？请简要分析。

3. "我不是锄地，我是过瘾"这句话，既是理解六安爷的关键，也是理解小说主旨的关键，请结合全文进行分析。

4. 下列对小说相关内容和艺术特色赏析表述错误的一项是（　　）

A. 小说开头寥寥几句对话，六安爷这个勤劳而固执的老农形象已经跃然纸上，同时，他与村人的分歧也开始显露，并为下文情节发展埋下了伏笔。

B. 西湾村人与煤炭公司"惊心动魄的谈判"，是小说中隐约可见的叙事背景，也是深刻的社会背景，巧妙地将六安爷的个人感受跟时代的变化连接起来。

C. 小说中写到百亩园将要变成焦炭厂，往日的田园风光将会被"炉火熊熊、浓烟滚滚"的景象所取代，深化了作者关于生态问题的思考及小说的环保主题。

D. 关于六安爷锄地的描写生动而富有诗意，传达了六安爷在百亩园劳作时惬意舒畅的感觉，这样的写法强化了小说所表达的人与土地分离的悲凉感。

十二　春之声

学习目标

1. 了解本文运用的"意识流"表现手法。
2. 体会本文放射性的结构特点,品味"把平淡的事物表述得饶有趣味"的语言特色。
3. 理解作者的思想感情,体会文中表现出的新旧冲突、社会转变的鲜明的时代特点。

文学常识

　　王蒙,中国当代著名作家,他从1953年开始创作至今,一直进行不倦的探索和创新,成为新时期文坛上创作最为丰硕、最具有活力和探索精神的作家之一,20世纪50年代,因发表《组织部来了个年轻人》引起广泛关注。他的代表作有:长篇小说《青春万岁》《活动变人形》、"季节系列"等8部,中篇小说《蝴蝶》《布礼》《歌声好像明媚的春光》等20余部,短篇小说《春之声》《坚硬的稀粥》等近百篇,旧诗集1部,新诗集2部,文艺论集《当你拿起笔……》等10部,散文集《王蒙散文》等10部。他的作品被翻译成英、法、德、俄等二十余种文字,在30多个国家和地区出版发行并多次获奖。1987年获日本创作学会和平与文化奖和意大利蒙德罗国际文学特别奖。

课文解析

　　《春之声》运用"意识流"手法,采用"放射性"结构,以坐在闷罐车厢这一特殊环境中主人公的心灵世界为端点,写出了时空切换中外部世界作用于主人公内心所引起的联想和心理状态,采撷特定时段的人文景观,反映出主人公为祖国命运忧喜悲欢,渴望祖国人民走进温暖春天的美好愿望。

　　意识流,是现代文学创作中一种广泛应用的文字表现技巧,采用自由联想、内心独白等手法再现人物的深层思想意识活动和自然心理的流动。它是20世纪初西方出现的一种创作手法和文学流派。运用这一创作手法的著名作家有《追忆似水流年》的作者马赛尔·普鲁斯特、《尤利西斯》的作者詹姆斯·乔伊斯、《喧嚣与骚动》的作者福克纳等。

知识积累

1. 给下列加点字注音。

铁砧（　　）　　高亢（　　）　　针灸（　　）　　蕨麻（　　）

涟漪（　　）　　偌大（　　）　　贫瘠（　　）　　醪糟（　　）

瓦瓴（　　）　　狰狞（　　）　　采撷（　　）　　撅（　　）

喧嚣（　　）　　鹌鹑（　　）　　荸荠（　　）

2. 解释下列词语。

风尘仆仆：

天伦之乐：

垂头丧气：

梦寐以求：

不可思议：

指挥若定：

混水摸鱼：

熙熙攘攘：

乌合之众：

 知识检测

一、选择题

1. 下列加点字的注音完全正确的一组是（　　）

A. 筵席（yán）　　轮廓（kuò）　　颤抖（chàn）　　高亢（hàng）

B. 缝隙（xì）　　针灸（jiǔ）　　瓦瓴（líng）　　铁砧（zhēn）

C. 露天（lù）　　醪糟（láo）　　采撷（xié）　　崭新（zǎn）

D. 膝头（xī）　　袅娜（niǎo）　　混乱（hùn）　　蕨麻（jué）

2. 下列词语中，没有错别字的一组是（　　）

A. 凛冽　嘻戏　晕眩　键钮　　　B. 嗑睡　寒碜　雀跃　斑斓

C. 余晖　诞生　惶惑　坚韧　　　D. 咀嚼　气慨　冥目　忏悔

3. 依次填入下列横线处的词语，最恰当的一项是（　　）

①在出国_____三个月回来之后，在北京的高级宾馆里住了一阵——总结啦，汇报啦，接见啦，报告啦……

②岳之峰仿佛看到了她的经历过风霜的，却仍然是_____而又清秀的脸。

③正火车开动以后的铁轮声给人以_____和希望。

④尘土和纸烟的雾气中出现了旱烟叶发出的辣味，像是在给气管和肺作针灸。梅花针_____扎在肺叶上了。

  A.考察 年轻 鼓舞 大概   B.考查 年轻 鼓舞 大约

  C.考查 年青 鼓励 大约   D.考察 年青 鼓励 大概

4.下列各句中，加点的成语使用不恰当的一句是（　　）

A.上车的乘客正在拥上来，熙熙攘攘。

B.她以小小的年纪，靠一支蜡烛的光亮，领导着一车的散兵游勇。

C.到处都是团聚、相会、团圆饺子、团圆元宵，对于旧谊、对于别情、对于天伦之乐、对于故乡和童年的追寻。

D.在二十世纪八十年代的第一个春节即将来临之时，正在梦寐以求地渴望实现四个现代化的人们，却还要坐瓦特和史蒂文森时代的闷罐子车！

5.下列各句中，标点符号使用不正确的一项是（　　）

A.事实就像宇宙，就像地球，华山和黄河、水和土、氢和氧、钛和铀，既不像想象那样温柔，也不像想象那样冷酷。

B.终于他从旅客们的闲谈中听到了"闷罐子车"这个词儿，他恍然了。

C.他混饱了（环境和物质条件的急骤改变已使他分辨不出饥和饱了）肚子，又买到了去家乡的短途客车的票。

D.我亲爱的美丽而又贫瘠的土地！你也该富饶起来了吧？过往的记忆，已经像烟一样，雾一样地淡薄了，但总不会被彻底地忘却吧？

6.下列各句中，没有语病的一项是（　　）

A.唯一的小方窗里透进了光束，不是落日的余晖就是站台的灯？

B.不仅在慕尼黑的剧院里观看演出的时候，而且在北京，在研究所、部里和宾馆里，在二十三平方米的住房和103和332路公共汽车上，他也想不到人们还要坐闷罐子车。

C.同学们都用热切的目光注视着和倾听着老师的讲话。

D.为了防止这类安全事故不再发生，我们对学生加强了安全教育和管理。

7.下列各句中所运用的修辞手法判断正确的一项是（　　）

①要有耐心，要有善意，要有经验，要知觉灵敏。

②在黄土高原的乡下，到处还靠人打铁，我们祖国的胳膊有多么发达的肌肉！

③他和那些风尘仆仆的、在黑暗中看不清面容的旅客们挤在一起，就像沙丁鱼挤在罐头盒子里。

④难道人生一世就是为了做检讨？难道他生在中华，就是为了做一辈子的检讨的嘛？

  A.①排比②拟人③明喻④反问   B.①排比②夸张③明喻④设问

C.①反复②拟物③借喻④设问　　　　D.①排比②借喻③对比④反问

8.填入横线处与上下文衔接最恰当的一项是（　　）

摘了帽子，又见到了儿子，父亲该可以瞑目了吧？不论是 _____ ，不论是 _____ ，也不论是 _____ ，这一切都快要随着他的消失而云消雾散了。

①他的眼泪还是感激

②他的罪恶或者忏悔

③他的狰狞丑恶还是老实善良

A.①③②　　　　　　　　　　　　B.②①③

C.③①②　　　　　　　　　　　　D.①②③

9.指出下列文学常识表述有误的一项（　　）

A.意识流，是现代文学创作中一种广泛应用的文字表现技巧，采用自由联想、内心独白等手法再现人的深层思想意识活动和自然心理的流动。

B.王蒙的代表作有：长篇小说《青春万岁》《活动变人形》、"季节系列"等8部，中篇小说《蝴蝶》《布礼》《歌声好像明媚的春光》等20余部，短篇小说《春之声》《坚硬的稀粥》等近百篇。

C.王蒙，中国现代作家、学者，1956年发表《组织部来了个年轻人》，引起极大反响。

D.小说三要素包括人物、情节和环境。

10.指出下列内容有误的一项（　　）

A.《春之声》在结构上，小说不但运用了心理结构线索，还运用了时间结构线索。只不过前者为主要线索，后者为辅助线索。

B.《春之声》一文反映出主人公为祖国命运忧喜悲欢，渴望祖国人民走进温暖春天的美好愿望。

C.意味深远的象征，寓情于景、情景交融的描述，也是《春之声》这篇小说艺术上的显著特色。

D.《春之声》重视人物性格塑造，重视故事情节构思，按照正常时空顺序叙述。

二、填空题

1.《春之声》的作者是 _____ ，他是新时期文坛上创作最为丰硕、也最有活力的作家之一。

2.《春之声》一文运用了 _____ 手法，采用了 _____ 结构。

三、课内阅读

（1）方方的月亮在移动，消失，又重新诞生。唯一的小方窗里透进了光束，是落日的余晖还是站台的灯？为什么连另外三个方窗也遮严了呢？黑咕隆咚，好像紧接着下午便是深夜。门咣地一关，就和外界隔开了。那愈来愈响的声音是下起了冰雹吗？是铁锤砸在铁砧上？在黄土高原的乡下，到处还靠人打铁，我们祖国的胳膊有多么发达的肌肉！呵，当然，那只是车轮撞击铁轨的噪音，来自这一节铁轨与那一节铁轨之间的缝隙。目前不是正在流行一支轻柔的歌曲吗，叫做什么来着——《泉水叮咚响》。如果火车也叮咚叮咚地响起来呢？广州人可真会生活，不像这西北高原上，人的脸上和房屋的窗玻璃上到处都蒙着一层厚厚的黄土。广州人的凉棚下面，垂挂着许许多多三角形的瓷板，它们伴随着清风，发出叮叮咚咚的清音，愉悦着心灵。美国的抽象派音乐却叫人发狂。真不知道基辛格听我们的杨子荣咏叹调时有什么样的感受。京剧锣鼓里有噪音，所有的噪音都是令人不快的吗？反正火车开动以后的铁轮声给人以鼓舞和希望。下一站，或者下一站的下一站，或者许多许多的下一站以后的下一站，你所寻找的生活就在那里，母亲或者孩子，友人或者妻子，温热的澡盆或者丰盛的饮食正在那里等待着你。都是回家过年的，过春节，我们的古老的民族的最美好的节日，谢天谢地，现在全国人民都可以快快乐乐地过年了。再不会用革命化的名义取消春节了。

……

（2）他已经有二十多年没有回过家乡了。谁让他错投了胎？地主，地主！一九五六年他回过一次家，一次就够用了——回家呆了四天，却检讨了二十二年！而伟人的一句话，也够人们学习贯彻一百年。使他惶惑的是，难道人生一世就是为了做检讨？难道他生在中华，就是为了做一辈子的检讨的么？好在这一切都过去了。斯图加特的奔驰汽车工厂的装配线在不停地转动，车间洁净敞亮，没有多少噪音。西门子公司规模巨大，具有一百三十年的历史，而我们才刚刚起步。赶上，赶上！不管有多么艰难。哞，哞，哞，快点开，快点开，快开，快开，快，快，快，车轮的声音从低沉的三拍一小节变成两拍一小节，最后变成高亢的呼号了。闷罐子车也罢，正在快开。何况天上还有三叉戟？

1. 月亮本来是圆的，作者为什么反复描述为"方方的大月亮"？

2. 以第（2）段"声音的联想"为例，简要说说作者的意识流动的线索及其根据。

3. 第（1）段中暗含哪几组对比？其用意如何？

4. 分析"一九五六年他回过一次家，一次就够用了——回家呆了四天，却检讨了二十二年！"这句话所体现的思想情感。

四、拓展阅读

玻　璃

贾平凹

约好在德巴街路南第十个电杆下会面，去了却没看到他。我决意再等一阵，踅进一家小茶馆里一边吃茶一边盯着电杆。旁边新盖了一家酒店，玻璃装嵌，还未完工，正有人用白粉写"注意玻璃"的字样。

吃过一壶茶后，我回到了家。妻子说王有福来电话了，反复解释他是病了，不能赴约，能否明日上午在德巴街后边的德比街再见，仍是路南第十个电杆下。第二天我赶到德比街，电杆下果然坐着一个老头，额头上包着一块纱布。我说你是王得贵的爹吗，他立即弯下腰，说：我叫王有福。

我把得贵捎的钱交给他，让给娘好好治病。他看四周没人，就解开裤带将钱装进裤衩上的兜里，说："我请你去喝烧酒！"

我谢绝了。他转身往街的西头走去，又回过头来给我鞠了个躬。我问他家离这儿远吗，他说不远，就在德巴街紧南的胡同里。我说从这里过去不是更近吗？老头笑了一下，说："我不走德巴街。"

他不去德巴街，我却要去，昨日那家茶馆不错。走过那家酒店，玻璃墙上却贴出了一张布告——

昨天因装修的玻璃上未作标志，致使一过路人误撞受伤。
敬请受伤者速来我店接受我们的歉意并领取赔偿费。

我被酒店此举感动，很快想到王有福是不是撞了玻璃受的伤呢，突然萌生了一个念头：既然肯赔偿，那就是他们理屈，何不去法院上告，趁机索赔更大一笔钱呢？我为我的聪明得意，第二天便给王有福打电话，约他下午到红星饭店边吃边谈。

红星饭店也是玻璃装修，我选择这家饭店，是要证实他是不是真的在酒店撞伤的。他见了我，肿胀的脸上泛了笑容，步履却小心翼翼，到了门口还用手摸，证实是门口了，一倾一倾地摇晃着小脑袋走进来。

"我没请你，你倒请我了！"他说。

"一顿饭算什么！"我给他倒了一杯酒，他赶忙说："我不敢喝的，我有伤。"

"大伯，你是在德巴街酒店撞伤的吗？"

"你……那酒店怎么啦？"

"这么说，你真的在那儿撞的！"

"这……"

老头瓷在那里，似乎要抵赖，但脸色立即赤红，压低了声音说："是在那儿撞的。"一下子人蔫了许多，可怜得像个做错事的孩子。

"这就好。"我说。

"我不是故意的。"老头急起来，"我那日感冒，头晕晕的，接到你的电话出来，经过那里，明明看着没有什么，走过去，咚，便撞上了。"

"你撞伤了，怎么就走了？"

"哗啦一声，我才知道是撞上玻璃了。三个姑娘出来扶我，血流了一脸，把她们倒吓坏了，要给我包扎伤口，我爬起来跑了，我赔不起那玻璃呀！"

"他们到处找你哩。"

"是吗？我已经几天没敢去德巴街了，他们是在街口认人吗？"

"他们贴了布告……"

老头哭丧下脸来，在腰里掏钱，问我一块玻璃多少钱。

我嘿嘿笑起来。

"不是你给他们赔，是他们要给你赔！"

"赔我？"

"是赔你。"我说，"但你不要接受他们的赔偿，他们能赔多少钱？上法院告他们，索赔的就不是几百元几千元了！"

老头愣在那里，一条线的眼里极力努出那黑珠来盯我，说："你大伯是有私心，害怕赔偿才溜掉的，可我也经了一辈子世事，再也不受骗了！"

"没骗你，你去看布告嘛！"

"你不骗我，那酒店也骗我哩，我一去那不是投案自首了吗？"

"大伯，你听我说……"

老头从怀里掏出一卷软沓沓的钱来，放在桌上："你要肯认我是大伯，那我求你把这些钱交给人家。不够的话，让得贵补齐。我不是有意的，真是看着什么也没有的，谁知道就有玻璃。你能答应我，这事不要再给外人说，你答应吗？"

"答应。"

老头眼泪花花的，给我又鞠了下躬，扭身离开了饭桌。

我怎么叫他，他也不回头。

他走到玻璃墙边，看着玻璃上有个门，伸手摸了摸，没有玻璃，走了出去。

我坐在那里喝完了一壶酒，一口菜也没吃，从饭馆出来往德巴街去。趁无人理会，我揭下了那张布告：布告继续贴着，只能使他活得不安生。顺街往东走，照相馆的橱窗下又是一堆碎玻璃，经理在大声骂：谁撞的，眼睛瞎了吗？！

我走出了狭窄的德巴街。

（有删改）

1. "我"在小说中的主要作用是什么？请简要分析。

2. 是否状告酒店，"我"与王有福的态度不同。你更认同谁的态度？请结合全文，谈谈你的观点。

3. 小说中的王有福有哪些性格特点？请简要分析。

4. 下列对小说相关内容和艺术特色的分析鉴赏，最恰当的一项是（　　）

A. "约好在德巴街路南第十个电杆下会面"，是对地下斗争题材影视作品的模仿，为后文悬念丛生的情节做出铺垫。

B. 发现王有福正是受伤的路人后，"我"劝他到法院上告酒店，寻求更多赔偿，因为"我"不仅热心帮助朋友，也有打官司的经验。

C. 玻璃墙伤人事件的背后，交织着伦理观念、法治观念、诚信意识等不同理念的矛盾、困惑与冲突，是转型期中国社会的一面镜子。

D. "我"经过照相馆时，见经理面对碎玻璃大骂，这一细节暗示此地这类纠纷不少，王有福担心的"投案自首"之事是经常发生的。

十三 一个人的遭遇

学习目标

1. 梳理小说的故事情节，了解人物在战争中的悲惨遭遇。
2. 研读作品，分析人物形象，感知人物的心灵世界，探讨作品主旨及现实意义。
3. 通过阅读作品，了解人在战争中的悲惨遭遇，认识战争对人的摧残，理解世界人民的和平愿望。

文学常识

米哈依尔·肖洛霍夫（1905—1984），是20世纪苏联著名作家，1941年获得斯大林文学奖，1965年，获得诺贝尔文学奖。肖洛霍夫为意识形态对立的东西方两个世界共同认可。他也是唯一既获斯大林文学奖，又获诺贝尔文学奖的作家，这在苏俄文学史上绝无仅有。他的主要作品有：长篇小说《静静的顿河》《被开垦的处女地》，短篇小说《一个人的遭遇》《胎记》，小说集《顿河故事》和《浅蓝色的原野》等。

课文解析

《一个人的遭遇》通过一位极其普通的苏维埃公民在卫国战争中的不幸遭遇，真实地再现了第二次世界大战给苏联普通人带来的悲剧性命运，反映了德国侵略者给苏联人民带来深重灾难。教材节选的第二、三部分，先写主人公被俘后逃归，面对妻子和女儿被炸死、家园被毁、儿子牺牲的巨大打击；再写他领养孤儿，与孤儿建立深厚感情、寄托哀伤的过程。小说采用的是故事中套故事的叙述结构，并通过主人公的遭遇和内心活动变化展示出情节的波澜起伏。

知识积累

1. 给下列加点字注音。

梗概（   ）　　和睦（   ）　　刹那（   ）　　瓦砾（   ）

狙击（   ）　　嗜好（   ）　　粘住（   ）　　哄骗（   ）

一撮盐（   ）　栖息（   ）　　胡诌（   ）　　胳肢窝（   ）

挨打（   ）　　窒闷（   ）　　勉强（   ）　　邂逅（   ）

2. 解释下列词语。

邂逅：

喜气洋洋：

狼吞虎咽：

神气活现：

小心翼翼：

知识检测

一、选择题

1. 下列加点字的读音正确的一项是（　　）

A. 瓦砾（lì）　　俘虏（lǔ）　　挨打（āi）　　胡诌（zhōu）

B. 狙击（jū）　　瘦削（xuē）　　嗜好（shì）　　唧喳（chā）

C. 雏儿（chú）　栖息（qī）　　炮制（páo）　　刹那（chà）

D. 窒闷（zhì）　邂逅（xiè）　　吝啬（lìn）　　泥泞（níng）

2. 下列各组词语中，有错别字的一项是（　　）

A. 军衔　安详　窒闷　喜气洋洋　　B. 蓬乱　哆嗦　睫毛　神气活现

C. 衣襟　气概　震荡　小心翼翼　　D. 隐敝　和睦　勋章　狼吞虎咽

3. 依次填入下列横线处的词语，最恰当的一项是（　　）

①冬天里我们一直不停地进行反攻，彼此就没 _____ 常常写信。

②索科洛夫17岁时十月革命 _____ ，国内战争时参加了红军。

③这时最重要的是不要伤害孩子的心，不要让他看到，在你的脸颊上怎样滚动着 _____ 而伤心的男人的眼泪……

④他扑在我的脖子上，吻着我的腮帮，嘴唇，前额，同时又像一只太平鸟一样，响

亮而尖利地叫了起来，叫得连车厢都_____了。

　　A.工夫　爆发　吝啬　震动　　　　B.功夫　暴发　吝惜　震动

　　C.功夫　爆发　吝惜　振动　　　　D.工夫　暴发　吝啬　振动

4.下列各句中，加点的成语使用正确的一项是（　　）

A.现在我们单位职工上下班或步行，或骑车，为的是倡导绿色、低碳生活。尤为可喜的是，始作俑者是我们新来的校长。

B.司机王师傅冒着生命危险解救乘客的事迹，一经新闻媒体报道，就被传得满城风雨，感动了无数市民。

C.这位国画大师的画虽然很受欢迎，但是他不轻易创作，因此，他挂在画廊墙上待价而沽的作品并不多。

D.今年春节前夕，学校举行了一场别无二致的茶话会，向退休的教职员工通报了本校一年来发展的喜人形势。

5.下列各句中，标点符号使用不正确的一项是（　　）

A.在俘房营里，我差不多夜夜（当然是在梦中）跟伊琳娜，跟孩子们谈话。

B.现在想起来，连那些都像做梦一样：跟中校一起坐上大汽车，穿过堆满瓦砾的街道；还模模糊糊地记得兵士的行列和铺着红丝绒的棺材。

C.我想："我这悲惨的生活会不会是一场梦呢？"

D.我也全身打战，两手发抖……我当时居然没有放掉方向盘，真是奇怪极了！

6.下列各句中，有语病的一项是（　　）

A.他虽然有些残疾，但仍旧在一个汽车连里当司机，我也在那边找了个工作。

B.这些东西尺寸不但不对，质料也不合用。

C.刹那间，仿佛有一只柔软而尖利的爪子，抓住了我的心，我慌忙转过脸去。

D.一个很深的弹坑，灌满了黄浊的水，周围的野草长得齐腰高……一片荒凉，像坟地一样寂静。

7.下列各句中没有使用比喻修辞的是一项是（　　）

A.他贴在我的身上，全身哆嗦，好像风里的一根小草。

B.他扑在我的脖子上，吻着我的腮帮，嘴唇，脑门，同时又像一只太平鸟一样，响亮而尖利地叫了起来，叫得连车厢都震动了。

C.想起阿纳托利，唉，老兄，就像此刻看见你一样清楚。

D.我一醒来，看见他睡在我的胳肢窝下，好像一只麻雀栖在屋檐下，我的心里可乐了，简直没法形容！

8.填入横线处与上下文衔接最恰当的一项是（　　）

出了齐齐哈尔，向北_____；可是由齐齐哈尔往南，却是_____。

①景致是苍茫的，就连风也是硬朗的

②景致是柔媚的，就连风也是温柔的

③步步温暖，越走越明媚

④步步清冷，越走越寂寞

A.①③ B.②④

C.①④ D.②③

9.指出下列有关内容有误的一项（　　）

A.小说通过主人公讲述卫国战争，不表现苏军的英勇胜利，而表现失利，不表现英雄抗敌，而表现战俘受罪。

B.本文采用的故事中套故事的叙述结构。这种结构形式，等于为作品中的人物情感安装了三层过滤网：一层是十年的时间过滤，二层是主人公情感沉积的过滤，三层是故事叙述者的旁听并复述的过滤。

C.本文的情节波澜起伏，主要是通过主人公的遭遇和内心活动变化展示出来的。

D.《一个人的遭遇》是一篇经历了十年时间的构思与锤炼，在基本消除了激动情绪的状态下完成的史诗性质的长篇小说。

10.选出对文章理解正确的一项（　　）

A.小说采用第二人称叙述的方式，叙述语言体现了强烈的个性色彩。

B.《一个人的遭遇》是节选，小说用的是口述式，与常见的"口述实录"不同。作者是受到一位老兵故事的启发而创作的，从某种意义上说，有纪实小说的味道。

C.《一个人的遭遇》是通过一位老兵对战争的回忆，讲述战争的创伤。

D.领养凡尼亚这一部分写得不够细，因为这件事是索科洛夫从战争创伤中走出来的重要转机。凡尼亚是索科洛夫余生的精神慰藉。

二、填空题

1.《一个人的遭遇》的作者是 _____ ， _____ （国籍）作家，他的主要作品有：长篇小说《 _____ 》《 _____ 》，短篇小说《憎恨的科学》《胎记》，中短篇小说集《顿河故事》和《浅蓝色的原野》等。

2.《一个人的遭遇》是一篇作者历经十年时间构思与锤炼的史诗性质的 _____ （文体），小说采用第 _____ 人称叙述的方式，叙述语言有强烈的个性色彩。

三、课内阅读

　　他从右边走来，我打开车门，让他坐在旁边，开动车子。他是个很活泼的小家伙，却不知怎的忽然沉默起来，想了一会儿，一双眼睛又慢慢地从自己那两条向上卷曲的长睫毛下打量着我，叹了一口气。这样的一个小雏儿，可已经学会叹气了。难道他也应该来这一套吗？我就问他说："凡尼亚，你的爸爸在哪儿呀？"他喃喃地说："在前线牺牲了。""那么妈妈呢？""妈妈在我们来的时候给炸死在火车里了。""你们是从哪儿来的呀？""我不知道，我不记得……""你在这儿没有一个亲人吗？""没有一个。""那你夜里睡在哪儿呢？""走到哪儿，睡到哪儿。"

　　这时候，我的热泪怎么也忍不住了。我就一下子打定主意："我们再也不分开了！我要领养他当儿子。"我的心立刻变得轻松和光明些了。我向他俯下身去，悄悄地问："凡尼亚，你知道我是谁吗？"他几乎无声地问："谁？"我又同样悄悄地说："我是你的爸爸。"

　　天哪，这一说可说出什么事来啦！他扑在我的脖子上，吻着我的腮帮，嘴唇，前额，同时又像一只太平鸟一样，响亮而尖利地叫了起来，叫得连车厢都震动了："爸爸！我的亲爸爸！我知道的！我知道你会找到我的！一定会找到的！我等了那么久，等你来找我！"他贴住我的身体，全身哆嗦，好像风下的一根小草。我的眼睛里蒙上了雾。我也全身打战，两手发抖……

　　……

　　女主人给他在盘子里倒了菜汤，看他怎样狼吞虎咽地吃着，看得掉下眼泪来。她站在火炉旁，用围裙擦着眼泪。我的凡尼亚看到她在哭，跑到她的跟前，拉拉她的衣襟说："姑姑，您为什么哭呀？爸爸在茶馆旁边把我找到了，大家都应该高高兴兴，可您却在哭。"而她呀，嘻，听了这话哭得更厉害，简直全身都哭湿啦！

1. 孩子是活泼的，在幼小的孩子脸上不协调地出现"沉默""打量"和"叹了一口气"这类成人的神态动作，意在表现什么？

2. 为什么"我的心立刻变得轻松和光明些了"？

3. 索科洛夫认领凡尼亚靠的是什么？为什么要这样做？

4. "像一只太平鸟一样，响亮而尖利地叫了起来……他贴住我的身体，全身哆嗦，好像风下的一根小草"，这样写有什么好处？

5. 凡尼亚理解索科洛夫的房东女主人为什么哭吗？为什么？

四、拓展阅读

古渡头

叶 紫

太阳渐渐地隐没到树林中去了，晚霞散射着一片凌乱的光辉，映到茫无际涯的淡绿的湖上，现出各种各样的色彩来。微风波动着皱纹似的浪头，轻轻地吻着沙岸。

破烂不堪的老渡船，横在枯杨的下面。渡夫戴着一顶尖头的斗笠，弯着腰，在那里洗刷一叶断片的船篷。

我轻轻地踏到他的船上，他抬起头来，带血色的昏花的眼睛，望着我大声说道：

"过湖吗，小伙子？"

"唔，"我放下包袱，"是的。"

"那么，要等到明天啰。"他又弯腰做事去了。

"为什么呢？"我茫然地，"我多给你些钱不能吗？"

"钱？你有多少钱呢？"他的声音来得更加响亮了，教训似的。他重新站起来，抛掉破篷子，把斗笠脱在手中，立时现出了白雪般的头发，"年纪轻轻，开口就是'钱'，有钱就命都不要了吗？"

我不由得暗自吃了一惊。

他从舱里拿出一根烟管，饱饱地吸足了一口，接着说："看你的样子也不是一个老出门的。哪里来的呀？"

"从军队里回来。"

"军队里？……"他又停了一停，"是当兵的吧，为什么又跑开来呢？"

"我是请长假的。我妈病了。"

"唔！……"

两个人都沉默了一会儿，他把烟管在船头上磕了两磕，接着又燃第二口。

夜色苍茫地侵袭着我们的周围，浪头荡出了微微的合拍的呼啸。我的心里偷偷地发急，不知道这老头子到底要玩什么花头。于是，我说：

"既然不开船，老人家，就让我回到岸上去找店家吧！"

"店家，"老头子用鼻子哼着，"年轻人到底不知事。回到岸上去还不同过湖一样的危险吗？到连头镇去还要退回七里路。唉！年轻人……就在我这船中过一宵吧。"

他擦着一根火柴把我引到船舱后头，给了我一个两尺多宽的地方。好在天气和暖，还不至于十分受冻。

当他再擦火柴吸上了第三口烟的时候，他的声音已经和缓多了。我躺着，一面细细地听着孤雁唳过寂静的长空，一面又留心他和我谈的一些江湖上的情形，和出门人的秘诀。

"……就算你有钱吧，小伙子，你也不应当说出来的。这湖上有多少歹人啊！……我欢喜你这样的孝顺孩子。是的，你的妈妈一定比我还欢喜你，要是在病中看见你这样远跑回去。只是，我呢？……我，我有一个桂儿。你知道吗？我的桂儿，他比你大得多呀！你怕不认识他吧？外乡人……那个时候，我们爷儿俩同驾着这条船。我给他收了个媳妇……"

"他们呢？"

"他们？那一年，北佬来，你知道了吗？北佬打了败仗，从我们这里过，我的桂儿给北佬兵拉着，要他做伕子。桂儿，他不肯，脸上一拳！我，我不肯，脸上一拳！……小伙子，你做过这些个丧天良的事情吗？……

"小伙子！你看，我等了一年，我又等了两年，三年……我的儿媳妇改嫁给卖肉的朱胡子了，我的孙子长大了。可是，我看不见我的桂儿，我的孙子他们不肯给我……他们说：'等你有了钱，我们一定将孙子给你送回来。'可是，小伙子，我得有钱呀！

"结冰，落雪，我得过湖；刮风，落雨，我得过湖……

"年成荒，捐重，湖里的匪多，过湖的人少，但是，我得找钱……

"小伙子，你是有爹妈的人，你将来也得做爹妈的。我欢喜你，要是你真的有孝心，你是有好处的，像我，我一定得死在这湖中。我没有钱，我寻不到我的桂儿，我的孙子不认识我，没有人替我做坟，没有人给我烧纸钱……我说，我没有丧过天良，可是天老爷他不向我睁开眼睛……"

他逐渐地说得悲哀起来，终于哭了，不住地把船篷弄得呱啦呱啦地响；他的脚在船舱边下力地蹬着。可是，我寻不出来一句能够劝慰他的话，心头像给什么东西塞得紧紧的。

外面风浪渐渐地大了起来,我翻来覆去地睡不着,他也翻来覆去地睡不着。

可是,第二天,又是一般的微风,细雨。太阳还没有出来,他就把我叫起了。他的脸上丝毫看不出一点异样的表情来,好像昨夜间的事情,全都忘记了。

我目不转睛地瞧着他。

"有什么好瞧呢?小伙子!过了湖,你还要赶你的路程呀!"

离开渡口,因为是走顺风,他就搭上橹,扯起破碎风篷来。他独自坐在船舱上,毫无表情地捋着雪白的胡子,任情地高声朗唱着:我住在这古渡前头六十年。我不管地,也不管天,我凭良心吃饭,我靠气力赚钱!有钱的人我不爱,无钱的人我不怜!……

(有删改)

1. 作品中的渡夫有哪些性格特点?请简要分析。

2. 作品是怎样叙述渡夫的故事的?这样写有什么好处?请简要分析。

3. 作品为什么以渡夫的任情高歌为结尾?结合全文,谈谈你的看法。

4. 下列对作品有关内容的分析和概括,最恰当的一项是(　　　)

A. 作品以抒情的笔调叙述了渡夫的人生遭遇和心灵世界,反映了动荡不安的现实,表达了作者对底层劳动人民的同情和对当时社会的不满。

B. 渡夫不愿马上开船送我过湖,还教训我:"年纪轻轻,开口就是'钱',有钱就命都不要了吗?"这让我暗自吃惊,因为我担心他谋财害命。

C. 渡夫没有让我回到岸上去,而是让我在他船里过一宵,因为他看我太年轻,怕我遇到不测,想告诉我一些江湖上的情形和出门在外的经验。

D. 第二天一早,我被渡夫叫起来之后,目不转睛地瞧着他,发现他的脸上没有什么异样的表情,想知道他为什么把昨夜的事情全都忘记了。

十四 老人与海

学习目标

1. 了解海明威的作品和风格。
2. 浏览课文,理清小说的主要情节,概述小说的主要内容。
3. 揣摩人物内在精神世界,学习内心独白的描述,并揣摩本文的哲理和象征意味。
4. 分析人物心理,学习老人不屈服于命运,凭着勇气、毅力和智慧在艰苦卓绝的环境里进行抗争,永不服输的顽强精神。

文学常识

欧内斯特·海明威(1899—1961),美国作家和记者,是20世纪美国最重要的小说家之一。一方面他继承了马克·吐温的现实主义传统,一方面又在创作思想和创作方法上进行了革新,形成了独特的风格。

他的创作在思想内容和艺术风格方面对现代文学都产生了重大影响。早期长篇小说《太阳照样升起》《永别了,武器》表现了第一次世界大战后青年一代的彷徨情绪,以"迷惘的一代"的代表著称。二十世纪三四十年代他塑造了一系列摆脱迷惘、悲观,为人民利益英勇战斗和无畏牺牲的反法西斯战士形象,如《第五纵队》,长篇小说《丧钟为谁而鸣》。海明威的语言简明,形成了一种"电报体风格"。1954年,因中篇小说《老人与海》成功地塑造了以桑地亚哥为代表的"可以把他消灭,但就是打不败他"的"硬汉形象"获得了诺贝尔文学奖。

海明威一向以"文坛硬汉"著称,他是美利坚民族的精神丰碑。他的作品标志着他独特创作风格的形成,在美国文学史乃至世界文学史上都占有重要地位。

课文解析

《老人与海》讲述了一个名叫桑迪亚哥的老渔夫,连续84天没捕着一条鱼。后来,他独自一人出门远航,在海上经过三天两夜的搏斗,终于捕到一条足有一千五百多磅的

十四 老人与海

大马林鱼。然而，在归航途中，一条条鲨鱼陆续围了上来，尽管老人奋力拼搏，但还是没能抵挡住凶猛鲨鱼的进攻，等他回到海岸时，大马林鱼只剩下了一副巨大的鱼骨架。课文节选的是老人与鲨鱼五个回合搏斗的情景，但搏斗的结果却是一无所有。这是小说临近结尾的部分，也是小说情节的高潮，小说中的老渔夫桑迪亚哥虽然最终没有保住大马林鱼，但在与鲨鱼搏斗的过程中，他表现出无与伦比的力量和勇气，不失人的尊严，是精神上的胜利者。

知识积累

1. 给下列加点字注音。

鲭鲨（　　）　　两颚（　　）　　脊鳍（　　）

胳肢窝（　　）　　攮进（　　）　　吞噬（　　）

鳐鱼（　　）　　嗜杀（　　）　　蹂躏（　　）

攥（　　）　　黏液（　　）　　戳进（　　）

榫头（　　）　　啐（　　）　　撬开（　　）

桅杆（　　）　　残骸（　　）　　船梢（　　）

攒（　　）　　舵柄（　　）　　皮开肉绽（　　）

2. 解释下列词语。

皮开肉绽：

为所欲为：

蹂躏：

知识检测

一、选择题

1. 下列加点字的注音完全正确的一组是（　　）

A. 沮丧（jǔ）　　鲭鲨（jīng）　　下颚（è）　　塞满（sāi）

B. 脊鳍（qí）　　攮到（nǎng）　　鳐鱼（yáo）　　模样（mú）

C. 褐色（hè）　　黏液（nián）　　脊髓（shuǐ）　　绰号（chuò）

D. 祷告（dǎo）　　榫头（sǔn）　　残骸（hé）　　船梢（shāo）

2. 下列词语中，没有错别字的一组是（　　）

A. 舵柄　　两颚　　戛吱　　臭迹　　　　B. 吞筮　　鱼叉　　仓皇　　积攒

107

C. 桅杆　蹂躏　嗜杀　攥住　　　　　D. 船梢　振痛　祷告　咔嚓

3. 依次填入下列横线处的词语，最恰当的一项是（　　）

①我不能够_____它来害我，但是也许我可以捉住它。

②丢掉了四十磅鱼肉，船走得更_____些。

③风在不住地吹，稍微转到东北方去，他知道，这就是说风不会_____了。

④这种鱼天生要吃海里一切的鱼，尽管那些鱼游得那么快，身子那么强，战斗的武器那么好，_____于没有别的任何的敌手。

A. 阻止　轻快　减退　以至　　　　B. 阻拦　轻松　消退　以至

C. 阻止　轻松　消退　以致　　　　D. 阻拦　轻快　减退　以致

4. 下列各句中，加点的成语使用不恰当的一句是（　　）

A. 老头儿看见它来到，知道这是一条毫无畏惧而且为所欲为的鲨鱼。

B. 鲨鱼的头伸出水面，脊背也正在露出来，老头儿用渔叉攥到鲨鱼头上的时候，他听得出那条大鱼身上皮开肉绽的声音。

C. 当年年轻力壮的时候，我会把鲨鱼弄死的。

D. 你要身临其境地为桑迪亚哥想一想。

5. 下列各句中，标点符号使用不正确的一项是（　　）

A. 我买运气，能够用一把丢掉的鱼叉，一把折断的刀子，一双受了伤的手去买吗？

B. 有的只是那又粗大又尖长的蓝色的头，两只大眼，和那咬得格崩格崩的，伸得长长的，吞噬一切的两颚。

C. "我倒想买点儿运气，要是有地方买的话。"他说。

D. "别想啦，老家伙，"他又放开嗓子说，"还是把船朝这条航线上开去，有了事儿就担当。"

6. 下列各句中，有语病的一项是（　　）

A. 他向它扎去的时候并没有抱着什么希望，但他抱有坚决的意志和狠毒无比的心肠。

B. 他想，你把鱼弄死不仅仅是为了养活自己，卖去换东西吃。你弄死它是为了光荣，因为你是个打鱼的。

C. 他总喜欢去想一切跟他有关联的事情，同时因为没有书报看，也没有收音机，他就想得很多，尤其是不住地在想到罪过。

D. 桑迪亚哥看得见鲨鱼的阔大的、扁平的铲尖儿似的头，以及因跃出水面而发出的巨大声响。

7. 下列各句中所运用的修辞手法与其他三项不同的是一项是（　　）

A. 鲨鱼肚皮朝上，尾巴猛烈地扑打着水面，两颗格崩格崩地响着，像一只快艇一样在水面上破浪而去。

B. 老头儿知道鲨鱼是死定了，鲨鱼却不肯承认。

C. 它在水面下游，高耸的脊鳍像刀子似的一动也不动地插在水里。

D. 跟寻常大多数鲨鱼不同，它的牙齿不是角锥形的，像爪子一样缩在一起的时候，形状就如同人的手指头。

8. 填入横线处与上下文衔接最恰当的一项是（　　）

鲨鱼这个东西，既___①___，又___②___，既___③___，又___④___。可我比它更聪明。

A. ①残忍②强壮③聪明④能干　　　　B. ①残忍②能干③强壮④聪明

C. ①能干②强壮③残忍④聪明　　　　D. ①强壮②残忍③能干④聪明

9. 下列叙述有错误的一项是（　　）

A. 海明威说："冰山运动之雄伟壮观，是因为他只有八分之一在水面上。"这就是著名的"冰山原则"。露出水面的是形象，隐藏在水下的思想情感，形象越集中鲜明，感情越深沉含蓄。

B.《老人与海》获 1952 年普利策奖，1954 年又获诺贝尔文学奖。老人桑地亚哥也成为文学史和电影史上著名的"硬汉"形象。

C. 海明威、莫泊桑、惠特曼、欧·亨利等都是美国杰出的小说家。

D. 海明威的语言简明，形成了一种"电报体风格"。

10. 下列对小说的评价，不正确的一项是（　　）

A.《老人与海》是海明威于 1951 年在古巴写的一篇中篇小说，并于 1952 年出版。

B. 海明威善于从感觉、视觉、触觉着手去刻画形象，将作者、形象与读者距离缩短到最低限度，而且很少直接表露情感，他总是把它们凝结在简单、迅速的动作中，蕴含在自然的行文中或简洁的对话中。

C. "可是一个人并不是生来要给打败的"，"你尽可把他消灭掉，可就是打不败他。"这句话是桑迪亚哥的内心独白，也是小说的核心精神。

D. 这篇小说结构单纯，人物少到不能再少，情节不枝不蔓，主人公性格复杂而鲜明。

二、填空题

1.《老人与海》的作者是_____国作家海明威，他的主要作品有长篇小说《_____》《_____》和《_____》。

2. 他的作品表现了第一次世界大战后青年一代的彷徨情绪，以"_____"的代表著称。

3. 海明威一向以"_____"著称，他是美利坚民族的精神丰碑。

三、课内阅读

　　他知道他终于给打败了,而且一点补救的办法也没有,于是他走回船梢,发现舵把的断成有缺口的一头还可以安在舵的榫头上,让他凑合着掌舵。他又把麻袋围在肩膀上,然后按照原来的路线把船开回去。现在他在轻松地开着船了,他的脑子里不再去想什么,也没有感觉到什么。什么事都已过去,现在只要把船尽可能好好地、灵巧地开往他自己的港口去。夜里,鲨鱼又来咬死鱼的残骸,像一个人从饭桌子上捡面包皮似的。老头儿睬也不睬它们,除了掌舵,什么事儿都不睬。他只注意到他的船走得多么轻快,多么顺当,没有其重无比的东西在旁边拖累它了。

　　船还是好好的,他想。完完整整,没有半点儿损伤,只除了那个舵把。那是容易配上的。

　　他感觉到他已经驶进海流里面,看得出海滨居住区的灯光。他知道他现在走到什么地方,到家不算一回事儿了。

　　风总算是我们的朋友,他想。然后他又加上一句:不过也只是有时候。还有大海,那儿有我们的朋友,也有我们的敌人。床呢,他又想。床是我的朋友。正是床啊,他想。床真要变成一件了不起的东西。一旦给打败,事情也就容易办了,他想。我决不知道原来有这么容易。可是,是什么把你打败的呢?他又想。

　　"什么也不是,"他提嗓子说。"是我走得太远啦。"

　　当他驶进小港的时候,海滨酒店的灯火已经熄灭,他知道人们都已上床睡去。海风越刮越大,现在更是猖狂了。然而港口是静悄悄的。于是他把船向岩石下面的一小块沙滩跟前划去。没有人来帮助他,他只好一个人尽力把船划到岸边。然后他从船里走出,把船系在岩石旁边。

　　他放下桅杆,卷起了帆,把它捆上,然后把桅杆扛在肩膀上,顺着堤坡往岸上走去。这时他才知道他已经疲乏到什么程度。他在半坡上歇了一会儿,回头望了一望,借着水面映出的街灯的反光,看见那条死鱼的大尾巴挺立在船艄后面。他看见鱼脊骨的赤条条的白线,黑压压一团的头,伸得很长的吻和身上一切光溜溜的部分。

　　1.文中说"他知道他终于给打败了",桑地亚哥是不是完全彻底地失败了?

　　2.怎样理解"风总算是我们的朋友""还有大海,那儿有我们的朋友,也有我们的敌人"?

　　3.作者为什么浓墨重彩地描绘鲨鱼?

4. 下列说法不正确的一项是（　　）

A. 这篇文章的主题是海明威所提倡的"硬汉精神"，即"一个人并不是生来要给打败的，你尽可以把他消灭掉，可就是打不败他"。

B. 《老人与海》这部作品，除了推崇一种"硬汉精神"外，还给了我们第二个启示：要保护、善待海洋，与海洋和平相处。

C. 老人之所以失败，有两个原因，一是由于走得太远，二是孤军奋战。

D. 从文中可以看出老人热爱海洋，热爱海洋中一切有生命的东西，即使他是一个捕鱼人。

四、拓展阅读

姥姥的端午

王 瀛

（1）十余年前的五月，姥姥忙碌完生命里最后一个端午，便匆匆离去。

（2）此后每自清明夜始，随着金银花的细碎步声，临近粽香五月，便有姥姥的絮语叮咛，踱着疲惫的小脚，轻轻推门，轻轻走近，拾起床边垂落的被角，为我一掩再掩。

（3）物质极度贫瘠的岁月，端午，在童年的期盼中，总是姗姗来迟。等待中长大的日子，不知何时，青苇已隔夜盈尺。端午，似一株凌虚而至的瓦楞草，无声无息落在老家的瓦房上，就在某个清晨，姥姥推醒了还在熟睡中的我们，她说，粽子熟了。烧了一夜的灶火已渐燃渐熄，大锅里还咕嘟嘟冒着些微的水泡，粽香漫过那口大锅的四周，弥漫在农家小院上空，萦绕在孩子渴望的小嘴边，飘荡在蹦跳的童歌里。

（4）端午粽香，萦绕岁岁年年的童谣，我们在姥姥精心赶制的一个又一个端午之后长高。姥姥一双操劳的枯手，渐渐托不住昔日蹒跚的娃儿们，当小弟也站在她身后，声渐雄浑之时，姥姥缓身回望，却已<u>一笑白头</u>。

（5）姥姥的端午，从老家搬到城里，仍旧初始味道。而安逸清闲的市民生活，狭窄的蜗居，使姥姥更多地呆坐在门前，想念乡间，想念宽敞的农家小院，鸡鸣犬吠，想念清晨趟着两腿露珠，一双巧手侍弄过的黄瓜架、葡萄秧，想念老槐树荫下，几位老邻絮絮陈年旧话，农谚桑麻。姥姥似乎在那一年忽然苍老了。

（6）最后的端午，姥姥依旧忙碌，她似乎始终是这个节日大会的主持人，任何人都可以忽略和忘记这个日子，唯她不能。我们从各自的家里奔来吃粽子的时候，还丝毫没有感觉到姥姥的端午，将在这里停留。只记得姥姥唠叨了许多，关于谁该谈朋友了，谁该快点结婚了，别让姥姥这么等着。大家听着，都没有在意。

（7）端午后几日，姥姥在一个深夜忽然丢下大堆未了的心事，匆匆撒手而去，我守在她床边仅仅一步之遥，却空着两手没留下老人家只言片语。

（8）次年端午，凝重在无限哀思里，大家小心翼翼躲闪着，似乎稍不留意会不慎碰落太多的哀伤。谈话间，说到童年，那苇塘、蛙鸣、老家的土炕、邻家小孩憨态可掬的猫头小布鞋……小弟忽然一句"一到端午，就想起姥姥来"，大家顿住了，都不说话，大弟站到阳台，低头点起一支烟，妈妈肩头抽动，不知谁的眼泪叮咚掉在米盆里，落在一只只秀气的青粽上……姥姥赐我农家巧手，包粽的"工艺"代代相传，粽香飘进以后的日子。

（9）端午，翠绿与寂静，蒹葭苍苍的古韵，带着一春濡湿的水气，简淡、玄远。芦丛摇曳、薄雾轻裳，青衣姗姗，不禁想起眉清目秀，淡妆行走在阡陌上的秀丽村姑，初见有股矜持的冷，一身素衣隔岸浅笑低吟，柔骨而就、甜而不腻，那种感觉在常久的凝睇里埋藏，永远都蛰伏在心灵深处不会消失。

（10）娴静的汨罗江，从远古走来，走近几千年光阴。姥姥的端午永远是其中一尺鲜洁的水，涤荡着我生命的五月，走过多少年，芬芳多少年。

1. 第（2）节在全文中起了哪些作用？

2. 第（4）节中的"一笑白头"表现了姥姥什么样的感情？

3. 文章的第（9）小节用了整整一段的篇幅写"淡妆行走在阡陌上的秀丽村姑"，这对刻画姥姥的形象有什么作用？

4. 这篇散文回忆姥姥，姥姥应该有很多事情可写，但只选取了过端午、包粽子一件事来写，对这样选材的好处表述错误的一项是（　　）

A. 使文章笔墨更为集中，能在有限的篇幅内生动细致地刻画出姥姥的可敬形象。

B. 使文章的线索更为明晰，通过不同时期过端午、包粽子的事情，形象地展示了姥姥勤劳的一生。

C. 使姥姥这个人物更具有鲜明的个性，姥姥的勤劳、善良、智慧、慈爱，全都融合在端午这个特殊的节日氛围里，化为清清的粽香，萦绕在儿孙的记忆里。

D. 使作品更具有中华民族传统的人文气息。明确传达出"端午"作为中国一个重要的传统节日，人们要在端午节这一天吃粽子缅怀屈原。

十五 微型小说两篇

【学习目标】

1. 了解微型小说的定义,鉴赏两篇小说的表现手法,理解其隐含的意义。
2. 体会微型小说构思精巧、意蕴深刻的特点,增强作文时谋篇布局的意识。
3. 总结鉴赏小说的方法,提高小说鉴赏能力。

【文学常识】

　　微型小说多取材于生活中具有典型意义的一个小片段或一两个镜头,以近似于速写的笔法,勾勒出人物的轮廓或性格的某一个侧面,以小见大,生动活泼。

　　微型小说在写作上追求的特点是四个字:微、新、密、奇。微指的是篇幅微小,不超过一千五百个字;新,指的是立意新颖,风格清新;密指的是结构严密;奇,指的是结尾要新奇巧妙,出人意料。

　　刘心武,笔名刘浏等,中国当代作家。1977年发表短篇小说《班主任》,被认为是伤痕文学的发轫作,获得首届全国优秀短篇小说第一名。短篇小说代表作还有《我爱每一片绿叶》《黑墙》《白牙》。中篇小说代表作有《如意》《立体交叉桥》等;长篇小说代表作有《钟鼓楼》(获第二届茅盾文学奖)、《四牌楼》(获第二届上海优秀长篇小说大奖)。

　　亨利·劳森(1867－1922)澳大利亚著名诗人和散文作家,著有《亨利·劳森诗集》、《通俗诗和幽默诗》、《在路上》、《乔·威尔逊和他的伙伴们》、《丛林儿童》、《把帽子传一传》等诗和散文集十四部。劳森的作品题材广泛,充满爱国主义激情,表达了澳大利亚人民要求独立反对压迫的愿望,情节动人,语言平易、通俗、幽默,生活气息浓厚。

【课文解析】

　　《等待散场》写了一对青年恋人的苦涩而又甜蜜的爱情。小说没有正面描写小伙子与妙龄女郎的爱情故事,而只是选取了小伙子与姑娘在剧场内外互相守候的两个细节,通过"我"这个旁观者和《天鹅湖》舞剧的暗示彰显了主题。故事情节按曲线发展,在结构上,小说一波三折、跌宕起伏,精巧的构思推动了故事情节的发展,丰富了故事内容,增强了曲折效应和可读性。

《他母亲的伙伴》通过精心谋篇,简炼含蓄的表达方式和生动的描绘,刻画了一位背负着家庭重担而倔强生活的母亲,以及一个年纪虽小,却学会了察言观色、能够机敏地去应付生活的早熟的孩子。语言质朴平实却充满力量。

【知识积累】

1. 给加点字注音。

诡异（　　）　　耽搁（　　）　　棚檐（　　）　　霏霏（　　）
蔼然（　　）　　衣兜（　　）　　倏地（　　）　　迷惘（　　）
憔悴（　　）　　靴子（　　）　　搁下（　　）　　摩挲（　　）

2. 解释下列词语。

倏地：

摩挲：

诡异：

【知识检测】

一、选择题

1. 下列加点字的注音不完全正确的一组是（　　）

A. 拂尘（fú）　　羞赧（nǎn）　　倏地（shū）　　迷惘（wǎng）
B. 摩挲（suō）　　胆怯（què）　　绯红（fěi）　　瞬间（shùn）
C. 蔼然（ǎi）　　霏霏（fēi）　　两颊（jiá）　　发怔（zhèng）
D. 阻挠（náo）　　羞涩（sè）　　收拢（lǒng）　　棚檐（yán）

2. 下列词语中,没有错别字的一组是（　　）

A. 瑕疵　和蔼　戳穿　牙牙学语
B. 诡异　惶急　耽搁　哀声叹气
C. 掩映　脸颊　云宵　既往不究

D. 暴燥　装璜　璀璨　出奇制胜

3. 依次填入下列横线处的词语，最恰当的一项是（　　）

①国际互联网传递着世界的最新消息，它_____了各国文化，使愈来愈多的人相互了解。

②他不仅是个做生意的好手，还是个出色的厨师，自己_____出了一些创新的菜式，使得这家菜馆的生意更加红火。

③任何一种药物都只能在一定的时间内起作用，常用抗生素的_____大多为6小时。

A. 沟通　捉摸　实效　　　　　　B. 勾通　捉摸　实效

C. 勾通　琢磨　时效　　　　　　D. 沟通　琢磨　时效

4. 下列各句中，加点的成语使用恰当的一句是（　　）

A. 警察根据受害者提供的线索，先找到李某，再按图索骥，最终找到了制造假酒的黑窝。

B. 这篇小说题材新颖、构思巧妙，的确给我们许多启发，但未必就有什么值得大家反复推敲的微言大义。

C. 入夜，月色溶溶，水天寥廓，我们或坐在树下谈笑自若，或坐在船上叩舷高歌，或立于小石桥上对月凝思。

D. 史铁生散文名著《我与地坛》一文浓缩了作者对多年艰辛生活的深切体悟，读来楚楚动人，感慨良多。

5. 下列各句中，标点符号使用不正确的一项是（　　）

A. "不，"那小伙子蔼然地对我说，"我不要您的票，您快进去看吧！"

B. "请您二位坐到这边来吧。"摄影师指着一张长椅子说。

C. 让我们带着一双"揭秘"的眼睛来欣赏两位作者是如何巧妙构思，把简单的故事雕琢成精美的艺术品？

D. 剧场里的芭蕾舞剧《天鹅湖》肯定已经跳完了如梦如幻的第二幕。

6. 下列各句中，没有语病的一项是（　　）

A. 谁能否认《西游记》不是一部好的文学著作呢？

B. 为了避免淋雨，我从售票处以及相连的平房那儿绕向阶梯，因为那里有挡雨的棚檐。

C. 他如果不能诚实守信，事业就会受到损失。

D. 通过医生的精心治疗，使她很快恢复了健康。

7. 下列各句中所运用的修辞手法与其他三项不同的一项是（　　）

A. 这剧场前的小广场上，在路灯光下，霏霏细雨中活像巨型甲虫的小汽车，默然地斜趴成一大排，除了我们俩再没别的人影。

B. 那船黑黑的，就像跃出水面的一条青鱼。

C. 硝烟中受伤的士兵无助地坐在沙滩上，鲜血如朝霞一样染红了这片海域。

D. 不要以为，这座盛产钢铁的城市，面目冷峻，气质威严，其实它清丽脱俗，有着一颗柔软的心。

8. 填入横线处与上下文衔接最恰当的一项是（　　）

参观都江堰水利工程时，太阳时隐时现着。忽明忽暗的天色，让视野中的岷江不停地变色。阳光照耀着它时，岷江是_____，_____；而天色阴郁时，岷江是_____，_____。不管岷江的颜色怎么变，有一点却是不变的，那就是它的清澈纯净！

①青绿色的　②浅绿的　③绿中还泛着微微的蓝　④绿中掺杂了淡淡的紫

A. ①③②④　　B. ②④①③　　C. ②③①④　　D. ①④②③

9. 下列谦辞使用不正确的一项是（　　）

A. 张编辑，您好，现寄上拙作《秋月》，望拜读。

B. 请您代我向令尊问好。

C. 你远在他乡，以后不要寄奉什么物品，我们这里超市商场都有。

D. 我们旅行社设有咨询电话，欢迎各位游客垂询。

二、填空题

1. 刘心武，中国_____代作家。1977年发表短篇小说《_____》，被认为是伤痕文学的发轫作。他的长篇小说代表作有《_____》和《四牌楼》。

2. 《他母亲的伙伴》的作者是_____（国籍）_____。

三、课内阅读

已经是晚上9点钟了，我才到达剧场门前。剧场里的芭蕾舞剧《天鹅湖》肯定已经跳完了如梦如幻的第二幕，而且华丽诡异的第三幕说不定也所剩不多。我是个狂热的芭蕾舞迷，因此尽管因为业务上的急事耽搁到8点40分才得脱身，还是风风火火地跳进出租车赶到剧场。

我出了汽车才感觉到下着小雨。从我下车的地方到通向剧场大门的宽大阶梯，还有一小段距离，为了避免淋雨，我从售票处以及相连的平房那儿绕向阶梯，因为那里有挡雨的棚檐。我一边小跑，一边朝剧院大门望去，慌急中，我忽然撞到一个人的肩膀上，我立足定神一看，是个小伙子，戴着一副眼镜。他的眼珠子在镜片后也细打量着我。

"您有票吗？"

我吃了一惊。竟还有比我更痴迷芭蕾舞的。这剧场前的小广场上，在路灯光下，霏霏细雨中活像巨型甲虫的小汽车，默然地斜趴成一大排，除了我们俩再没别的人影。里面舞台上剧已过半,他还在这里等退票?

"我自己要看!"我一边回答他,一边掏我的票。咦,怎么没有?

"不,"那小伙子蔼然地对我说,"我不要您的票,您快进去看吧!"

我从衣兜里掏出一堆名片,从中抽出了那张宝贵的戏票,顺口问:"你不看,呆在这儿干什么?"

"等散场。等她出来。"

我立刻明白,是一对恋人同来等退票,只等到一张,因此小伙子让姑娘先进去了。我倏地忆及自己的青春,一些当年的荒唐与甜蜜场景碎片般闪动在我心间,我不由表态:"啊,你比我更需要……你进去吧!"我把票递给他,他接过去,仔细地看了一下排数座号,退给了我,我那张票是头等席,180元一张,他是等我主动打折么?我忙表态:"不用给钱,快进去吧!"他却仍然把我持票的手推开了。

我觉得这个小伙子很古怪。

小伙子很难为情,解释说:"我答应在外面等她……她也许会随时提前出来……我还是要在这儿一直等着散场……"说着便扭头朝剧场大门张望,生怕在我们交谈的一瞬间,那姑娘会从门内飘出,而他没能及时迎上去。

我抛开那小伙子,跑向剧场大门。小雨如酥,我险些滑跌在门前的台阶上。从每扇门的大玻璃都可以看到前廊里亮着的灯光,可是我推了好几扇门都推不开。后来我发现最边上的一扇是虚掩的,忙推开闪进。前廊里有位女士,我走过去把票递给她,她吃了一惊,迷惘地看看我,摇头;紧跟着前廊与休息厅的收票口那儿走来一位穿制服的人。显然,那才是收票员。他先问那位女士:"您不看了吗?"又问我:"您是……怎么回事儿?"我发现先遇上的那位女士,不,应该说是一位妙龄女郎,站在前廊门边,隔着玻璃朝外看,我也扭身朝外望去,只见那个小伙子仍在原地,双臂抱在胸前,痴痴地朝剧场大门这边守候着…… 从演出区泻出《天鹅湖》最后一景的乐曲,王子与白天鹅的爱情即将冲破恶魔的阻挠而终于圆满。妙龄女郎望着雨丝掩映的那个身影,忽然咬紧嘴唇,眼里闪出异样的光……我站在那儿,摩挲着鬓边白发,沉浸在永恒的旋律里……

1. 作者将故事安排在一个雨夜,文中描写雨景的句子在小说中有什么作用?

2. 为什么在"我"把票无偿让给他时,他还是不愿进去并且毅然拒绝了?

3. 小说的主人公是小伙子和妙龄女郎，却写了很多"我"的内容，"我"在文中的作用是什么？

4. 小说两次提到《天鹅湖》乐曲，有什么作用？

四、拓展阅读

哑巴与春天
迟子建

（1）最惧怕春风的，莫过于积雪了。

（2）春风像一把巨大的笤帚，悠然扫着大地的积雪。它一天天地扫下去，积雪就变薄了。这时云雀来了，阳光的触角也变得柔软了，冰河激情地迸裂，流水之声悠然重现，嫩绿的草芽顶破向阳山坡的腐殖土，达子香花如朝霞一般，东一簇西一簇地点染着山林，春天有声有色地来了。

（3）我的童年春光记忆，是与一个老哑巴联系在一起的。

（4）在一个偏僻而又冷寂的小镇，一个有缺陷的生命，他的名字就像秋日蝴蝶的羽翼一样脆弱，渐渐地被风和寒冷给摧折了。没人记得他的本名，大家都叫他老哑巴。他有四五十岁的样子，出奇的黑，出奇的瘦，脖子长长的，那上面裸露的青筋常让我联想到是几条蚯蚓横七竖八地匍匐在那里。老哑巴在生产队里喂牲口，一早一晚的，常能听见他铡草的声音，嚓——嚓嚓，那声音像女人用刀刮着新鲜的鱼鳞，又像男人抡着锐利的斧子在劈柴。我和小伙伴去生产队的草垛躲猫猫时，常能看见他。老哑巴用铁耙子从草垛搂下一捆一捆的草，拎到铡刀旁。本来这草是没有生气的，但因为有一扇铡刀横在那儿，就觉得这草是活物，而老哑巴成了刽子手，他的那双手令人胆寒。我们见着老哑巴，就老是想逃跑。可他误以为我们把草垛蹬散了他会捉我们问责，为了表示支持我们躲猫猫，他挥舞着双臂，摇着头，做出无所谓的姿态。见我们仍惊惶地不敢靠前，他就本能地大张着嘴，想通过呼喊挽留我们。但见他喉结急剧蠕动，嗓子里发出"呃呃"的如被噎住似的沉重的气促声，却说不出一句话来。

（5）老哑巴是勤恳的，他除了铡草、喂牲口之外，还把生产队的场院打扫得干干净净。冬天打扫的是雪，夏天打扫的是草屑、废纸和雨天时牲畜从田间带回的泥土。他晚上就住在挨着牲口棚的一间小屋里。也许人哑了，连鼾声都发不出来，人们说他睡觉时无声无息的。老哑巴很爱花，春天时，他在场院的围栏旁播上几行花籽，到了夏天，五颜六色的花不仅把暗淡陈旧的围栏装点出了生机，还把蜜蜂和蝴蝶也招来了。就是那些过路的人见了那些花儿，也要多望上几眼，说，这老哑巴种的花可真鲜亮啊，他娶不上媳妇，一定是把花当媳妇给伺候和爱惜着了！

（6）有一年春天，生产队接到一个任务，要为一座大城市的花园挖上几千株的达子香花。活儿来得太急，人手不够，队长让老哑巴也跟着上山了。老哑巴很高兴，因为他是爱花的。达子香花才开，它们把山峦映得红一片粉一片的。老哑巴看待花的眼神是挖花的人中最温柔的。晚上，社员们就宿在山上的帐篷里。由于那顶帐篷只有一道长长的通铺，男女只能睡在一起。队长本想在通铺中央挂上一块布帘，使男女分开，但帐篷里没有帘子。于是，队长就让老哑巴充当帘子，睡在中间，他的左侧是一溜儿女人，右侧则是清一色的男人。老哑巴开始抗议着，他一次次地从中央地带爬起，但又一次次地在大家的嬉笑声中被按回原处。后来，他终于安静了。后半夜，有人起夜时，听见了老哑巴发出的隐约哭声。

（7）从山上归来后，老哑巴还在生产队里铡草。一早一晚的，仍能听见铡刀"嚓——嚓嚓——"的声响，只不过声音不如以往清脆，不是铡刀钝了，就是他的气力不比从前了。那一年，他没有在场院的围栏前种花，也不爱打扫院子，常蜷在个角落里打瞌睡。队长嫌他老了，学会偷懒了，打发了他。他从哪里来，是没人知道的，就像我们不知他扛着行李卷又会到哪里去一样。我们的小镇仍如从前一样，经历着人间的生离死别和大自然的风霜雨雪，达子香花依然在春天时静悄悄地绽放，依然有接替老哑巴的人一早一晚地为牲口铡着草料，但我们总觉得少了点什么。原来这小镇是少了一个沉默的人——

（8）一个永远无法在春天里歌唱的人！

1. 文章开头第一段，作者用浓重的笔墨描写了春天的景色，这有什么作用？

2. 联系全文，文中画线的句子有什么深刻的含义？

3. 老哑巴的"春天"指的是什么？

4. 下列对文章有关内容的分析和概括，不正确的一项是（　　）
A.文章第(3)段在结构上，起到了承上启下的作用，承接上文的春回大地的景色描写，开启下文的老哑巴的故事。
B. 这篇文章表现了老哑巴因生理上的缺陷和社会地位低下而被人忽视、遭人嘲笑和歧视、最终遭到抛弃的命运，表达了作者对老哑巴的深切同情。
C. 本文运用了细节描写，通过对人物的外貌、动作、心理的描写刻画了老哑巴宽厚、仁慈、善良、敢于与命运抗争的形象。
D. 作品以达子香花作为贯穿全文的线索，脉络清晰，行文自然。

第三单元检测题

一、选择题

1. 下列加点字注音有错误的一项是（　　）

   A. 朱拓（tà）　　蹙缩（cù）　　榫头（sǔn）　　蹒跚（pán shān）
   B. 呜咽（yè）　　瓦砾（lì）　　舵柄（duò）　　踌躇（chóu chú）
   C. 歆享（xīn）　　狙击（jū）　　吞噬（shì）　　涟漪（lián yī）
   D. 铁砧（zhān）　　栖息（qī）　　羞赧（nǎn）　　醪糟（láo zāo）

2. 下列句子没有错别字的一项是（　　）

   A. 凛冽　嘻戏　晕眩　键钮
   B. 瞌睡　雀跃　斑斓　频率
   C. 通谍　诞生　惶惑　坚韧
   D. 辐射　气慨　竞聘　忏悔

3. 下列句子成语使用无误的一项是（　　）

   A. 参加保险，虽不能使人化险为夷，但却能在灾祸不期而至时，使投保者得到一笔赔偿，尽量减轻损失。

   B. 刚刚过去的2017年，除四川发生伏旱外，我国大部分地区风调雨顺，冬温夏清，较之往年是难得的好年景。

   C. 在繁忙而紧张的高三学习中，父母见微知著的关怀，老师循循善诱的教导，使同学们倍受感动和鼓舞。

   D. 抗洪救灾形势严峻，各级领导都坚守岗位，没有擅离职守、久假不归现象，确保了人民群众生命财产的安全。

4. 下列句子没有语病的一项是（　　）

   A. 大会上，代表们认真地注视和倾听着报告。

   B. 济南文化西路的慢行一体路使用彩色沥青打造，不但可以提升城市的景观效果，增加现代化都市气息，而且也可以避免普通沥青路面黑色的单调性，提高司机和行人的注意力。

   C. 在二十世纪八十年代的第一个春节即将来临之时，正在梦寐以求地渴望实现四个现代化的人们，却还要坐瓦特和史蒂文森时代的闷罐子车。

   D. 未来五年，国家将通过改造棚户区、建设公租房等方式，增加中低收入居民的住房供给，解决当前存在的房源不足。

5. 下列句子中，填入横线上的词语正确的一项是（　　）

①现代科技的发展日新月异，_____从前的幻想今天都有可能成为现实。

②事发当日，看守所民警值班期间未认真履行看管职责，_____离岗，外出吃饭，造成在押人员脱管。

③毋庸_____，中国优秀的民族文化是人类历史上的一笔宝贵财富。

  A. 以至　私自　质疑　 B. 以致　擅自　质疑

  C. 以致　私自　置疑　 D. 以至　擅自　置疑

6. 下列各项中标点符号使用错误的一项是（　　）

A. 在纪念马克思诞辰200周年大会上，习近平总书记发出"不断开辟当代马克思主义、21世纪马克思主义新境界"的时代强音！

B. 一株巨大的白丁香把花开在了屋顶的灰色的瓦棱上，如雪，如玉，如飞溅的浪花。

C. 美国的纽约、洛杉矶、日本的东京、法国的巴黎、英国的伦敦、中国的北京、上海，都是世界上著名的大城市，都有申办奥运会的实力。

D. "啊！地狱？"我很吃惊，只得支梧着，"地狱？——论理，就该也有。——然而也未必，……谁来管这等事……。"

7. 没有使用借代修辞手法的一项是：（　　）

  A. 孤帆远影碧空尽，惟见长江天际流。 B. 万里悲秋常作客，百年多病独登台。

  C. 黑发不知勤学早，白首方悔读书迟。 D. 吟罢低眉无写处，月光如水照缁衣。

8. 下列语段空白处依次填入三个句子，排序正确的一项是（　　）

当时间变得越发昂贵，消磨时间、降低速度的"闲"便越发奢侈。久远年代的诗词里，"海鸥无事，闲飞闲宿"，_____；"有约不来过夜半，闲敲棋子落灯花"，_____；"人闲桂花落，夜静春山空"，_____。生活的忙碌让我们怎能不怀想"闲"的飘逸。

①是何等馨香又空灵的意境　②是何等悠远又自在的心绪　③是何等寂寞又淡然的雅趣

  A. ②③①   B. ③①②

  C. ②①③   D. ①③②

9. 指出下列文学常识有误的一项（　　）

A.《一个人的遭遇》采用第一人称叙述的方式，叙述语言体现了强烈的个性色彩。

B.《四书》指的是《大学》《中庸》《论语》《孟子》。

C. "监生"是"国子监生员"的简称。明清两代进国子监（由封建中央政权建立的最高学府）读书的人叫监生。

D. 王蒙，中国现代作家、学者，1956年发表《组织部来了个年轻人》，引起极大反响。

10. 下列各句用语得体的一项是（　　）

A. 学生会经过调查研究，写出了《我校食堂服务质量调查报告》，文中提出了改进意见，并且责成学校领导研究落实。
B.听说贵公司在经营方面存在困难，你们如需要指点的话，我们将不吝赐教。
C.奉上拙著一本，鄙人才疏学浅，书中谬误甚多，特请您斧正。
D.昨日令尊不慎摔倒，蒙您及时送往医院，本人感激不尽，明日晚，将前往府上致谢。

二、诗文阅读

浣溪沙·和无咎①韵

陆 游

懒向沙头醉玉瓶，唤君同赏小窗明。夕阳吹角最关情。

忙日苦多闲日少，新愁常续旧愁生。客中无伴怕君行。

【注】①韩元吉，字无咎，南宋许昌人，与陆游友善，多有唱和。陆游通判镇江时，韩无咎从江西来镇江探母，陆游与其交游两月。《浣溪沙》作于韩无咎即将离开镇江之际。

1.下列对这首词的赏析，不恰当的一项是（　　）

A.首句写词人与朋友不愿舍近求远去沙洲边饮酒，只想和友人一起欣赏窗外风景。

B.开头两句把词人不忍分别的心情表述得含蓄婉转，字里行间散发着依恋不舍之情。

C.夕阳晚照，吹角悠扬，作者与友人尽情欣赏这美丽的景色，暂时忘却分别的忧伤。

D.因为整天忙碌，清闲的日子太少，所以词人总感觉生活不快乐、太苦闷。

2.结合全词，对作者的"愁"分析有误的一项是（　　）

A.对镇江边防的安危的忧虑与关切。南宋时，镇江为抗金边防前线，吹角声乃军队行动的号令。陆游作为一名戍边官员，自然对此最为关切，因此诗人说"夕阳吹角最关情"。

B.送别朋友繁杂事多的离愁。

C."忙日苦多闲日少"的劳累。

D.对朋友旅途孤行无伴的担忧和对朋友远行后自己的孤单无友的忧虑。

三、科技文阅读

　　疫病是随着人类进入农耕社会形成规模的聚居而发生的，并往往随着族群迁徙、商贸往来、征战侵略而传播。疫病对人们的社会行为、生活方式、思想与世界观的变革产生了重大的影响，甚至促进了各种社会的转型。

　　在14—17世纪从地中海地区传到欧洲大部分地区的"黑死病"瘟疫产生的影响是历史性和世界性的。首先，欧洲西部的封建制度受到沉重打击。"黑死病"涉及地区人口死亡多达1/4甚至1/2，造成了劳动力的奇缺，封建庄园对农奴的人身束缚不得不松弛以至瓦解，封建等级制的土地占有关系也难以维持，人对于自身生命、成就、价值观念在这场瘟疫的冲击中开始发展，人文主义的思潮涌现出来。文艺复兴正是在这个时期兴起的，这也是由于天主教会传统的信条和仪式在瘟疫和死亡面前显得软弱无力，许多人不得不思考自己如何在非常的环境中拯救自己，文艺复兴的思想对他们就有强烈的吸引力，因为它表现了对健康、完美与幸福的向往。

瘟疫在欧洲人的地理大发现和殖民侵略中起到了更可怕的作用。法国史学家拉杜里称之为"疫病带来的全球一体化"。哥伦布"发现新大陆"和随着而来的西班牙、葡萄牙殖民者入侵美洲，他们带来的疫病成为美洲本地人最大的杀手。美洲本地人在孤立的状态下，对外来的疾病毫无抵抗力，绝大多数在西方殖民者入侵后100年中陆续死亡。这就为欧洲人征服美洲并大量殖民提供了条件，但也造成了劳动力短缺的问题。后来上千万非洲黑人被运往美洲当奴隶，特别是运到加勒比海、巴西等美洲本地人灭绝殆尽的地方。当然，美洲也将梅毒等疫病传到欧洲，梅毒的出现对欧洲近代性伦理及生活方式也有很大影响。此后，欧洲殖民者对澳洲和大洋洲的入侵，也使当地居民的大多数因其带来的疫病而死亡。欧洲殖民者在全世界的侵略扩张也带来了疾病的全球一体化，它影响到了今天世界人口的分布和"西方人"在其中的优势地位。

在世界历史上几次重大转折中，瘟疫都扮演了一个重要角色。如果不能沿着正确的方向以正确的方式应对疫病带来的挑战，这个社会与这种文化就会衰亡，反之这个社会与文化就会延续发展。在解开许多古代文明的兴亡之谜时，疫病是值得考虑的一个重要因素。现代社会尽管有了先进的科技与医疗手段，但从艾滋病到"非典"的一系列的疫病流行，说明人类与疫病的斗争仍将继续下去。

（选自《新华文摘》2004年第2期）

1. 下列不属于"黑死病"造成的影响的一项是（　　）

A. 封建庄园中的农奴获得了更多的自由。

B. 封建等级制的土地占有关系受到极大冲击。

C. 给文艺复兴运动的兴起带来了难得的机遇。

D. 人们开始产生了对健康、完美与幸福的向往。

2. 第三段说"瘟疫在欧洲人的地理大发现和殖民侵略中起到了更可怕的作用"，下列不能说明这一观点的一项是（　　）

A. 绝大多数美洲人在西方殖民者入侵后100年中陆续死亡。

B. 上千万非洲黑人被贩运到美洲本地人稀少的地方充当奴隶。

C. 梅毒的传入对欧洲近代性伦理及生活方式产生了大的影响。

D. 澳洲和大洋洲的大多数当地居民因染上外来的疫病而死亡。

3. 下列对文章内容的理解，正确的一项是（　　）

A. 疫病影响了人们的生活方式，是促进社会转型的重要因素。

B.14—17世纪发生在欧洲的瘟疫动摇了人们对天主教的信仰。

C.欧洲殖民者采用传播疫病的手段实现他们侵略扩张的目的。

D.每个古代社会的衰亡都与瘟疫的流行有着较为密切的关系。

4.根据原文所给的信息，以下推断正确的一项是（　　）

A.美洲瘟疫的流行为欧洲殖民者加速侵略扩张提供了便利。

B.现在人口较稠密的地区在历史上都没有发生过大的瘟疫。

C.如果能正确应对瘟疫的挑战，当时的楼兰国就不会消失。

D."非典"的流行，说明目前我国的科技和医疗水平还很落后。

四、填空题

1.《祝福》选自鲁迅先生写的小说集 _____ 。

2.《春之声》是运用 _____ 手法写成的小说。

3.《一个人的遭遇》的作者是 _____ （国籍）的肖洛霍夫，他获得了1965年的诺贝尔文学奖。

4.海明威的语言简明，形成了一种 _____ 风格。

5.《等待散场》是一部 _____ 。（文体）

五、应用文写作

刘晶接到学校团委通知，让她于5月7日去保定市参加"中职生创新杯"演讲比赛，5月7日不能到校上课，需请假一天，请你代刘晶给她的班主任闫老师写一则请假条。（200字以内）

六、现代文阅读

故园春

柯　灵

故乡的三月，是田园诗中最美的段落。

桃花笑靥迎人，在溪边山脚，屋前篱落，浓浓得宜，疏密有致，尽你自在流连，尽情欣赏。不必像上海的摩登才子,老远地跑到香烟缭绕的龙华寺畔,向卖花孩子手中购取,装点风雅。

冬眠的草木好梦初醒,抽芽,生叶,嫩绿新翠,妩媚得像初熟的少女,不似夏天的蓊蓊郁郁,少妇式的丰容盛鬋。

油菜花给遍野铺满黄金,紫云英染得满地妍红,软风里吹送着青草和豌豆花的香气,燕子和黄莺忘忧的歌声……

这大好的阳春景色,对大地的主人却只有一个意义:"一年之计在于春。"春天对乡下人不代表诗情画意,却孕育着梦想和希望。

天寒地裂的严冬过去了。忍饥挨冻总算又捱过一年。自春徂秋,辛苦经营的粮食——那汗水淘洗出来的粒粒珍珠,让地主开着大船下乡,升较斗量,满载而去。咬紧牙齿,勒紧裤带,渡过了缴租的难关,结账还债的年关,好容易春天姗姗地来了。

谢谢天!现在总算难得让人缓过一口气,脱下破棉袄,赤了膊到暖洋洋的太阳下做活去。

手把锄头,翻泥锄草,一锄一个美梦,巴望来个难得的好年景。虽说惨淡的光景几乎一年不如一年,春暖总会给人带来一阵欢悦和松爽。

在三月里,日子也会照例显得好过些。"春花"起了:春笋正好上市,豌豆蚕豆开始结荚,有钱人爱的就是尝新;收过油菜子,小麦开割也就不远。春江水暖,鲜鱼鲜虾正在当令,只要你有功夫下水捕捞。……干瘪的口袋活络些了,但一过春天,就得准备端午节还债,准备租牛买肥料,在大毒日头底下夫耘田种稻。挖肉补疮,只好顾了眼前再说。

家里有孩子的,便整天被打发到垄头坡上,带一把小剪刀,一只篾青小篮子,三五结伴,坐在绿茸茸的草场上,细心地从野草中间剪荠菜、马兰豆、黄花麦果,或者是到山上去摘松花,一边劳动,一边唱着顽皮的歌子消遣。

因为大自然的慷慨,这时候田事虽忙,不算太紧,日子也过得比较舒心。——在我们乡间,种田人的耐苦胜过老牛,无论你苦到什么地步,只要有口苦饭,便已经心满意足了。地主的生活跟他们差得有多远,他们永远想不到,也不敢想。——他们认定一切都命中注定,只好逆来顺受,把指望托付祖宗和神灵。

在三月里,乡间敬神的社戏特别多。

按照历年的例规,到时候自会有热心的乡人为首,挨家着户募钱。农民哪怕再穷,也不会吝惜这份捐献。

演戏那天,村子里便忙忙碌碌,热火朝天。家家户户置办酒肴香烛,乘便祭祖上坟,朝山进香。午后社戏开场,少不更事的姑娘嫂子们,便要趁这一年难得的机会,换上红红绿绿的土布新衣,端端正正坐到预先用门板搭成的看台上去看戏。但家里的主人主妇,却很少有能闲适地去看一会儿戏的,因为他们得小心张罗,迎接客人光降。

镇上的财主也许会趁扫墓的方便,把上坟船停下来看一看戏,这时候就得赶紧泡好一壶茶，送上瓜子花生，乡间土做的黄花果糕、松花饼；傍晚时再摆开请过祖宗的酒肴，殷勤地留客款待。

夜戏开锣，戏场上照例要比白天热闹得多。来看戏的，大半是附近村庄的闲人，镇上那些米店、油烛店、杂货店里的伙计。看过一出开场的"夺头"（全武行），各家的主人便到戏台下去找寻一些熟识的店伙先生，热心地拉到自己家里，在门前早用小桌子摆好菜肴点心，刚坐下，主妇就送出大壶"三年陈"，在锣鼓声里把客人灌得大醉。

他们用最大的诚心邀客，客人半推半就："啊哟，老八斤，别拉呵，背心袖子也给拉掉了！"到后却总是大声笑着领了情。这殷勤有点用处，端午下乡收账时可以略略通融，或者在交易中沾上一点小便宜。

在从前，演戏以外还有迎神赛会。

迎起会来，当然更热闹非凡。我们家乡，三月里的张神会最出名，初五初六，接连两天的日会夜会，演戏，走浮桥，放焰火，那狂欢的景象，至今梦里依稀。可是这种会至少有七八年烟消火灭，现在连社戏也听说演得很少。农民的生计一年不如一年，他们虽然还信神信佛，但也无力顾及这些了。——今年各处都在举行"新生活运动"提灯会，起先我想，故乡的张神会也许会借此出迎一次罢？可是没有。只是大地春回，一年一度，依然多情地到茅檐草庐访问。

春天是使人多幻想，多做梦的。那些忠厚的农民，一年一年地挣扎下来。这时候又像遍野的姹紫嫣红，编织他们可怜的美梦了。

在三月里，他们是兴奋的，乐观的；一过了三月，他们便要在现实的灾难当中，和生活做艰辛的搏斗了。

1. 从字义和情感两个方面，对"那汗水淘洗出来的粒粒珍珠"一句中"珍珠"一词加以分析。

2. 文章多次出现"在三月里"，有什么作用？

3. 文章末尾说"春天是使人多幻想，多做梦的"，作者这样说的目的是什么，谈谈你由此获得的启示。

4. 文中对"故乡的三月，是田园诗中最美的段落"这句话理解错误的一项是（　　）

A. 大好阳春，花草树木开放生长，孕育着乡下人的梦想和希望。

B. 乡下孩子，在三月里边劳动，边唱着顽皮的歌子消遣。

C. 在春天的劳作，因为大自然的慷慨，春暖给人带来欢悦和松爽，心满意足。

D. 在三月里，乡间的敬神社戏和迎赛神会等活动体现民俗风情，表现了乡下人期盼来年有个好收成的美好愿望。

七、写作训练

杭州图书馆允许拾荒者、无业游民入馆，让他们在设有空调的书馆内免费阅读、看影视、上网、听音乐。图书馆对他们的唯一要求，就是把手洗干净再阅读。这个做法已经坚持了十余年。因此，杭州图书馆被称赞为"史上最温暖的图书馆"。

曾有读者对身边的流浪读者散发异味而感到不满，无法接受，说允许他们进图书馆是对其他人的不尊重。对此，馆长回答，我无权拒绝他们入内读书，您如觉不便可更换座位，或者选择离开。

对于以上事情，你怎么看？请将你的看法写一篇文章。要求综合材料内容及含义，体现你的思考。选好角度，确定立意，明确文体，自拟标题；不要套作，不得抄袭，字数不少于800字。

第四单元

十六 反对党八股

 学习目标

1. 分析理解"摆情况—论危害—挖根源—提办法"的论述思路与"分项列举,边破边立"的论证方法
2. 揣摩本文运用成语、俗语、引例、设喻使语言生动形象的方法以及语言使用的原则。
3. 了解破立之间的过渡和照应。

 文学常识

毛泽东（1893－1976），字润之，笔名子任。湖南湘潭人。中国人民的领袖，伟大的马克思主义者，无产阶级革命家、战略家和理论家，中国共产党、中国人民解放军和中华人民共和国的主要缔造者和领导人，诗人，书法家

 课文解析

本文是毛泽东同志关于整风运动的基本著作，是一篇很有特色的战斗檄文。深刻地揭露了党八股的罪状和它对革命工作的危害，论述了马克思列宁主义文风的内容，阐明了抛弃党八股、树立生动活泼新鲜有力的马克思列宁主义文风的重大意义。课文在第一段就揭示了全文论述的中心——党八股的八大罪状，然后逐段一一列出罪状加以剖析。其中1—3条是属于思想方面的内容："空话连篇，言之无物"是内容空洞，"装腔作势，借以吓人"是动机不纯，"无的放矢，不看对象"是目的不明；4、5两条是属于艺术方法方面的内容："语言无味，像个瘪三"是缺少文采，"甲乙丙丁，开中药铺"是形式主义。这5条是讲党八股的具体表现。第6条挖根源："不负责任，到处害人"是"责任心不足"。7、8两条讲危害——"流毒全党，妨害革命"及后果——"传播出去，祸国殃民"。八条罪状由表现到根源到危害，又体现了由表及里、由浅入深的原则，这完全符合人们认识事物的规律，具有严密的逻辑性。最后总结全文，指出反对党八股，树立马克思主义新文风的重大意义。

十六　反对党八股

 知识积累

1. 给下列加点字注音。

精粹（　　）　恐吓（　　）　妨害（　　）　卑劣（　　）　干瘪（　　）

乏味（　　）　枯燥（　　）　蹩脚（　　）　接洽（　　）　檄文（　　）

2. 解释下列词语。

量体裁衣：

装腔作势：

莫名其妙：

对牛弹琴：

 知识检测

一、选择题

1. 下列词语中加点字，注音全都正确的一项是（　　）

A. 憎（zēng）恨　处（chǔ）理　度（dù）德量力　安步当（dàng）车

B. 谄（chǎn）媚　檄（xí）文　循规蹈矩（jǔ）　因噎（yī）废食

C. 创（chuāng）伤　蹩（bié）脚　长吁（xū）短叹　龇牙咧（liě）嘴

D. 干瘪（biě）　褒（bǎo）奖　钟灵毓（yù）秀　舐（shì）犊情深

2. 下列词语中没有别字的一项是（　　）

A. 泛滥　海枯石烂　沦陷　语无论次

B. 浮燥　戒骄戒躁　勉励　再接再厉

C. 取缔　根深蒂固　明智　莫名其妙

D. 普及　迫不急待　泄气　一泻千里

3. 下列各句中，加点成语使用恰当的一句是（　　）

A. "嫦娥一号"发射升空已经一月有余，一切运转正常，从目前来看，它在中国航天发展史上的划时代意义是不容置喙的。

B. 央行关于第二套住房的新政策将在近日开始实施，目前各银行就第二套住房的房贷正在紧锣密鼓地制定各自的执行细则。

C. 为弘扬我国富有特色的传统文化，最近，一种将"五一黄金周"假期分散到清明、端午和中秋等佳节的休假新方案脱颖而出。

· 131 ·

D. 26岁的姚明发扬无所不为的精神，在本赛季比赛中均得26.8分和9.7个篮板球，两项指数都是全队最高的。

4. 下列各句中，没有语病的一项是（　　）

A. 人心向背，是决定一个政党、一个政权兴盛的根本因素，真正的马克思主义政党，从来都牢记这个真理。

B. 央行负责人表示，可以通过保持存款利率不变而增加贷款利率的方法来缓解外汇储备增长过快而带来的升值负担。

C. 不仅热爱科学的人们能在实践中获得成功的喜悦，享受发现与探索的无穷乐趣，而且能培养科学的精神。

D. 还没有足够的生活积累就提笔写书，一些"神童"的做法未免失之浮躁。

5. 填入下面横线上的句子，与上下文衔接最恰当的一组是（　　）

此时正是三五之夜，月亮已经爬上中天了，_____风来了，楼房和山影在水中摇曳着，显得神秘而又朦胧。

①在深蓝色的夜空上高高地悬挂着，

②高高地悬挂在深蓝色的夜空上，

③向大地散射银色的光华，

④银色的光华散射在大地上，

⑤梅河暗绿色的水里倒映着两岸的楼房和山影，

⑥梅河两岸的楼房和山影倒映在暗绿色的水里，

　　A.①④⑤　　　　B.②③⑥　　　　C.①③⑥　　　　D.②④⑤

6. 依次填入下列各句横线处的词语，最恰当的一组是（　　）

①考生在考试时遇到一时拿不准的题目，不要紧张，要冷静思考，仔细_____，认真寻求解决问题的方法。

②最近，世界上有些人把国际油价的上涨_____于中国经济的快速发展，这是毫无道理的。

③形势的发展十分迅速，_____使很多人感到惊奇。

　　A. 琢磨　归咎　以至　　　　　　B. 琢磨　归罪　以致

　　C. 捉摸　归罪　以致　　　　　　D. 捉摸　归咎　以至

7. 下列标点符号使用正确的一项是（　　）

A. 今天，无偿献血成为杭城一道亮丽的风景线，在武林门献血点，三名三、四十岁的教师分别献出200毫升鲜血。

B. 西湖之美在于精致而大气，她宛如江南女子尽显柔美情怀；又像热血男儿袒露宽阔胸怀。

C. 只有古柏知道，这昔日的野岭荒山是怎样变成了今天的繁华世界。

D."真不是和你开玩笑的。"程翔说:"如果你能出山,咱们一起想办法,这事准能完成。"

8.下列修辞手法与其他三项不同的一项是(　　)

A.土墙更加坚定地站稳了,它知道自己不能倒。

B.当她与尘世和友情之间的联系一片片脱落时,那个玄想似乎更有力地掌握了她。

C.他们挣扎着,想摆脱那毒蛇一样的钩子。

D.火车从不停下欣赏湖光山色,然而那些旅客多少是会留心这些风景的

二、填空题

1.《反对党八股》是_____同志在延安干部会上发表的讲演。

2.《反对党八股》揭露了党八股的_____和_____,阐明了采取马克思列宁主义的文风的重要意义。

三、课内阅读

党八股的第一条罪状是____a____。我们有些同志喜欢写长文章,但是没有什么内容,真是"懒婆娘的裹脚,又臭又长"。为什么要写那么长,又那么空洞的呢?只有一种解释,就是下决心不要群众看。因为长而空,群众见了就摇头,哪里还肯看下去呢?只好去欺负幼稚的人,在他们中间散布坏影响,造成坏习惯。去年六月二十二日,苏联进行那么大的反侵略战争,斯大林在七月三日发表了一篇演说,还只有我们《解放日报》一篇社论那样长,要是我们的老爷写起来,就不得了,起码得有几万字。现在是在战争时期,我们应该研究一下文章怎样写短些,写得精粹些。延安虽然还没有战争,但军队天天在前方打仗,后方也唤工作忙,文章太长了,有谁来看呢?有些同志在前方也喜欢写长报告。他们辛辛苦苦地写了,送来了,其目的是要我们看的。____b____长而空不好,短而空就好吗?也不好。我们应当禁绝一切空话。但是主要的和首要的任务,是把那些又长又臭的懒婆娘的裹脚,赶快扔到垃圾桶里去。或者有人要说:《资本论》不是很长的么?那又怎么办?这是好办的,看下去就是了。俗话说:"到什么山上唱什么歌。"又说:"看菜吃饭,量体裁衣。"我们无论做什么事都要看情形办理,文章和演说也是这样。我们反对的是空话连篇言之无物的八股调,不是说任何东西都以短为好。战争时期固然需要短文章,但尤其需要有内容的文章。最不应该、最要反对的是言之无物的文章。演说也是一样,空话连篇言之无物的演说,是必须停止的。

1.根据本文论证的内容,文中a处应填入的论点是(　　)

A.装腔作势,借以吓人

B. 空话连篇，言之无物

C. 无的放矢，不看对象

D. 甲乙丙丁，开中药铺

2. 根据上下文的联系，文中 b 处应填入的最准确的一句话是（　　）

A. 那我们就看下去。

B. 但是如何看呢？

C. 可是这一目的如何达到呢？

D. 可是怎么敢看呢？

3. 文中划线句子所使用的修辞手法是（　　）

A. 借代　　　　B. 比拟　　　　C. 借喻　　　　D. 夸张

4. 本段文字没有用到的论证方法是（　　）

A. 例证　　　　B. 引证　　　　C. 因果论证　　　　D. 比喻论证

四、拓展阅读

生命的品格

国　风

①生命是有限的，从一定意义上说，我们无法把生命延长到我们理想的程度，那我们所能做的就只有如何提高这有限生命的质量，使这有限的人生旅途更有意义。

②要懂得珍惜。珍惜每一寸光阴。要把有限的时间花在有意义的事情上。花在学习上，多读一点书，多学一点东西，多了解一点世界。少壮不努力，老大徒伤悲。花在工作上，多做一些有益于社会的事情。当我们离开这个世界时，真正做到不因虚度年华而悔恨。要珍惜一粒米、一寸布、一张纸、一支铅笔。"一粥一饭，当思来之不易；半丝半缕，恒念物力维艰。"我们享受的每一份服务，我们使用的每一件物品，都凝聚着多少人辛勤劳动的汗水。我们吃饭时只看到雪白的大米，却看不到农民在烈日的暴晒下赤脚在泥水田里耕种；我们用精美的铅笔学习写字，却不知道制造一根铅笔从伐木工人到油漆包装送到文具店，要经过多少人的劳动。要珍惜朋友之间的友谊。人海茫茫，能回首相聚是缘分。要珍惜别人对自己的每一份关爱，哪怕是一个招呼、一个微笑，滴水之恩，当涌泉相报。

③要有悲悯情怀。人生在世，要有一颗感恩的心。小时候，我们离不开别人的养育，吃着母亲的奶水长大；长大了，也离不开别人的帮助，吃着别人生产的粮食，穿着别人缝制的衣服，住着别人建造的房子；生病了，还要别人照顾，也是别人教我们读书写字。我们的每一步，都离不开别人。所以，要尊重别人，包容别人，常怀一颗慈悲的心去帮助别人。帮助了别人，自己的心灵也会得到慰藉，境界也会得到升华；"赠人玫瑰，手留余香。"

④要有面对困难的意志和勇气。人一生下来的啼哭就预示着人生就要经历种种磨难。关键是要有敢于面对苦难，有直面苦难的信心和勇气。当一个人从不计较受到了磨难，忍受磨难就不是一种惩罚，而是一件快乐的事。有时候，通过忍受磨难，才能表达真理和爱，才能唤醒人性中的良知。一个人只有敢于并勇于承受磨难，才能不断锻炼成无所不克的意志，才能不断增长道德勇气，以至可以无谓地直面死亡。孟子说："天将降大任于是人也，必先苦其心志，劳其筋骨，饿其体肤"，说的也是这个意思。

⑤人世间，我们每个人都是匆匆过客，都是一个行者，沿途的风景再好，你只能尽情地看，但不能带走；路上的客店再舒适，但你只是一个异客，不是属于你的。所以，要有一个明白头脑，把人生想透彻。在滚滚红尘中，要学会"爱惜自己的羽毛"，从而自始至终干干净净地做人，走完人生的旅程，这就是生命的品格。

1. 下列对文章内容的概括，不正确的一项是（　　）

A. 第①段强调"生命是有限的"。

B. 第②段强调"要懂得珍惜"。

C. 第③段强调"要有悲悯情怀"。

D. 第④段强调"要有面对苦难的意志和勇气"。

2. 下列论据不能有力论证第④段观点的一项是（　　）

A.《老人与海》一书中，桑迪阿果为了带回自己捕获的一条大鱼，与鲨鱼、与自然、与自己的心灵搏斗。

B.《西游记》一书中，唐僧师徒一路斩妖除魔，历经千辛万苦，终于取得真经，修成正果。

C. 培根说：幸运并非没有恐怖和烦恼，厄运并非没有安慰和希望。

D. 张海迪说："在人生的道路上，谁都会遇上困难和挫折，就看你能不能战胜它。战胜了，你就是英雄，就是生活的强者。"

3. 全文都是论"生命的品格"，第④段谈的是生命的过程要有所求，第⑤段说的是生命过程中要无所求，你认为矛盾吗？请说说你的理解。

_____

_____

十七 运用之妙，存乎一心

【学习目标】

1. 把握全文，研究探讨文章主旨，掌握正确分析观点的方法。
2. 领悟语言运用理论的内涵，把握作者的观点，领会课文的写作特色。
3. 揣摩有关意象的含义，以及和"一"字一起使用时达到的效果，体会语言运用之妙。
4. 树立正确的写作态度、生活态度。

【文学常识】

张文勋，云南省洱源县人，白族，中国现代学者。

"运用之妙，存乎一心"语出《宋史·岳飞传》，意思是所兵法运用的巧妙，全在善于思考。作者借用为题，是说语言文字的运用之妙，在于作家的匠心独运。

【课文解析】

《运用之妙，存乎一心》一文将古代文论与古典诗词鉴赏相结合，通过对生动鲜活的诗词的鉴赏，阐述了语言运用的理论，既有理论深度，又富有美感。本文分为导论、本论、结论三部分，采用了例证法、对比论证法、引用论证法等论证方法。

【知识积累】

1. 给下列加点字注音。

蓓蕾（　　）　哽咽（　　）（　　）　羌笛（　　）　龈齿（　　）
炽烈（　　）　拈断（　　）　　　　生机盎然（　　）

2. 听写下列词语并释义。

匠心独运：

五体投地：

生机盎然：

姹紫嫣红：

一叶知秋：

【知识检测】

一、选择题

1. 选出字形全对的一项（　　）

A. 迥然不同　萎缩　坚强峭拔　凄切

B. 凌霜傲雪　俊美　百鸟争喧　幽静

C. 含蓄蕴藉　韵味　瑰丽多姿　锤练

D. 离愁别绪　催残　含苞待放　钦佩

2. 选出加点字读音有误的一项（　　）

A. 盎然（àng）　偶然（ǒu）　烘托（hōng）　绽开（zhàn）

B. 蓓蕾（bèi）　哽咽（yè）　羌笛（qiāng）　炽烈（zhì）

C. 屐齿（jī）　柴扉（fēi）　浓郁（yù）　皓月（hào）

D. 赵嘏（gǔ）　满汀（tīng）　漂泊（bó）　砧杵（zhēn）

3. 依次填写在下列句子中横线处的词语，正确的一项是（　　）

①一字之改，为什么使作者＿＿＿＿得五体投地呢？

②郑谷改诗的故事，给我们以很多有益的＿＿＿＿。

③"一声何满子"，就在一声中，＿＿＿＿了宫女的千愁万恨，歌喉哽咽，刚发一声而双泪齐下，其情之凄切可知。

④用"一枝红杏出墙来"＿＿＿＿出满园春色，比正面写"姹紫嫣红"要含蓄得多，意境更为深远，更耐人寻味。

A. 佩服　启事　凝结　透露

B. 钦佩　启示　凝结　透露

C. 佩服　启示　凝聚　显露

D. 钦佩　启示　凝聚　显露

4. 下列句子中的成语使用不正确的一项是（　　）

A. 翘首西望，海面托着的是披着银发的苍山。苍山如屏，洱海如镜，真是巧夺天工。

B. 虽然没有名角亲自传授指点，但他常年在戏园子里做事，耳濡目染，各种戏路子都熟了。

C. 每当夜幕降临，饭店里灯红酒绿，热闹非凡。

D. 高县长说："全县就你一个人当上了全国劳模，无论怎么说也是凤毛麟角了！"

5. 下列各句，句意明确，没有语病的一句是（　　）

A. 汽车制造大有学问，光是外观就很讲究，外形流不流线型不是用眼睛可以看出来的，而是要经过风洞实验才能判断出来的。

B. 伪造国家货币或贩卖伪造的国家货币的，处三年以上七年以下有期徒刑，可以并处罚金或者没收财产。

C. 今天我们去参观高科技农业生产基地，走在半路上，忽然下起雨来，路滑得很，一不小心，摔了一跤，跌了个四脚朝天。

D. 在距今6000年左右，河南、陕西、甘肃等地出土的采陶器皿，所绘的花纹变化多端，绚丽多彩。

6. 填到横线上与上文衔接较好的一项是（　　）

百年来，中国人曾被讥讽为一盘散沙。_____一时间内，它凝聚不起来，这不怨沙，而怨没有吸沙的磁石。

A. 其实，这是对中国人的诬蔑，中国人的心并不散。

B. 如果硬要比做沙，那么，中国人不是泥沙，而是铁沙。

C. 其实，中国人的心并不散，这是对中国人的诬蔑。

D. 如果硬要比做沙，总有一天它会凝聚成坚固的堡垒。

7. 下列各句中没有使用对偶修辞的一项是（　　）

A. 残星几点雁横塞，长笛一声人倚楼。

B. 潮平两岸阔，风正一帆悬。

C. 出门东向看，泪落沾我衣。

D. 青山横北郭，白水绕东城。

8. 下列句子中，标点符号使用正确的一项是（　　）

A 人民群众要办的事，我们一定办；人民群众不赞成办的事，我们一定不办。

B 他带领本厂的工人，一连好几个晚上，讨论怎样对待困难？

C. 鲁迅先生写的："横眉冷对千夫指，俯首甘为孺子牛。"正是他自己的写照。

D. 吟唱岳飞的"满江红"，文天祥的"正气歌''和陆游的"示儿"，我们能受到爱国主义精神的感染。

9. 下列句子中运用比喻的一项是（　　）

A. 它肯定会是一部分心血凝结成的作品，字字都能滴得出血和泪来。

B. 眼睛也像父亲一样，周围都肿得通红。

C. 她胸怀宛如大海，可以波涛大作，可以平静如镜……

D. 他们的爽朗的笑声，落到水上，使得河水也似在笑。

10. 下列各句中加的词语，运用正确的是（　　　）

A. 你明天的活动，我一定依时莅临。

B. 昨晚听说令尊欠恙。可有此事？

C. 请看我上回旅游的玉照

D. 托你的福，我的令妹已在前几天离开了广东后，在武汉找到一份不错的工作。

二、填空题

1. 《运用之妙，存乎一心》一文作者是_____，语出自_____。
2. 问君能有几多愁，_____。
3. _____，风正一帆悬。
4. 白云一片去悠悠，_____。
5. _____，一枝红杏出墙来。

三、课内阅读

诗歌是语言的艺术。古今中外伟大的语言艺术家们，对文字的运用是十分重视的，我国古代许多诗人，为了写好一首诗，反复推敲，锤字炼句，使有限的字在他们笔下，花样翻新，变化无穷，创作出瑰丽多姿的艺术品来。"吟安一个字，_____"，就是为了选择最恰当的字眼，表现出最美的意境。字典上的字，每个识字的人都可以使用，但是，同一个字在不同的人的笔下，却能发挥不同的作用。在语言大师们的笔下，文字的运用，确有点铁成金之妙。

我们只要稍为留意一下，就不难发现，一些极其普通而常用的字，在诗人的笔下，往往能使之新意层出，妙趣无穷。有些字，本属抽象的数字概念，但在诗词中却可变为生机盎然、意趣深远的艺术境界。"一"字就有如此奇妙的作用。

要说"一"字的妙用，我们很自然地就会想到"一字师"的故事：

郑谷在袁州，齐己携诗诣之。有《早梅》诗云"前村深雪里，昨夜数枝开"，谷曰："'数枝'非早也，未若'一枝'。"齐己不觉下拜，自是士林以谷为一字师。（《诗人玉屑》卷六）

所谓"一字师"就是说改了一个字，即把"数"字改为"一"字。一字之改，为什么使作者钦佩得五体投地呢？看来，其中是有妙趣的。诗题为《早梅》，写的是梅，而立意则应在早字：一场大雪下过，深深的积雪覆盖万物，但坚毅独拔的梅花，却迎风斗雪，傲然开放。诗中所写的是含苞待放的早梅，它并不因风雪摧残而萎缩凋零，反而以一种不可抗拒的力量，在深雪里绽开蓓蕾。如果是开了数枝，说明已开放了几天了，如果是一树梅花，那就更是花开已久了。"一枝开"既表现其早，还使人感到无数蓓蕾将迎着严酷的风雪，不断怒放。唯其"一枝"，才表现出坚强峭拔的品格和生命力，这样，诗的意境才符合"早梅"二字的命意。由此可见，"一"字虽属数的概念，但在表现"早梅"的意境中，却起了如此巨大的作用。当然，这并不是说，写早梅就只有这种写法，也有人以盛开的梅花描写早梅的，例如张谓《早梅》云："一树寒梅白玉条，迥临村路傍溪桥。不知近水花先发，疑是经冬雪未销。"但这写的是另一种意境，和齐己的诗是迥然不同的。

郑谷改诗的故事，给我们以很多有益的启示。我们还可以从古典诗词中，找出"一"字的许多用法，诗人们赋予它以种种特殊的表现力。前面谈到的《早梅》诗，表现的是一种凌霜傲雪、蓓蕾初放的意境，人们在深雪覆盖之下，感到生命的力量，看到新生的象征。但是，在另外一些诗中，"一"字却被用来表现孤傲、突出的形象，例如，传说为王安石所作的"浓绿万枝红一点，动人春色不须多"，就属这一类。这两句诗写的是春色，动人的春色比比皆是，作者独选择了"浓绿万枝红一点"这样一个典型的细节，使得动人的春色集中在"红一点"上表现出来，构成非常鲜明出众的艺术形象，形成意在言外的艺术意境。好就好在这"一点"，如果是"红万点"，恐怕就没有韵味了。"动人春色不须多"，是"红一点"的说明，它也包含着深刻的美学意义：审美趣味是多样化的，百花盛开、百鸟争喧、乱云飞渡、万众高歌，这些场面会给人一种欢快热烈的美感，也许，那是属于阳刚之美吧？但是，用"一"字去表现的种种境界，却使人感到另外一种美。这种美的意境，往往使读者感到或幽静凄凉，或超群出众，或清高孤傲，或闲适雅致，也可以说是属阴柔之美。其特点是含蓄蕴藉，饶有余味，"一"字在此，具有"以少总多""一以当十"的艺术效果。

1. 补写出画横线处的语句。

2. 第一段哪句话表明了作者的见解？

3. 作者认为"一"这一抽象的数字概念，在诗词中却可变为生机盎然、意趣深远的艺术境界。那么，"一"字有哪些特殊的表现力呢？其艺术效果如何？

4.作者认为郑谷将"前村深雪里,昨夜数枝开"中的"数枝"改为"一枝"改得好。你是否也认同这种改法?请说说理由。

四、拓展阅读

让高贵与高贵相遇

鲍尔吉·原野

有泪水在,我感到自己仍然饱满。

对不期而至的泪水,我很难为情。对自己,我不敢使用伟岸、英武这样高妙的词形容,但还算粗豪的蒙古男人。这使我对在眼圈里转悠的泪水的造访很有些踟蹰。

我的泪水是一批高贵的客人,它们常在我听音乐或读书的时候悄然来临。譬如在收音机里听到德沃夏克《自新大陆》第二乐章黑人音乐的旋律,令人无不思乡。想到德沃夏克这个捷克农村长大的音乐家,在纽约当音乐学院院长,但时刻怀念自己的故土。一有机会,他便去斯皮尔威尔——捷克人的聚居地,和同胞一起唱歌。"3 5 5 — | 3·21 — | 2·353 | 2 — — — |"。我的泪水也顺着这些并不曲折的旋律线爬上来。譬如读乌拉圭女诗人胡安娜·伊瓦沃罗的诗集《清凉的水罐》,诗人在做针线活时,窗外缓缓走过满载闪光的麦秸的大车,她说:"我渴望穿过玻璃去抚摸那金色的痕迹。"她看到屋里的木制家具,想:"砍伐多少树才能有这一切呢?露水、鸟和风儿的忧伤。……在光闪闪的砍刀下倒下的森林的凄哀心情。"读诗的时候,心情原本平静,但泪水会在此优美的叙述中肃穆地挤上眼帘。读安谧的诗集新作《手拉手》,说"透过玫瑰色暮霭的轻纱/我看到河边有个光脚的女孩/捧一尾小鱼/小心翼翼向村口走去"。这时,你想冲出门去,到村口把小女孩手里的鱼接过来。那么,在地上洒满白露的秋夜,在把身子喝软、内心却异常清醒的酒桌上,在照片上看到趴在土坯桌上写字的农村孩子时,蓦然想起小心翼翼的小女孩,捧着小鱼向村口走去时,难免心酸。

那么,我想:我不是一个多愁善感的人,为何会常常流泪?一个在北国的风雪中长大的孩子,一个当抄家的人踹门而入时贴紧墙壁站着的少年,一个肩扛檩子登木头垛被压得口喷鲜血的知青;我,不应该流泪,在苦难中也没有流过泪水。生活越来越好了,我怎么会变得"儿女沾巾"呢?至今,我的性格仍强悍。

后来我渐渐明白了一点。泪水,是另外一种东西。这些高贵的客人手执素洁的鲜花,早早就等候在这里,等着与音乐、诗和世道人心中美好之物见面。我是一位司仪吗?不,我是一个被这种情景感动了的路人,是感叹者。

如果是这样,我理应早早读一些真诚的好书,听朴素单纯的音乐,让高贵与高贵见面。

旋律或词语，以及人心中美好的部分，使我想起海浪。当浪头涌来时，你盯住远处的一排，它迈着大步走过来，愈来愈近，却在与你相拥的一瞬消散了。这是一种令人惋惜的美好，我们似乎无法盯住哪一排浪。但令人欣慰的在于，远处又有浪涌来，就像使人肠热的旋律、诗和眼里的泪潮。

因而，我不必为自己难为情了。

1. 题目中提到的两种"高贵"分别指的是什么？为什么说它们是"高贵"的？

答：

（1）两种"高贵"分别指＿＿＿＿＿＿＿＿和＿＿＿＿＿＿＿＿。

（2）说它们是"高贵"是因为＿＿＿＿＿＿＿＿＿＿＿＿＿＿＿＿。（不超过15字）

2. 第三自然段写了作者听音乐或读书时泪水悄然来临的情景，分别是什么样的感情使作者流泪？（每条不超过10字）

3. 第四自然段写自己的生活经历和性格特点，这样写有什么作用？（不超过30字）

4. 下列对文章的赏析，不正确的一项是（　　　）

A. 高贵本是一个令我们敬畏的词，而作者让我们懂得：真正的高贵不是出身，不是权势，更不是金钱，她是人们心中最真最善最美的感情。

B. "当浪头涌来时，你盯住远处的一排，它迈着大步走过来，愈来愈近，却在与你相拥的一瞬消散了。这是一种令人惋惜的美好，我们似乎无法盯住哪一排浪。"此句中以"海浪"作喻，说明高贵常常来势凶猛，使得我们猝不及防，让人惋惜。

C. 文章开头一句领起全篇，表明作者自己是一个具有丰富精神世界的人。结尾一句，既收束全篇，又呼应开头，表达了自己的欣慰之情。

D. 作者综合运用了记叙、描写、抒情、议论等多种表达手法，细腻真切地向读者展示了自己"高贵"的情感世界。

十八 运用之妙，存乎一心

1. 了解作者的观点及论证角度。
2. 梳理、总结文中提到的语言运用的理论。
3. 在理解的基础上识记文中提到的诗句。

张文勋，1926 生于云南大理。当代学者、作家、诗人、教授、文艺理论家。著有专著《中国古代文学理论论稿》、《诗词审美》、《刘勰的文学史论》、《文心雕龙探秘》等 10 余种，发表诗歌、小说、散文、评论、论文 100 余篇。

课文可以分为三部分，第一部分，通过指出诗歌是语言的艺术，诗人反复推敲锤字炼句就是为了选择最恰当的字眼表现出最美的意境，引出论述的中心：一些极其普通而常用的字在诗人的笔下往往能使之新意层出妙趣无穷。"一"字本属抽象的数字概念但在诗词中却可变为生机盎然、意趣深远的艺术境界。第二部分，以"一"字在中国古代诗歌中的妙用为例分析文字的运用之妙。第三部分结论总结上文说明在语言艺术家的笔下一个常用的"一"字就可表现出种种不同的意境来以此说明这是艺术的特殊功能。同时也指出"一"字本身既无形象也不能抒情言志，只有依附于作品中所写的具体事物才能发挥作用具有特殊的表现力。从而指出语言文字的运用之妙取决于作家的艺术才能。

1. 给下列加点字注音。

瑰丽（　　）　　盎然（　　）　　柴扉（　　）　　屐齿（　　）

一汀（　　）　　迥然（　　）　　蕴藉（　　）　　蛰伏（　　）

哽咽（　　）　　羌笛（　　）　　砧杵（　　）　　李煜（　　）

2. 解释下列词语。

运用之妙，存乎一心：

点铁成金：

峭拔：

姹紫嫣红：

蛰伏：

蕴藉：

知识检测

一、选择题

1. 下列词语中，加点字的读音完全正确的一组是（　　）

A. 坍圮（qǐ）　　熨（yù）帖　　恪（kè）守不渝　　文采斐（fěi）然

B. 颤（zhān）栗　　颓垣（yuán）　　凝神屏（bǐng）息　　自怨自艾（ài）

C. 孝悌（tì）　　赧（nǎn）然　　瞠（chēng）目结舌　　纵横捭（bǎi）阖

D. 削（xiāo）平　　百舸（gě）　　余勇可贾（gǔ）　　毁家纾（shū）难

2. 下列各组没有错别字的一组是（　　）

A. 恣意妄为　　蓬荜生辉　　乔装打扮　　以逸待劳

B. 出奇制胜　　敲榨勒索　　摩拳擦掌　　绿草如荫

C. 如不付出　　切肤之痛　　要言不烦　　墨守成规

D. 大放厥词　　自立更生　　惨绝人寰　　卷帙浩繁

3. 依次填入下面两句话中横线上的词语，正确的一组是（　　）

①为了人民的教育事业，他无怨无悔地奋斗_____，就在他办_____大事的那一天，整个白天他仍然站在讲台上。

②对于玩忽职守造成重大危害的人，一定要按_____严肃处理，处以_____，而不应姑息迁就。

A. 终身　　终生　　刑法　　刑罚

B. 终生　　终身　　刑罚　　刑法

C. 终身　　终生　　刑罚　　刑法

D. 终生　　终身　　刑法　　刑罚

4. 下列句子中，成语使用正确的一项是（　　）

A. 这次商品博览会，聚集了全国各地各种各样的新产品，真可谓浩如烟海，应有尽有。

B. 我们虽然缺乏管理经验，但可以向先进企业学习，起初可能是邯郸学步，但终究会走出自己的路来。

C. 运动会上，他借的一身衣服很不合身，真是捉襟见肘。

D. 该研究所在其旁征博引的2005年度报告《重要现象》中写道，中国在世界经济强劲增长的过程中起了重要作用。

5. 下列各句中，没有语病的一句是（　　）

A. 可燃冰是海底极有价值的矿产资源，足够人类使用一千年，有望取代煤、石油和天然气，成为21世纪的新能源。

B. 根据气象资料分析，长江中下游近期基本无降雨过程，仅江苏和浙江的部分地区可能有短时小到中雨。

C. 北京奥运会火炬接力的主题是"和谐之旅"，它向世界表达了中国人民对内致力于构建和谐社会，对外努力建设和平繁荣的美好世界。

D. 国家知识产权局有关负责人认为，国内专利申请的持续快速增长，表明我国公众的专利意识和研究开发水平不断提高。

6. 填入横线处语句排列正确的一项是（　　）

我们在海边一家简易旅馆住下。_____，令人加倍感到荒凉、阒寂。
①很宽敞　②夜色阴森　③空谷足音一般　④窗户敞开着　⑤杂着犬吠、鸦啼　⑥客房在楼上　⑦林木缝隙中闪现出几星渔火

A. ⑦②⑤⑥①④③　　　　　B. ⑥①④②⑦⑤③

C. ⑦⑤③⑥①④②　　　　　D. ⑥①④③⑦②⑤

7. 下面句子标点使用正确的是（　　）

A. "啊，谢谢老天爷"小鸭舒了一口气："我丑得连猎狗也不咬我了！"

B. 为什么说黄河"浊流宛转，结成九曲连环？"

C. 到了江南，我才理解了"杂花生树，群莺乱飞。"这两句话的好处。

D. "金无足赤，人无完人。"这句话的意思是说，任何人都不可能十全十美。

8. 对下列广告语的修辞手法判断正确的一组是（　　）

①人类失去联想，世界将会怎样？

②牛奶香浓，丝般感受。

③只要您拥有春兰空调，春天就永远陪伴着您。

④神仙饮琼浆玉液长生不老，百姓喝莲塘高粱欢乐健康。

A. ①双关　②对偶　③夸张　④对比　　B. ①双关　②对比　③拟人　④对偶

C. ①比喻　②夸张　③夸张　④对比　　D. ①双关　②比喻　③拟人　④对偶

二、填空题

1. 本文选自_____，作者_____，云南洱源人，白族，中国现代学者。著有《儒道佛美学思想探索》、《华夏文化与审美意识》。

2. "运用之妙，存乎一心"，语出_____，意思是说兵法运用的巧妙，全在善于思考。本文借此为题，是说：_____。

三、课内阅读

诗歌是语言的艺术。古今中外伟大的语言艺术家们，对文字的运用是十分重视的，我国古代许多诗人，为了写好一首诗，反复推敲，锤字炼句，使有限的字在他们笔下，花样翻新，变化无穷，创作出瑰丽多姿的艺术品来。"吟安一个字，_____"，就是为了选择最恰当的字眼，表现出最美的意境。字典上的字，每个识字的人都可以使用，但是，同一个字在不同的人的笔下，却能发挥不同的作用。在语言大师们的笔下，文字的运用，确有点铁成金之妙。

我们只要稍为留意一下，就不难发现，一些极其普通而常用的字，在诗人的笔下，往往能使之新意层出，妙趣无穷。有些字，本属抽象的数字概念，但在诗词中却可变为生机盎然、意趣深远的艺术境界。"一"字就有如此奇妙的作用。要说"一"字的妙用，我们很自然地就会想到"一字师"的故事：

郑谷在袁州，齐己携诗诣之。有《早梅》诗云"前村深雪里，昨夜数枝开"，谷曰："'数枝'非早也，未若'一枝'。"齐己不觉下拜。 自是士林以谷为一字师。（《诗人玉屑》卷六）

所谓"一字师"就是说改了一个字，即把"数"字改为"一"字。一字之改，为什么使作者钦佩得五体投地呢？看来，其中是有妙趣的。诗题为《早梅》，写的是梅，而立意则应在早字：一场大雪下过，深深的积雪覆盖万物，但坚毅独拔的梅花，却迎风斗雪，傲然开放。诗中所写的是含苞待放的早梅，它并不因风雪摧残而萎缩凋零，反而以一种不可抗拒的力量，在深雪里绽开蓓蕾。如果是开了数枝，说明已开放了几天了，如果是一树梅花，那就更是花开已久了。"一枝开"既表现其早，还使人感到无数蓓蕾将迎着严酷的风雪，不断怒放。惟其"一枝"，才表现出坚强峭拔的品格和生命力，这样，诗的意境才符合"早梅"二字的命意。由此可见，"一"字虽属数的概念，但在表现"早梅"的意境中，却起了如此巨大的作用。当然，这并不是说，写早梅就只有这种写法，也有人以盛开的梅花描写早梅的，例如张谓《早梅》云："一树寒梅白玉条，迥临村路傍溪桥。不知近水花先发，疑是经冬雪未销。"但这写妨是另一种意境，和齐己的诗是迥然不同的。

郑谷改诗的故事，给我们以很多有益的启示。我们还可以从古典诗词中，找出"一"字的许多用法，诗人们赋予它以种种特殊的表现力。前面谈到的《早梅》诗，表现的是一种凌霜傲雪、蓓蕾初放的意境，人们在深雪覆盖之下，感到生命的力量，看到新生的象征。但是，在另外一些诗中，"一"字却被用来表现孤傲、突出的形象，例如传说为王安石所作的"浓绿万枝红一点，动人春色不须多"，就属这一类。这两句诗写的是春色，动人的春色比比皆是，作者独选择了"浓绿万枝红一点"这样一个典型的细节，使得动人的春色集中在"红一点"上表现出来，构成非常鲜明出众的艺术形象，形成意在言外的艺术意境。好就好在这"一点"，如果是"红万点"，恐怕就没有韵味了。"动人春色不须多"，是"红一点"的说明，它也包含着深刻的美学意义：审美趣味是多样化的，百花盛开，百鸟争喧，乱云飞渡，万众高歌，这些场面会给人一种欢快热烈的美感，也许，那是属于阳刚之美吧？但是，用"一"字去表现的种种境界，却使人感到另外一种美。这种美的意境，往往使读者感到或幽静凄凉，或超群出众，或清高孤傲，或闲适雅致，也可以说是属阴柔之美。其特点是含蓄蕴藉，饶有余味，"一"字在此，具有"以少总多"、"一以当十"的艺术效果。

1. 补写出画横线处的语句。

_____

2. 第一段哪句话表明了作者的见解？

3. 作者认为"一"这一抽象的数字概念在诗词中却可变为生机盎然、意趣深远的艺术境界。那么"一"字有哪些特殊的表现力呢？其艺术效果如何？

4. 作者认为郑谷将"前村深雪里，昨夜数枝开"中的"数枝"改为"一枝"改得好。你是否也认同这种改法？请说说理由。

四、拓展阅读

生命的灯

①一个漆黑的夜晚一个远行寻佛的苦行僧走到一个荒僻的村落中。漆黑的街道上络绎的村民们在默默地你来我往。

②苦行僧转过一条巷道他看到一团晕黄的灯从巷道的深处静静地亮起来。身旁的一位村民说"孙瞎子过来了。"

③苦行僧百思不得其解。一个双目失明的盲人，他没有白天和黑夜的一丝概念。他看不到鸟语花香，看不到高山流水，看不到柳绿桃红的世界万物，他甚至不知道灯光是什么样子的，他挑一盏灯笼岂不令人迷惘和可笑？那灯笼渐渐近了，晕黄的灯光渐渐从深巷移游到了僧人的芒鞋上。百思不得其解的僧人问道"敢问施主真的是一位盲者吗？"那挑灯笼的盲人告诉他"是的，从踏进这个世界我就一直双眼混沌。"

④僧人问"既然你什么都看不见那你为何挑一盏灯笼呢？"盲者说："现在是黑夜吧？我听说在黑夜里没有灯光的映照那么世界上的人都和我一样是盲人所以我就点燃了一盏灯笼。"僧人若有所悟地说"原来您是为别人照明了？"但那盲人却说："不，我是为自己！"

⑤为你自己？僧人又愣了。盲人缓缓问僧人说："你是否因为夜色漆黑而被其他人碰撞过？"僧人说："是的就在刚才又被两个人不留心碰撞过。"盲人听了就得意地说："但我就没有。虽说我是盲人，我什么也看不见，但我挑了这灯笼，既为别人照亮，也更让别人看到我自己，这样，他们就不会因为看不见而碰撞我了。"

⑥苦行僧听了顿有所悟。他仰天长叹说"我天涯海角奔波寻觅我佛没想到佛就在我身边哦拟人的佛性就像一盏灯只要我点亮了即使我看不见佛但佛会看到我自己的。"

⑦是的，点亮属于你自己的那盏生命之灯，既照亮了别人，更照亮了你自己，只有先照亮别人，才能够照亮我们自己。为别人点燃我们自己的生命之灯吧！这样，在生命的夜色里，我们才能找到自己的平安和灿烂！

⑧只有为别人点燃一盏灯，才能照亮我们自己。

1. 第⑤段开头写到"为你自己？僧人又愣了。"请简述僧人第一次"愣"的原因。（不超过12个字）

2.苦行僧"我天涯海角奔波寻觅我佛没想到佛就在我的身边哦!"他所悟出的"佛"的内涵包括哪些?请根据文意,用自己的语言分三个层次概括。

3.本文在表现主旨上主要运用了哪些手法请分点作简要分析。

4.下列对这篇文章的赏析正确的两项是(　　　)

A.作者善于叙事,精心构思情节,将一个平常简单的生活故事演绎得曲折起伏、耐人寻味。

B.第②段中"静静地"一词表现盲者安然的心态,是他对佛的透彻的参悟、对佛性的透彻理解的表现。

C.第①段中"荒僻"一词与第⑥段中"天涯海角"一词相呼应,突出苦行僧寻觅的坚苦。

D.第①段里作者用"漆黑的夜晚"、"漆黑的街道"来象征黑暗的社会,表达形象,寓意深刻。

E.本文题为"生命的灯",作者借想象中的灯表达对于人生价值的深刻思考。

十九 音乐就在你心中

【学习目标】

1. 理解课文的中心论点和课文的三个分论点的设置手法。
2. 掌握课文中主要的修辞手法和重要句子的理解
3. 理解作者的音乐主张和论证过程。

【文学常识】

陈钢（1935— ）著名作曲家，上海人。早在上海音乐学院学习时，就以小提琴协奏曲《梁山伯与祝英台》（与何占豪合作）蜚声中外乐坛。以后又创作了《金色的炉台》、《苗岭的早晨》、《阳光照耀着塔什库尔干》等小提琴独奏曲。小提琴协奏曲《王昭君》在 1996 年"中国小提琴协奏曲新作会展"中获奖。他还创作了中国第一首竖琴协奏曲和第一首双簧管协奏曲。现任上海音乐学院教授。著有散文集《黑色浪漫曲》、《三只耳朵听音乐》等。

【课文解析】

这是一篇文艺随笔。它注重内容的知识性，它不像规范的论文那样，注重逻辑和理论论证，而是选用富有趣味性的材料作铺垫，从中引出对某种观点和哲理的议论，再与文学领域的有关话题联系起来加以评论。本文的中心论点："音乐就在你心中"。三个分论点："乐为心声"、"乐为多声"、"乐为无声"。结构很有特色，且易仿写采用了"总—分"的论证结构。

十九 音乐就在你心中

【知识积累】

1. 给下列加点字注音。

解剖（　　）　　绽开（　　）　　钥匙（　　）　　温馨（　　）

氛围（　　）　　遐想（　　）　　喝彩（　　）　　朦胧（　　）

2. 解释下列词语。

正襟危坐：

【知识检测】

一、选择题

1. 下列词语中加点的字，读音全都正确的一组是（　　）

A. 装载（zǎi）　　绽开（zhàn）　　摇曳（yì）　　跌宕（dàng）

B. 杜撰（zhuàn）　　氛围（fēn）　　渲染（xuàn）　　绚烂（xuàn）

C. 股肱（hóng）　　倾轧（yà）　　解剖（pōu）　　鄙薄（bó）

D. 喝彩（hè）　　隽永（jùn）　　参与（yǔ）　　粗糙（cāo）

2. 下列词语书写有误的一项是（　　）

A. 题词　临摹　洪亮　赋予　勘误

B. 相片　誊写　修订　弘扬　熟稔

C. 浮燥　璀灿　苍桑　暮霭　通缉

D. 抱歉　修葺　寒暄　气概　具备

3. 依次填入下列各句横线处的词语，恰当的一组是（　　）

①这是一篇针砭时弊的文章，对当前产生的_____现象的原因分析得十分中肯。

②其实这座活生生的近代历史博物馆，应该大门_____，欢迎外宾来看看。

③其目的之一就是希望早期发现病变，_____病入膏肓；其次，就是防止可能的疏忽，宁可未雨绸缪。

④峰峦刚刚从黑夜中_____出来，人们看到了它灰蒙蒙的轮廓。

A. 腐败　打开　免除　显露　　　B. 腐败　敞开　避免　显露

C. 腐化　敞开　避免　裸露　　　D. 腐化　打开　免除　裸露

4. 下列各句中，加点的成语使用恰当的一句是（　　）

A. 少年时期的悲惨经历、艰苦岁月，经常引起他深情的遐思迩想。

B. 老经理很动情地说："搞旅游,建宾馆,无可厚非;但绝不能焚琴煮鹤任意破坏植被、水源和野外文物。"

C. 等待瞻仰遗容的人们,排着长队,万籁无声地肃立在凛冽的寒风中。

D. 经过老师的耐心启发诱导,他终于幡然悔悟,茅塞顿开,理清了解题思路。

5. 下列各句中,没有语病的一句是(　　)

A. 他经过这一段时间的写作练习,不仅能写长篇大论的理论文章,而且能写一般的应用文章。

B. 这个小镇对他是陌生的,没有熟人,没有落脚的地方,他叹息着低下了头。

C. 凡是在科学上、研究上有成就的人,不少是在客观物质条件十分艰难的情况下,经过顽强刻苦的努力才获得成功的。

D. 文艺作品里面语言的好坏,不在于它是否用了一大堆漂亮的词语,是否用了某一行业的话语,而在它的词语用的是不是地方。

6. 沙暴像魔鬼,它无情地摧毁前进道路上的所有东西;但它又是一个独具匠心的"雕塑家",_____,令人惊叹不已。(　　)

A. 一些岩石和地面常被沙暴雕琢成各种各样的"艺术"形态。

B. 各种各样"艺术"形态的岩石和地面是被沙暴雕琢成。

C. 常把一些岩石和地面雕琢成各种各样的"艺术"形态。

D. 常把一些岩石和地面雕琢成各种各样的"艺术"形态的是沙暴。

7. 对下列句子的修辞手法判断不正确一项是(　　)

A. 纽约就是这样一个音乐万花筒。(比喻)

B. 音乐他可以像雷电一样一闪间劈开你的心扉。(比喻)

C. 这个中国古训递给了我们一把解开音乐之谜的钥匙——那就是情。(比喻)

D. 音乐是什么?我——懂吗?(设问)

8. 下列句中标点使用有误的一项是(　　)

A. 我们既可以走近崇高,"抛却一切烦恼的思绪,得到一份超脱与来自内心深处的协和"(《仰视音乐》)。

B. 莫扎特、贝多芬的交响曲像空气、水流那样,轻轻地渗进了商店、办公室和人们的心中,显示出它们无限的生命力!

C. 作为多面体的现代人来说,理当会同时爱好各种音乐,这又叫三只耳朵听音乐。

D. 意大利现代诗人翁加雷蒂有一句有名的短诗:"我用无垠／把我照亮。"

二、填空题

1.《音乐就在你心中》作者是_____。

2. 本文是一篇＿＿＿＿＿＿＿＿（体裁），中心论点是＿＿＿＿＿＿＿＿。

三、课内阅读

乐为心声。这是音乐最神奇的魅力。音乐，它可以像雷电一样，一闪间劈开你的心扉，让你的心颤抖，让你的心翻腾，让你的心苞绽开朵朵鲜花。音乐，它可以"捕捉到一些快乐的影子、悲伤的痕迹；听到严酷的命运之门被沉重地敲响；嗅到从绿色田野上飘来的幽香……"（朱俊：《仰视音乐》）1981年我去美国回访小提琴大师斯特恩时，特地送了他一幅摘自〈乐记〉的条幅："情动于中而形于声。"这个中国古训递给了我们一把解开音乐之谜的钥匙——那就是情。有了真情，才有美乐。

1. 音乐"像雷电一样，一闪间劈开你的心扉，让你的心颤抖，让你的心沸腾，让你的心苞绽开朵朵鲜花。"这句话运用了什么修辞手法？它的作用是什么？

2. 音乐，它可以"捕捉到一些快乐的影子、悲伤的痕迹；听到严酷的命运之门被沉重地敲响；嗅到从绿色田野上飘来的幽香……"这句话用了引用和通感的修辞手法，作者做这样的引用目的是什么？

3. "情动于中而形于声"这句话应该怎样理解？

四、拓展阅读

善待挫折

①漫漫人生，茫茫人海，生活道路上无不充满坎坷。如生活困难，高考落榜，升职无望，体质不佳，办事受阻，无端受控等等。不管你喜欢不喜欢，不管你愿意不愿意，挫折随时都可能降临。

②应该怎样看待挫折，怎样去面对挫折呢？

③历史上许许多多仁人志士在与挫折斗争中做出了不平凡的业绩。司马迁在遭受宫

刑之后,发愤著书,写出了被鲁迅誉为"史家之绝唱,无韵之离骚"的名著《史记》。音乐家贝多芬,一生遭遇的挫折是难以形容的。他17岁失去母亲,26岁耳聋,接着又陷入了失恋的痛苦之中。对一个音乐家来说,这打击是多么的大啊!可贝多芬不消沉,不气馁,他在一封信中写道:"我要扼住命运的咽喉,它妄想使我屈服,这绝对办不到。"他始终顽强地生活,艰难地创作,成为世界不朽的音乐家。

　　④挫折虽给人带来痛苦,但它往往可以磨练人的意志,激发人的斗志;可以使人学会思考,调整行动,以更佳的方式去实现自己的目的,成就辉煌的事业。科学家贝佛里奇说:"人们最出色的工作往往是处于逆境的情况下做出的。"可以说,挫折是造就人才的一种特殊环境。

　　⑤当然,挫折并不能自发地造就人才,也不是所有经历挫折的人都能有所作为。法国作家巴尔扎克说:"挫折就像一块石头,对于弱者来说是绊脚石,让你却步不前;而对于强者来说却是垫脚石,使你站得更高。"只有抱着崇高的生活目的,树立崇高的人生理想,并自觉地在挫折中磨练,在挫折中奋起,在挫折中追求的人,才有希望成为生活的强者。(有删改)

1. 第③自然段主要运用了什么论证方法? 采用这种论证方法有什么好处?

2. 第④段"人们最出色的工作往往是处于逆境的情况下做出的" 一句中"往往"一词能否删去? 为什么?

3. 文章第⑤段加点的"绊脚石" 和"垫脚石" 的含义分别是什么?
绊脚石:

垫脚石:

4. 本文所论述的中心论点是什么?

二十　中国艺术表现里的虚和实

 学习目标

1. 把握课文由荀子的话谈起，述及绘画、舞蹈，条分缕析，思路、脉络极为清晰的特点。
2. 学习从全文总体上把握内容、融会贯通的阅读方法。
3. 从文中诸多引文和述及的作家作品中，感受民族文化的辉煌。

 文学常识

宗白华，曾用名宗之櫆，字白华、伯华，籍贯为江苏常熟虞山镇，祖籍浙江义乌。1897年出生于安徽省安庆市小南门，毕业于同济大学，1986年12月20日逝世，中国现代新道家代表人物、哲学家、美学大师、诗人，南大哲学系代表人物。

1949到1952年任南京大学教授，1952年院系调整，南京大学哲学系合并到北大，之后一直任北京大学哲学系教授。曾任中华美学学会顾问和中国哲学学会理事。宗白华是我国现代美学的先行者和开拓者，被誉为"融贯中西艺术理论的一代美学大师"。著有《宗白华全集》及美学论文集《美学散步》《艺境》等。

 课文解析

课文的标题指出了本文的论述重点：中国艺术表现里的虚和实。这"中国艺术"，包括诗歌、戏曲、绘画、书法、建筑、印章、音乐、舞蹈等，主要论述了绘画和戏曲。"虚和实"，指中国艺术中表现空间上的虚实结合、虚实相生。实际上，课文重点论述的是：中国绘画、戏曲艺术空间表现方面的虚实结合、虚实相生。把握课文内容，首先要理清全文的思路。第1至6段，主要是提出文章的观点，即："全"和"粹"、"虚"和"实"辩证地统一、结合，是中国艺术传统中的重要表现手法。第7至12段，主要阐述中国绘画、戏曲空间表现方法：虚实结合、虚实相生。第13段至结尾，主要说明中国绘画、书法、戏剧、建筑里的空间感和空间表现，都是由舞蹈动作延伸，展示出虚灵的空间。这是它们的共同特征。可以说，全文论述从抽象到具体，层层深入，最终使读者信服作者的观点。

第四单元

 知识积累

1. 给下列加点字注音。

尘滓（　　）　　削弱（　　）　　帛画（　　）　　赘疣（　　）

扼（　　）要　　位置相戾（　　）　　卖弄（　　）　　出类拔萃（　　）

2. 辨析下列两组近义词。

贯穿　　　　洗练

贯串　　　　简练

 知识检测

一、选择题

1. 下列词语中加点的字读音全部正确的一组是（　　）

A. 赘（zhuì）疣　　僭越（jiàn）　　忍俊不禁（jīn）

B. 商榷（què）　　奇葩（bā）　　戛然而止（jiá）

C. 沉疴（kē）　　熨帖（yùn）　　渎于职守（dú）

D. 整饬（shì）　　确凿（záo）　　时乖命蹇（jiǎn）

2. 下列词语书写全都正确的一项是（　　）

A. 宛然　婉然　遥遥欲坠　凝神摒息　　B. 隐藏　蕴藏　虚实相升　峥嵘岁月

C. 含义　涵义　赫赫有名　变幻莫测　　D. 气韵　起运　游目聘怀　赏心悦目

3. 依次填入下列各句横线上的词语最恰当的一组是（　　）

①这种辩证地结合着虚和实的独特的创造手法，也 _____ 在各种艺术里面。

②由于一场不期而至的暴风雨，刚刚进行了半场的比赛被迫 _____ 。

③王渔洋、赵执信都以 _____ 的口吻说着雕塑绘画，好像它们只是自然主义的刻画现实。

④这段话 _____ 地说出中国画里处理空间的方法，也让人联想到中国舞台艺术里的表演方式和布景问题。

A. 贯穿　中止　轻视　扼要　　B. 贯串　中止　鄙视　扼要

C. 贯穿　终止　鄙视　摘要　　D. 贯串　终止　轻视　摘要

4. 下列各句中，加点的成语使用恰当的一句是（　　）

A. 现在这么乱糟糟的没有一个标准，南北口音不同，一个译者翻成一个样，随心所欲，教读者莫衷一是。

B. 推行素质教育是社会主义教育现代化的关键，具有综合性人文性质的语文教学又必然首当其冲。

C. 李伯伯拍着孩子们的肩头，语重心长地说："你们是明日黄花，是祖国的未来和希望，一定要珍惜时间，努力读书啊！"

D. 这座小学庭院狭小，房屋破旧，室内光线阴暗，同对面富丽堂皇的县委办公大楼不可同日而语。

5. 下列句子，没有语病的一句是（　　）

A. 艺术既要极其丰富地全面地表现生活和自然，又要提炼，去粗存精，提高，集中，更典型、更具普遍性地表现生活和自然。

B. 这个"真境逼"是在现实主义的意义里的，不是自然主义里的所谓逼真。这是艺术所启示的真，也就是"无可绘"和精神的体现，也就是美。"美""神""真"在这里是一体。

C. 中国艺术绘画、戏剧、书法、建筑很早就掌握了这虚实结合的手法。

D. 如果想一下子取消这种动作，代之以纯现实的，甚至是自然主义的做工，那就是民族传统，就是戏剧。

6. 下列句子中，标点符号使用正确的一项是（　　）

A. 由于"粹"，由于去粗存精，艺术表现里有了"虚"，"洗尽尘滓，独存孤迥。"

B. 例如川剧《刁窗》一场中虚拟的动作既突出了表演的"真"，又同时显示了手势的"美"，因"虚"得"实"。

C. 中国的绘画戏剧和中国另一种特殊的艺术书法，具有共同的特点，这就是它们里面都是贯穿着舞蹈精神（也就是音乐精神）。

D. 然而只讲"全"而不顾"粹"，这就是我们现在所说的自然主义。只讲"粹"而不能反映"全"，那又容易走上抽象的形式主义的道路。

7. 下列各句与修辞手法对应正确的一项是（　　）

A. 微风过处，送来缕缕清香，仿佛远处高楼上渺茫的歌声似的。——比喻

B. 我绝不像攀缘的凌霄花，借你的高枝来炫耀自己。——夸张

C. 在"文化大革命"当中，凶恶不是已经出尽风头了吗？——设问

D. 主人下马客在船，举酒欲饮无管弦。——互文、借代

8. 下面各句中，加点词语运用错误的一项是（　　）

A. 我是一名新入职的员工，作为后学，我一定积极向别人学习。

B. 经济学家关于"一带一路"的刍议，给了我很大的启示。

第四单元

C. 我校将与6月9日举办金融论坛，希望先生拨冗惠临。

D. 我虽然没有多少经验，但也希望在文化工作方面，略尽绵薄之力。

9. 根据上下文，填写在横线上的语句，排列顺序最恰当的一项是（　　）

这是怎样亲近、怎样金碧辉煌的明月啊！_____ 我陶醉在这金色的梦中了。

①她的金色的柔光滟滟地泻在广袤的大地上，远近的房屋、树梢、山影、水痕，全都泛出了浅金色的光芒。

②她又是那么圆，圆得似乎要凸出来、蹦出来了。

③她低低地挂在澄净如洗的空中，离我那么近，仿佛一伸手便可以摘下。

④我狂喜地望着这神奇的月色，仿佛走进了金色的梦境，一切都是闪闪烁烁、蓬蓬勃勃的。

⑤一阵微风吹过，四野的金光便闪闪滚动起来！

A. ③①④⑤②　　　　　　　　B. ③②①⑤④

C. ⑤②③①④　　　　　　　　D. ⑤④①③②

10. 下列各句与修辞手法对应错误的一项是（　　）

A. 生则异室，死则同穴。——对偶

B. 屋里静极了，就是掉地上一枚针，也会听得清清楚楚。——夸张

C. 当年用自己的血汗保卫过红色政权的战士们，谁不记得井冈山的青青翠竹呢？——设问

D. 谈笑间，樯橹灰飞烟灭。——借代

二、填空题

1. 《中国艺术表现里的虚和实》一文作者是美学家 _____ ，在本文中他的观点是 _____ 。

2. "中国艺术表现里的虚和实"，"虚"指 _____ "实"指 _____ 。

三、课内阅读

先秦哲学家荀子写过一篇文章，叫《劝学》。他有一句话说得极好，他说："不全不粹之不足以为美也。"这话运用到艺术美上就是说：艺术既要极丰富地全面地表现生活和自然，又要提炼，去粗存精，提高，集中，更典型、更具普遍性地表现生活和自然。

由于"粹"，由于去粗存精，艺术表现里有了"虚"，"洗尽尘滓，独存孤迥"。由于"全"，才能做到孟子所说的"充实之谓美，充实而有光辉之谓大"。"虚"和"实"辩证的统一，

才能完成艺术的表现，形成艺术的美。

……

中国传统的绘画艺术很早就掌握了这虚实相结合的手法。……我们见到一片空虚的背景上突出地集中地表现人物行动姿态，删略了背景的刻画，正像中国舞台上的表演一样。（汉画上正有不少舞蹈和戏剧表演。）

关于中国绘画处理空间表现方法的问题，清初画家笪重光在他的一篇《画筌》里说得好：

空本难图，实景清而空景现。神无可绘，真境逼而神境生。位置相戾，有画处多属赘疣。虚实相生，无画处皆成妙境。

这段话扼要地说出中国画里处理空间的方法，也让人联想到中国舞台艺术里的表演方式和布景问题。……中国舞台上一般不设置逼真的布景（仅用少量的道具桌椅等）。……演员结合剧情的发展，灵活地运用表演程式和手法……"逼真地"表达出人物的内心情感和行动，就会使人忘掉对于剧中环境布景的要求，环境布景阻碍不了表演的集中和灵活，"实景清而空景现"留出空虚来让人物充分地表现剧情，剧中人和观众精神交流，深入艺术创作的最深意境，这就是"真境逼而神境生"。……这是艺术所启示的真，也就是"无可绘"的精神的体现，也就是美。"真""神""美"在这里是一体。

做到了这一点，就会使舞台上"空景"的"现"，即空间的构成，不需借助于实物的布置来显示空间，恐怕"位置相戾，有画处多属赘疣"，排除了累赘的布景，可使"无景处都成妙境"。例如川剧《刁窗》一场中虚拟的动作既突出了表演的"真"，又同时显示了手势的"美"，因"虚"得"实"。《秋江》剧里船翁一支桨和陈妙常的摇曳的舞姿可令观众"神游"江上。八大山人画一条生动的鱼在纸上，别无一物，令人感到满幅是水。我最近看到故宫陈列的齐白石画册里的一幅画上，画一根枯枝横出，站立一只鸟，别无所有，但用笔的神妙，令人感到环绕这鸟的是一个无垠的空间，和天际群星相接应，真是一片"神境"。

（有删节）

1. 作者引用荀子名言的作用是什么？

2. 为了证明虚实辩证统一、虚实相生的观点，作者举了哪几方面的事例？

3. 中国画处理空间的方法是什么?

4. 下列关于原文内容的表述,不正确的一项是(　　)
A. 在中国传统绘画中,一片空虚的背景上突出地集中地表现人物行动姿态,运用的是虚实相结合的手法。
B. 虚实相生是中国绘画处理空间的方法,也是中国舞台艺术里空间处理的方法。
C. 笪重光认为,虚空很难画出来,实在的景物画得清晰,那么虚空的景物就显露出来了。
D. 中国舞台表演方式具有独特性,与中国绘画艺术和中国诗歌的意境相比具有优越性。

四、拓展阅读

心底藏着艺术家

奚淞

父亲突然去世,我慌忙搭机飞返台北。

令我惊骇的是母亲:她身着未换洗的灰布丧服,花白而蓬乱的头发上,胡乱别着一朵不成形的白棉线花,看见我,枯黄的脸微颤,仅咧开嘴,显示了无言而深切的哀恸。我在巴黎三年,任性地做自己艺术家的梦,不觉间,岁月竟来催讨所有积欠的债了。父亲去世后,母亲能健康而平安地活下去,应比一切都重要。

我从旧书摊买来一大堆内容轻快的杂志和小说给母亲,希望能转移她那郁结于心的哀伤。翻开书页,她的视线茫然滑开。我这才发现:她不只是失去了阅读的习惯,视力也坏到早该配老花眼镜了。我烹煮了一些肉类食物,笑闹着端到她面前,想引起她的食欲。母亲万般无奈地咬嚼两下,趁我转身,又偷偷把食物吐在碗里。我这才发现:她不只是因悲伤而忌肉食,她的牙齿早已缺损,并没有人催促她去装假牙。

谁想到一直照顾人的母亲,其实已经到了需要人照顾的时候呢?配眼镜、装假牙,母亲都顺从地做了。可是,更多的时候,母亲像是无事可做,只是一支烟接一支烟地抽,从笼罩的烟雾里,追寻往事的踪影。为逝者折纸钱的时候,母亲的手才又活了起来。银亮的冥纸,在她的手上灵巧地转动,瞬间成为平整的元宝,翻飞飘落在她膝间的竹篓里。看母亲折纸钱的手,学美术的我有了新的狂想:为什么不让她学画画呢?趁着一股孩子般胡闹的狂劲,我把画架、画板、画纸、画夹和彩笔都准备好,一股脑儿地堆置在母亲面前。

看到这一切郑重的装备，母亲呆了。以后，好一段时日，我假装不在意，却偷偷观察母亲的动态。我看到她在画架前徘徊、犹疑，终于怯生生地拿起铅笔，试着在纸上轻淡地画了如花生米般大小的孩子，然后匆匆忙忙涂抹掉，生怕别人看见。我没想到，真有这么一天，母亲会认真而着迷地画起画来呢。她从旧书里翻出一些过时的画片，以刺绣般的耐心，一笔一笔地临摹。一天，母亲在房里独自大笑起来。许久没听到母亲笑声的我，惊奇地冲进房，只看她一边笑，一边遮掩画纸。

"画得好丑，难看死了。"母亲笑着说。

我看到了，画的是一个二十世纪三四十年代穿旗袍的女人，侧身站立在镂花的窗边。稚拙的线条擦了又改，直到那苗条的女郎天真地笑起来。原来，母亲临摹的是金嗓子歌后周璇的旧照。当周璇高歌《龙华的桃花》时，也正是父亲母亲在上海相识、相恋的年代！

从记忆深处寻到图像，母亲的郁结似乎找到了宣泄的出口。她居然一张又一张地画起画来，起初画妇人、孩子，然后狂热地画起花来，黑白的画面上，开始添加颜色，由淡雅趋于绚烂。看母亲蓬着花白的头发，鼻端架着老花眼镜，聚精会神地凑近艳丽的花朵细心描绘，有时竟连炉上煮着饭菜都忘了，我才知道：在母亲心底，也藏着一个从未被人注意过的艺术家呢！这艺术家是待子女长成、丈夫去世后，才被释放出来的。

1. 请用简洁的语言概括母亲不同阶段的内心。

2. 结合上下文，阅读下列句子，回答括号中的问题。

①我在巴黎三年，任性地做自己艺术家的梦，不觉间，岁月竟来催讨所有积欠的债了。"积欠的债"在文中指什么？

②"银亮的冥纸，在她的手上灵巧地转动，瞬间成为平整的元宝，翻飞飘落在她膝间的竹篓里。"结合语境，品味加点词的表达效果。

3. 文章开头处写母亲的头发"花白而蓬乱"，表现出母亲的_____，表达了"我"的_____；结尾处表述为"蓬着花白的头发"，表现出母亲_____，表达了"我"的_____。

4. 关于题目《心底藏着艺术家》的理解有误的一项是（　　）

A. 每个人心里都有梦想，当你静下心来的时候，就会想去实现它。

B. 艺术的魅力在于，它能让你无论何时何地都尽情尽兴地活着，热爱生活，并追寻生命中的意义，释放自己的能量。

C. 心里藏着艺术家，是说母亲思念着一个对她有影响的艺术家。

D. 每个人都可能是艺术家，只是看是否能有机会把你的潜能发掘出来。

第四单元检测题

一、选择题

1. 下列词语中加点字的注音完全相同的一组是（　　）
   A. 鲜 xiān　　　鲜红　　新鲜　　屡见不鲜　　鲜为人知
   B. 强 qiǎng　　坚强　　牵强　　强词夺理　　博闻强识
   C. 供 gōng　　　供给　　供应　　提供　　　　供不应求
   D. 当 dāng　　　当家　　当代　　门当户对　　安步当车

2. 下列加点的字注音全都正确的一项是（　　）
   A. 纯粹（suì）　　领域（lù）　　　清晰（xī）　　开疆辟土（pì）
   B. 低劣（luè）　　支撑（chēng）　憾事（hàn）　　销魂勾魄（pò）
   C. 触及（chù）　　遐想（xiā）　　心弦（xuán）　毋庸赘言（zhuì）
   D. 倘若（tǎng）　洞察（chá）　　发掘（jué）　　诬天貌小（miǎo）

3. 依次填入下列文字中横线处的词语，恰当的一组是（　　）
   ①近年来，内地作家＿＿＿＿沿海地区，写出了不少以市场经济为题材的好作品。
   ②他上任以后，除旧布新，这项工作便＿＿＿＿开展起来了。
   ③他决定用最＿＿＿＿的方法，解决这个令他头痛的问题。
   A. 作客　逐渐　简洁　　　　　　B. 作客　逐步　简捷
   C. 做客　逐步　简洁　　　　　　D. 做客　逐渐　简捷

4. 下列各句中，加点的成语使用不恰当的一句是（　　）
   A. 那本介绍学习方法的书出版后，受到中小学生和家长们的热烈欢迎，一时洛阳纸贵。
   B. 入夜，月色溶溶，水天寥廓，我们或坐在树下谈笑自若，或坐在船上叩舷高歌，或立于小石桥上对月凝思。
   C. 生生不息的趣味才是活的趣味，像死水一般静止的趣味必定陈腐。
   D. 他们共同描绘了物理学的一幅优美和壮丽的图景，在音乐艺术中，他们同样能奏出扣人心弦的乐曲。

5. 下列句子中的标点符号，使用正确的一项是（　　）
   A. 第二代无绳电话采用了数字技术，主要有泛欧数字无绳电话、个人便携式电话、个人接入通信系统……等，具有双向互呼和越区切换性能。
   B. 比如，也许她的左手掌上托着一只苹果，也许是被人像柱支托着,或者是擎着盾牌？

163

抑或是玉笏?

C. 实际上,探讨爱因斯坦与艺术世界的关系,至少有两重意义:揭示科学与艺术的互补性和统一性;加深我们对艺术本质的认识。

D. 英国诗人华兹华斯说道:"一个诗人不仅要创造作品,还要能欣赏那种作品的趣味。"

6. 下列各句中,没有语病的一句是（　　）

A. 投资环境的好坏,服务质量的优劣,政府公务人员素质的高低,是地区经济健康发展的重要保证。

B. 依据纪律处罚办法,决定给予该队员停止参加今年余下所有甲级队比赛资格,并罚款人民币4万元。

C. 铭文中记载有关西周王朝单氏族内容的铜器,在这27件眉县青铜发现之前已先后出土了40多件。

D. 观摩了这次关于农村经营承包合同法的庭审以后,对我们这些"村干部"的法律水平有了很大的提高。

7. 下列句子没有使用比喻修辞的一项是（　　）

A. 活的趣味时时刻刻在发现新境界,死的趣味老是围在一个窄狭的圈子里。

B. 在他的心目中,艺术和科学之所以具有永久的魅力,并不是因为它们是两个闪闪发光、可以放在口袋里永远占有的金币,而是两个无限的、永远也没有终点的世界。

C. 从此以后,科学、艺术和哲学作为一个整体便成了支撑他一生的三大支柱,成了他的血和肉。

D. 在古典音乐的气氛中,人类精神最美丽的花朵之一——理论物理学的思路,如处于春日阳光和雨露之中。

8. 依次填入下面一段文字横线处的语句,衔接最恰当的一组是（　　）

在儒家传统中,孔孟总是形影相随,＿＿＿＿＿＿＿＿＿＿。

①既有《论语》,则有《孟子》。

②孔曰"成仁",孟曰"取义",他们的宗旨也始终相配合。

③今人冯友兰,也把孔子比作苏格拉底,把孟子比作柏拉图。

④既有大成至圣,则有亚圣。

⑤《史记》说:"孟子序诗书,述仲尼之意。"

A. ④②①③⑤　　B. ①②④⑤③

C. ①④②③⑤　　D. ④①②⑤③

9. 下列文学常识的表述错误的一项是（　　）

A. 本单元的五篇课文都与文学艺术有关,或提出进行文学艺术欣赏的方法途径,或探究文学艺术与人生的关系,或论述艺术的表现手法。

B. 朱光潜和宗白华都是当代有名的美学家，他们在各自的文章里阐述了文学欣赏的方法和中国艺术的特征。

C. "运用之妙，存乎一心"语出《宋史·岳飞传》，意思是所兵法运用的巧妙，全在善于思考。作者借用为题，是说语言文字的运用之妙，在于作家的匠心独运。

D. 赵鑫珊在自己的文章中阐述科学与艺术是背道而驰的，没有一个人既可以在科学方面取得巨大成就，同时还在艺术方面有相当深的造诣。

10. 下列句子中的加点词语，运用正确的一项是（   ）

A. 今日亲聆诸位先贤的高论，真是茅塞顿开。

B. 我们荣幸地莅临母校参加校庆活动，真是感慨万千。

C. 明天我准时到贵府上拜望，请务必在家恭候。

D. 令尊鹤发童颜，精神矍铄，真令人钦敬。

二、诗文阅读

天净沙·秋思
马致远

枯藤老树昏鸦，
小桥流水人家，
古道西风瘦马。
夕阳西下，
断肠人在天涯。

1. 对《天净沙·秋思》这首曲的赏析，不恰当的一项是（   ）

A. 这首曲的题目叫"秋思"，"秋思"的意思是"秋天的思考"。

B. "枯藤"句中的"枯藤""老树"是最有特征性的秋景，给人以萧条、寂寞、悲凉的感觉。

C. "小桥"一句读来令人亲切，可仔细想去，却更增添了"断肠人"的愁绪。

D. "断肠人"句中的"断肠人"是一位"离人"，"天涯"即"极远的地方"。

2. 对《天净沙·秋思》赏析有误的一项是（   ）

A. "小桥流水人家"一句，呈现一派清雅、安适的景象，与沦落异乡的游子相映，使"断肠人"更添悲愁。

B. "夕阳西下"一句，将前面九个独立事物统一到一幅画面中，有一种凄凉之美。

C. 全篇没有一句直接抒情，但正所谓"一切景语皆情语"，作品因此更加动人。

D. 这首小令仅用28个字，生动地表现出一个长期漂泊他乡的游子孤寂愁苦的心情。

三、科技文阅读

　　随着社会的不断发展进步，能源问题显得愈加突出起来。如今，一些科学家已经开始把课题转向人体能的开发利用上。

　　所谓人体能，简而言之就是由人体散发出来的生物能量，它主要表现为机械能和热能。在人的生命过程中，人体能随时随地作用于周围环境，如运动时大量发热，行走时的体重施压于路面等。据科学家测算，一个人一昼夜所产生的人体能，如全部转化为热能的话，可以把相当于他自身体重的水由0℃加热到50℃，而全世界60多亿人每年浪费掉的人体能，则相当于12座核电站生产的电力。

　　科研人员研究发现，人体所具有的生物能，可以通过多种形式转换成电能。比如，当一个人坐着或者站立时，会产生持续的重力能。如果采用特制的重力转换器，把重力能转换成电能，就可以输入蓄电池，也可以直接利用。美国佛罗里达州的一位工程师，将一种发电装置埋在行人拥挤的商场和火车站等处的地毯下面，当行人在踏板上不停地走过时，与踏板相连的摇杆不停地被压下，使中心轴持续地旋转，从而带动发电机发电。英国一家超级市场，特意在市场入口处转门下方的地下室里，安装了一套发条式能量收集转换装置。熙熙攘攘的顾客不停地进进出出，其推动门的能量统统被收集起来，并转化为电能，借此为公司提供了照明、打字、电梯、空调等用电。

　　将人体热能收集起来，然后转换成电能，也是一条经济实用的途径。美国新泽西州建造的美国电信电话公司总部大楼，每个房间的内壁都具有一种特殊功能，它能够有效地吸收全楼3000多名员工身体所发散发的热量，随后将其转换成电能储入蓄电池，用以提供照明、电脑操作及调节楼内室温所需的电力。美国匹兹堡大学也设计了一个热量收集系统，该系统将学生和教师释放的热能、电灯、厨房以及从窗外射入的阳光等所产生的热量，统统聚集到一个中央设备中，再由地下的管道重新分散。据说，此系统在寒冷的冬季，完全可以供学校的10座大楼取暖之用。其实，这一系统完全可以具备双重用途，即在炎热的夏季里，还可以当作制冷设备使用，从而使大楼中的环境非常舒适。

　　科学家们认为，人体能价廉而无污染，且收集转换并不复杂，既能自收自用，也能零存整取，如能将人体能充分地利用起来，无疑将为人类生活做出极大的贡献。相信人体能将会得到多方面、多层次的开发利用。

1.下列对"人体能"的解说正确的一项是（　　　）

A.由人体散发出来的机械能和热能。

B.人体作用于环境，随时随地都可以产生生物能量。

C.人一昼夜所产生的能，可以把自身重的水由0℃加热到50℃。

D.60多亿人产生的生物能量，如果聚到一起，相当于12座核电站生产的电力。

2. 下列关于人体能转换成电能解说符合文意的一项是（　　）

A. 人体产生的生物能量，可以通过多种形式转换成电能。

B. 一个人坐着或者站立时产生的重力能可以输入蓄电池，也可以直接利用。

C. 行人在踏板上不停地走过产生的电能，可以带动发电机发电。

D. 英国一家超级市场，安装了特制的推动门，这种门通过不停转运所产生的电能，可以提供公司的日常用电。

3. 对第 4 段主要意思的概括正确的一项是（　　）

A. 美国一些公司和学校在大楼里安装了人体能设备供电。

B. 美国公司和学校已用人体电能照明、取暖、制冷。

C. 人体能的开发是一条经济实用的途径。

D. 热量收集系统具有的双重功能可以使环境更加舒适。

4. 下列推断不符合文意的一项是（　　）

A. 人体能课题是在能源问题显得愈加突出的前提下，由一些科学家着手研究开发的。

B. 随着社会的发展进步，人体能的开发和利用前途将越来越宽广。

C. 人体能的开发和利用得到人们的认可和接受，主要原因是其价廉而无污染，加之取用灵活方便。

D. 人体能在美国得到了广泛开发和利用，但人体能只能转换成电能，是其发展的一个缺陷。

四、填空题

1. "文学的趣味"在课文中是指培养_____。

2. 《音乐就在你心中》从体裁上来说是属于_____，作者是_____。

3. 今日听君歌一曲，_____。

4. 不知近水花先发，_____。

五、应用文写作

阅读以下消息，请以受惠民工的身份写一份感谢信。

2016 年 7 月，遂川县巾石乡下湾村 30 余名民工在某新桥项目经理部做工。一年后结算工资时，该项目部拖欠他们工资款 11 万余元，虽经民工多次追讨，但仍然没有结果。于是这些民工向南城县法院申请诉前财产保全。该院在审查后，为防止该项目经理部转移资产，依法及时对该项目经理部的工程款进行了冻结。并督促其尽早还清欠款，早日达成庭外和解，以便法院尽快依法解除财产保全措施，将对工程可能造成的任何不利影响降至最小。经该院做耐心细致的工作，当事人双方很快达成庭外和解，该项目经理部将11万余元工资款付给这30名民工。

六、现代文阅读

甜甜的泥土
黄 飞

西北风呼啸着，残雪在马路上翻卷。虽已立春了，天还是很冷。她，倚着学校门口的一棵杨树，一动不动，宛如一座雪雕。一阵电铃的急响。她黯淡的眼神里，射出热切的光。一群唱着歌儿的孩子，跨出了校门，没有她的儿子；又一群说说笑笑的孩子，踏上了马路，也没有她的儿子……人影稀疏了，零落了，没有了。吱呀呀的大铁门，锁住了沉寂的校园。她一阵昏眩，几乎站立不住，跌跌撞撞地扑过去，双手紧抓铁栏使劲地摇着。

"干什么？"传达室的老头面带愠色走了出来。

"亮！我的小亮！"像喘息，又似哭泣。

"都放学了。"

"知……道……"她目光呆滞地低声喃喃着，无力地垂下脑袋，慢慢松开手，从大襟棉袄口袋里，掏出一包裹得很紧的、还带着体温的糖："大伯，麻烦……给孩子。"

"叫什么？"

"王小亮。"

"几年级几班？"

"今天，刚过，八个生日。"

"我是问几年级几班。"老头有一点不耐烦了。

"哦……大概……"她又惶然地摇摇头。

老头奇怪地打量着这神经质的女人："你到底是什么人？"

回答他的是夺眶而出的泪水和踉跄而去的背影。老头在疑惑中叹了口气，似乎明白了什么。

下午，这包糖终于传到了二年级二班王小亮手中。孩子惊喜极了，这最喜欢吃的奶糖好久没尝过了。他那双小手在衣服上来回蹭着，微微思考了一下，笑眯眯地给每个小朋友发了一颗，给要好的伙伴发两颗，又恭恭敬敬地给老师五颗。"吃呀！"他快活地叫着、跳着，连那只张了嘴的破鞋都甩掉了。同学们在嘻嘻哈哈的笑声中和他一起分享着欢乐，只有老师悄悄背过了身……

放学了，小亮还沉浸在欢乐之中，蹦蹦跳跳地朝家中走去。蓦地，他站住了，摸摸口袋里还剩下的舍不得吃的糖，一股恐惧感袭上心头。他好像又看到：现在的妈妈扬起细眉在爸爸的耳边嘀咕什么，爸爸抓起一根柴棍，气势汹汹地向他走来。他愣怔着，不知如何才好。他使劲拍拍口袋，不行，咋瞧都是鼓鼓囊囊的。他低下小脑袋，吮着指头，想了许久，瞅瞅四周无人，迅速将糖埋入路边的雪堆中，还特地插上一根小棒棒。

这一夜，小亮睡得特别香，特别甜。他梦见过去的妈妈笑着回来了，现在的妈妈垂着头走了，真高兴。

第二天，小亮起得特别早。他照例先把全家的便盆倒掉、涮净，再淘米、添水、捅火、坐锅，然后才背上书包拿块冷馍悄悄溜出门。他要赶紧去挖他的糖。不想，一夜之间地温回升，冰雪融化了，糖浆和雪水混在一起，渗入大地。潮湿的地面上，歪躺着几张皱巴巴的糖纸和那根作为标记的小棒棒。

小亮眨巴眨巴眼睛，忍不住滚下泪来。他伤心地蹲在地上，呆呆地凝视着。一会儿，又情不自禁地伸出冻裂的小手指，抠起一点泥土放在舌尖上……

他，又笑了：那泥土，甜丝丝的。

1. 本文以"糖"为线索展开故事，请以简洁的语言概述各主要情节。

2. 请从文中找出有关描写"她"神态的词句，并揣摩人物的心理活动。

3. 品味文中画线句的加点词语，按要求回答问题。（8分）
①糖传到王小亮手中，他为什么"惊喜极了"？

②王小亮摸着舍不得吃的糖，为什么有"一股恐惧感袭上心头"？

③由"惊喜"到"恐惧"的变化，表现了王小亮_____。

4. 下列对文章分析错误的一项是（　　　）
A. 本文的主旨是歌颂母爱的伟大，谴责那些虐待孩子的无良父母（后妈）。
B. 作者善于刻画人物，通过细致入微的语言、神态、动作和环境描写的烘托，塑造了一个极度思念孩子的母亲形象，感人至深。
C. 对王晓亮的刻画，作者用了动作、语言、神态等描写，特别是对王晓亮的心理描写非常成功。
D. 本文以"甜甜的泥土"为题，暗示了小亮将迎来幸福的生活。

七、写作训练

素材（一）

2016年"北京大工匠"评选活动——谁是北京大工匠

为培育、弘扬精益求精的工匠精神，发挥优秀技能人才的创新引领作用，激发广大职工学技术、提升技能的积极性和主动性，营造"大众创业、万众创新"的良好氛围，2016年10月10日，北京市总工会正式下发《关于开展2016年"北京大工匠"评选工作安排的通知》和《关于开展"北京大工匠"选树工作的实施方案》，2016年"北京大工匠"评选工作全面启动。此次开展评选工作的10个工种，包括数控机床操作工、焊工、钳工、中药炮制工、汽车维修工、汽车装调工、工程测量员、电气设备安装工、手工木工、贵金属首饰手工制作工。

今年是首次评选，重点选取的是符合北京发展方向的产业工种，今后将根据首都产业战略的调整，评选行业也将进行调整，今后工种评选肯定还会扩大，比如老匠人、非物质文化遗产传承人等，都有可能纳入评选。

素材（二）

国务院总理李克强2016年3月5日做政府工作报告时提到，鼓励企业开展个性化定制、柔性化生产，培育精益求精的工匠精神，增品种、提品质、创品牌。"工匠精神"首次出现在政府工作报告中，让人耳目一新。

总理为何要提工匠精神？因为这是我们的差距。2016年1月4日，李克强总理在参加一个有关钢铁煤炭行业产能过剩的座谈会时，举例说中国至今不能生产模具钢，比如圆珠笔的"圆珠"都需要进口。可是中国作为一个"制笔大国"，为何一个圆珠笔头上的"圆珠"却遇到了需要进口的尴尬局面呢？新华社在1月23日的一篇报道中解开了这个秘密。原来，笔头和墨水是圆珠笔的关键，其中笔头分为笔尖上的球珠和球座体。目前，碳化钨球珠在国内外应用最为广泛，但球座体的生产，无论是设备还是原材料，长期以来都掌握在瑞士、日本等国家手中。

据报道，中国不仅仅在圆珠笔产业上存在着技术问题，同时在制造业中很多领域都面临着相似的问题，尤其是在一些高新技术领域。据相关数据显示，中国目前对外技术依存度达到了50%，而美国、日本仅为5%。

请根据以上材料发表一下你自己的看法，可以谈感想，可以讲故事，可以讲道理，自主立意，自定主题，文体不限，字数不少于800字。

第五单元

二十一　想北平

 学习目标

1. 掌握关于老舍的文学知识，了解散文的主要特征。
2. 体会文章朴实、细腻的语言风格。
3. 通过对文本的解读，品味、理解作者的情感。
4. 学会从平凡事物中发现生活的美好。

 文学常识

老舍，原名舒庆春，字舍予，现代著名作家、人民艺术家、杰出的语言大师，被誉为"人民艺术家"。老舍一生勤奋笔耕，创作甚丰。20世纪30年代就成为最有成就的作家之一。著有长篇小说《四世同堂》《骆驼祥子》等，中篇小说《我这一辈子》，短篇小说《月牙儿》，话剧《茶馆》《龙须沟》等。老舍的文学语言通俗简易，朴实无华，幽默诙谐，具有较强的北京韵味。

 课文解析

《想北平》是一篇散文，通过写作者与故乡亲如母子的关系，写出他对北京的无限眷恋。作者抛开一切美好的词语，用最通俗质朴的言辞，用最能引人共鸣的表达方式，将自己对北京的爱喻为对母亲的爱。这不仅恰当地道出了作者对北京爱得真切和深沉，也很容易打动读者的心。

老舍对北京的爱是有理性的，通过比较上海、天津及曾被称为欧洲四大"历史的都城"的伦敦、巴黎、罗马与堪司坦丁堡得出结论，北京是大都市，却保住了乡野的幽静，让人和大自然保持着亲近。

作者花费了大量笔墨，去写北京的物产，写北京平民的日常生活。正是这样的叙述与描写表明了作者与北京的亲密关系，他真正融进了它的生活，深入了它的血肉肌肤之中。

课文最后说"好,不再说了吧;要落泪了,真想念北平呀!"这一声呼唤,充满了民族忧患意识,震人心弦。

知识积累

1. 给下列加点字注音。

廿七(　　)　　黏合(　　)　　什刹海(　　)
菜圃(　　)　　空旷(　　)　　橘子(　　)
辜负(　　)　　眷恋(　　)

2. 给下列生字组词。

拆(　　)　　仓(　　)　　辟(　　)　　僻(　　)
柝(　　)　　沧(　　)　　避(　　)　　癖(　　)
折(　　)　　怆(　　)

知识检测

一、选择题

1. 下列词语中加点字的读音全都正确的一项是(　　)

A. 尽兴(jǐn)　　炽烈(zhì)　　挫折(cuō)　　欢谑(xuè)
B. 馈赠(kuì)　　衣袂(jué)　　裨益(bì)　　沮丧(jǔ)
C. 迤逦(yǐ)　　桎梏(gù)　　笑靥(yè)　　木讷(nè)
D. 反诘(jí)　　标识(shí)　　斑驳(bó)　　纨绔(wán)

2. 下列词语中没有错别字的一项是(　　)

A. 穿流不息　　良秀不齐　　锋芒毕露　　刚愎自用
B. 水乳交融　　翘首以待　　返璞归真　　铿光瓦亮
C. 一愁莫展　　莫名其妙　　事必恭亲　　贻笑大方
D. 戛然而止　　沤心沥血　　美不胜收　　开天辟地

3. 依次填入下列各句横线处的词语,最恰当的一组是(　　)

①这些人在海外,靠着多年的勤劳、吃苦,才慢慢地_____了一些钱财。
②他现在已经是一个_____3 000万元资产的私营企业家了。
③这起事故完全是主管领导_____安全生产而造成的。

A. 聚积　具有　忽视　　　　B. 聚敛　拥有　无视
C. 聚敛　具有　无视　　　　D. 聚积　拥有　忽视

4. 下列各句中加点的成语使用恰当的一句是（　　）

A. 犯了错误首先应该检查自己，无动于衷或因此居功自傲，都是不对的。

B. 中哈两国是唇齿相依的友好邻邦，两国人民要坚持世代友好，做和谐和睦的好邻居。

C. 著名导演张艺谋执导的影片《我的父亲母亲》播出后，在社会上引起很大的反响，人们对之评头论足，大加赞赏。

D. 词人笔下的江南别有一番韵味，真使人有一种妙手回春之感。

5. 下列句子标点符号使用正确的一句是（　　）

A. "世界那么大，我想去看看。"日前，这份写在河南省实验中学信笺上的辞职申请，在社交媒体疯传，被网友封为"史上最具情怀的辞职信，没有之一。"

B. 新的市政规划征求意见公布以来，市民们为哪里修路？哪里建住宅区？哪里建商业区？献计献策，充分发表自己的意见。

C. "政府要征地的消息传出后，大多数村民不满意，"村民俞子华说，"我们几个村的土地都属于基本农田保护区呀！"

D. 休闲方式各种各样：古人看戏，今人看电视；乡下人在大树下闲聊，城里人在电脑上聊QQ，真是因时而异，因人而异呀！

6. 下列各句中，没有语病的一句是（　　）

A. 现代文明不仅带来了理性化、工业化、市场化、都市化、民主化和法制化这样美好的社会制度，而且创造了前所未有的物质财富。

B. 苏宁已不再只扮演"价格杀手"的角色，此次入辽十周年庆典，苏宁在重视价格策略的同时更加重视服务策略，发起"价格+服务"等多方位的价值战。

C. 晚清以来，由于西方列强的坚船利炮对中国的征服，使中国文化的底气显得有些不足。

D. 近视患者都应当接受专业医师的检查，选择合适的眼镜，切忌不要因为怕麻烦、爱漂亮而不戴眼镜。

7. 依次填入下面一段文字横线处的语句，衔接最恰当的一组是（　　）

近几十年，＿＿＿＿，＿＿＿＿，＿＿＿＿，＿＿＿＿，＿＿＿＿，＿＿＿＿。随着中国国力的增强，关于中国的国际地位、作用和责任的讨论方兴未艾。

① 也高于同时期世界的平均水平

② 中国日益成为世界关注的焦点

③ 现代化建设取得了举世瞩目的成就

④ 中国的综合实力大幅度提高

⑤ 尽管对增长的原因有不同的看法，然而谁也无法否认增长的事实

⑥ 中国经济的增长速度远远高于发达国家

A. ②④③⑥①⑤　　　　　　　　B. ②⑤⑥③④①

C. ⑥⑤④②③①   D. ⑥①②④⑤③

8. 选出与"寄言纨绔与膏粱"所运用的修辞手法相同的一项（　　　）

A. 两岸青山相对出，孤帆一片日边来。

B. 秋天到了，树上金红的果子露出了笑脸，她们正在向着我们点头微笑呢！

C. 天连五岭银锄落，地动三河铁臂摇。

D. 看见这样鲜绿的麦苗，就嗅出白面馍馍的香味来了。

二、填空题

1. 老舍，原名_____，字_____，_____人。其代表作有长篇小说《_____》《_____》等，话剧《_____》《_____》等。被授予"_____"的称号。

2. 本文的文章体裁是_____。

三、课内阅读

（1）如果让我写一本小说，以北平作背景，我不至于害怕，因为我可以捡着我知道的写，而躲开我所不知道的。但要让我把北平一一道来，我没办法。北平的地方那么大，事情那么多，我知道的真是太少了，虽然我生在那里，一直到廿七岁才离开。以名胜说，我没到过陶然亭，这多可笑！以此类推，我所知道的那点只是"我的北平"，而我的北平大概等于牛的一毛。

（2）可是，我真爱北平。这个爱几乎是想说而说不出的。我爱我的母亲。怎样爱？我说不出。在我想做一件事讨她老人家喜欢的时候，我独自微微的笑着；在我想到她的健康而不放心的时候，我欲落泪。言语是不够表现我的心情的，只有独自微笑或落泪才足以把内心表达出来。我爱北平也近乎这个。夸奖这个古城的某一点是容易的，可是那就把北平看得太小了。我所爱的北平不是枝枝节节的一些什么，而是整个儿与我的心灵相黏合的一段历史，一大块地方，多少风景名胜，从雨后什刹海的蜻蜓一直到我梦里的玉泉山的塔影，都积凑到一块，每一细小的事件中有个我，我的每一思念中有个北平，只是说不出而已。

（3）真愿成为诗人，把一切好听好看的字都浸在自己的心血里，像杜鹃似的啼出北平的俊伟。但我不是诗人，我将永远道不出我的爱，一种像由音乐与图画所引起的爱。这不但辜负了北平，也对不住我自己，因为我最初的知识与印象都得自北平，它是在我的血里，我的性格与脾气里有许多地方是这个古城所赐给的。我不能爱上海与天津，因为我心中有个北平。可是我说不出来！

（4）伦敦、巴黎、罗马与堪司坦丁堡，曾被称为欧洲的四大"历史的都城"。我知道一些伦敦的情形，巴黎与罗马只是到过而已；堪司坦丁堡根本没有去过。就伦敦、巴黎、罗马来说，巴黎更近似北平，不过，假使让我"家住巴黎"，我一定会和没有家一样地感到寂苦。巴黎，据我看，还太热闹。虽然那里也有空旷静寂的地方，可是又未免太旷；不像北平那样既复杂而又有个边际，使我能摸着——那长着红酸枣的老城墙！面向着积水滩，背后是城墙，坐在石上看水中的小蝌蚪或苇叶上的嫩蜻蜓，我可以快乐地坐一天，心中完全安适，无所求也无可怕，像小儿安睡在摇篮里。是的，北平也有热闹的地方，但是它和太极拳相似，动中有静。巴黎有许多地方使人疲乏，所以咖啡与酒是必要的，以便刺激；在北平，有温和的香片茶就够了。

1. 对前三段理解不正确的一项是（　　　）

A. 强调北平地方大，事情多，而自己知道的太少，是为了表明本文是写"我的北平"。

B. 作者用对自己的母亲的爱来类比对北平的爱，突出了爱的真挚深厚。

C. 作者反复说自己"爱北平""想说而说不出"，是指"言语是不够表现我的心情的"。

D. 第（3）段中，作者用杜鹃做比喻，是取杜鹃啼声悲切的特点。

2. 第（2）段中，作者说"每一细小的事情中有个我，我的每一思念中有个北平"，这句话的含义是 _____。（用文中的话回答）

3. 分析第（4）段中"我能摸着——那长着红酸枣的老城墙"一句在文中的含义。

四、拓展阅读

海　市

张抗抗

（1）穿越戈壁滩时，你会忽然觉得，世界原来竟是如此单纯。

（2）地很平，一马平川。视线里弥漫着黄褐色的沙地，从车轮下一直通向地球的尽头，眼里除了黄沙还是黄沙。粗糙的沙滩散落着碎石般的沙砾，精细的沙丘上刻着一圈圈年轮般的波纹；日月凝聚而成的沙岗，如长堤般延绵伸展；路边掠过废弃的村落，断墙残垣仍是一片触目惊心的灰黄……

（3）偶尔有远远的山，卧龙似的蜿蜒着。如黑黢黢的树根纠集、缠绕在一起。皱折却整齐而光滑，透着西北的苍劲。

（4）再没有更多的颜色了。戈壁只有单纯得近于单调的金黄。

（5）当然，还有白灼的阳光，令戈壁越发地一览无余。

（6）在长久单调的旅途中，假如眼前忽而掠过了几丛稀稀拉拉的骆驼草，那样短暂而可怜的一点绿色，也会给人带来莫大的惊喜。

（7）出凉州、经张掖、过酒泉，漫漫长途，古城的绿洲与绿洲之间，没有河、没有泉、也没有井。

（8）真的没有绿树也没有河流么？苍天在上，谁能拯救这荒茫死寂的戈壁？

（9）昏沉沉的困倦中我睁开眼。如闪电掠过黑夜，我的眼睛为之一亮——抑或是海，灰蓝色的水波漾溢着，弥漫着，悬浮于沙洲之上，宁静而安谧。水上横一道长长的湖堤，堤上有树，清晰而精致的树影，一棵棵生动地排列着，像故乡西湖十景之一的苏堤春晓。更奇妙的是，水面上还映着绿树的倒影，水墨画一般，朦胧得柔美。在沙漠的骄阳和干旱中，那水，想必是清凉又甘甜的。那一定是个好去处了。我问，那是个什么地方呢？

（10）是海市。司机回答。

（11）海——市？这真的就是海市？

（12）有点儿怀疑自己的眼睛，也怀疑司机漫不经心的介绍。就只差停车下车，自己徒步大漠，直奔那远处的湖岸，去看个究竟了。

（13）——嗨，你去吧，没等你找着那个地方，你就在沙漠里渴死累死了。司机显得有些幸灾乐祸。千百年来，有多少人被它骗了。都以为那是真的，奔着那好风景去。可你走它也走，越走越远，一辈子也走不到头……

（14）脑子里忽然涌出许许多多关于海市蜃楼的传说。

（15）……焦渴的找水人，怀着虔诚和崇敬之情，流尽了最后一滴汗、耗完了最后一滴血，倒毙在沙漠里。也许临死时，还在期待着他那一个可望而不可即的梦幻和理解，会如奇迹般出现……

（16）再看看海市，那清清的湖、静静的树，分明露着一种狡诈和虚伪的微笑。

（17）然而海市没有罪过。海市因沙漠的气流和折光而现，海市本无意。而人，辛劳饥渴、疲于奔命的赶路人，孤身于茫茫戈壁、漫漫大漠之中，寻求一处绿树环抱的甘泉，就成为苦难的旅程中，灵魂最后的庇护地和温柔之乡的梦。人依赖于心造的幻影，苦挨岁月，为自己的精神天国付出高昂的代价。人迷恋海市，人也没有罪过。

（18）尽管海市的谎言早已被人戳穿了很久，却仍然还有饥不择食、自欺欺人的后来者，走进那没有坐标的戈壁滩，在无水的沙海中迷失自己。

（19）车窗外，遥远的海市仍然烟波浩渺、树影幢幢，美得充满诱惑。

（20）抵达安西城时，天空忽然飘来几片黑云，一阵凉气袭过，豆大的雨点落下，干燥的地面扬起一层白粉，雨却顷刻无踪无影。旋即，清朗而广袤的天穹之下，横空划出一道巨大的七色彩虹，勾勒出一片绚丽的辉煌。

（21）司机说，你们的运气不错呵，戈壁滩上的旋风、海市、彩虹、丝路花雨，都看见了。

我走那么多次，也不是回回都有的啊。

（22）我心里却觉得一种莫名的酸楚。我只想快快地往前走，快些到达前面那片真正的绿洲。没有狰狞的旋风，没有虚幻的海市，没有稍纵即逝的彩虹，却有冒着炊烟的房屋、欢乐的人群、油绿的青稞麦和那丰收的田野……

（23）戈壁是单纯的。在这片单纯得近于单调的黄色世界里，美丽的海市和斑斓的飞虹就成为沙漠的调色板，成为旅人一个虚幻的希望。可惜它们并不真正存在，当彩虹悄然隐去、海市无声消失的时候，人们仍然只能依靠自己的双腿走出戈壁，去寻找活水和黑土，寻找蔚蓝色的大海和坚实的船帆。

（24）我多想筑一条引水的渠河，然后，在路边种上一排排树苗。

（25）那是一种看得见、摸得着的绿色。浇灌、浸润着绿叶的水，就在树根下流淌。

1. 请用简洁的语言概括文章的大意。

2. 文章前几段写的"天""地""旋风"，在文中起什么作用？

3. 怎样理解"那清清的湖、静静的树，分明露着一种狡诈和虚伪的微笑"这句话的意思？

4. 戈壁滩上的旋风、海市、彩虹、丝路花雨，都看见了，作者为什么还说"我心里却觉得一种莫名其妙的酸楚"？

二十二　世界是平的，世界是通的

【学习目标】

1. 了解丝绸之路对世界的贡献。
2. 品味文章优美流畅的语言。
3. 积累文中极富生命力的词语和句子。

【文学常识】

李舫：《人民日报》文艺部主任记者、人民网文化记者。吉林长春人，中国人民大学文艺学博士。作品有《不安的缪斯》、《重返普罗旺斯》、《沉沦的圣殿》等。她酷爱文学、电影、戏剧，在《国家人文历史》杂志常年开设专栏"一个人的电影史"。

【课文解析】

文章用数字标题分作了两部分。第一部分，叙述"丝绸之路"在促进中西方文化交流中所产生的影响与作用，赞颂中华文化对丰富与繁荣世界文化作出的巨大贡献。第二部分，紧扣"一带一路"倡议提出的背景，展现新时代崛起的中国以天下为已任的胸怀与担当，呼吁"我们"应该担当起传承丝绸之路精神薪火，发展中华优秀传统文化的使命。

【知识积累】

1. 给加点字注音。

1. 给下列加点字注音。

无垠（　　）　　颠簸（　　）　　张骞（　　）　　惊涛骇浪（　　）

儒学（　　）　　深邃（　　）　　镌刻（　　）　　革故鼎新（　　）

不啻（　　）　　奢侈（　　）　　须臾（　　）　　并行不悖（　　）

钟鼎彝器（　　）　浸润（　　）　徽号（　　）　　毋（　　）庸讳（　　）言

2. 解释下列词语。

革故鼎新：

毋庸讳言：

【知识检测】

一、选择题

1. 下列加点的字，读音都正确的一项是（　　）

A. 冗（róng）长　　张骞（qiān）　　毋（wú）庸讳言

B. 深邃（suì）　　殷（yīn）红　　革故鼎新（dǐng）

C. 粳（gěng）米　　不啻（chì）　　风靡（mǐ）一时

D. 无垠（yín）　　徽号（huī）　　并行不悖（bèi）

2. 下列四组词语中都有错别字，其中只有一个错别字的一组是（　　）

A. 震聋发聩　　力透纸背　　履险如夷　　披沙炼金

B. 欺世盗名　　穷形尽像　　苦心孤脂　　畏葸不前

C. 反璞归真　　手胼足胝　　始作佣者　　歃血为盟

D. 管窥蠡测　　放荡不羁　　相形见拙　　物竟天择

3. 依次填入下列各句横线处的词语，恰当的一组是（　　）

①秀丽迷人的清明上河园，近年来因旅游业的兴盛而_____鹊起。

②现代化城市需要高雅艺术，而高雅艺术更需要现代化城市的扶持，这已是无可_____的事实。

③大陈庄的陈来运整日游手好闲，不务正业，因此家里一直不_____。

A. 名声　质疑　富余　　　　B. 名声　置疑　富裕

C. 声名　置疑　富裕　　　　D. 声名　质疑　富余

4. 下列各句中，加点的成语使用恰当的一句是（　　）

A. 新产品的试验已经到了关键时刻，大家要做好充分准备，功败垂成在此一举。

B. 中国寺庙建筑宏大精美，因势构筑巧思妙想。真可谓鬼斧神工，令人叹服。

C. 元旦联欢会的节目十分精彩，看到王依木和严艺表演的哑剧，连一向严肃的班主任贾老师也忍俊不禁地笑起来。

D. 泥泞的道路，低矮的平房，乌黑的河沟，难闻的气味，恶劣的环境使厂商望风披靡。

5. 下列各句中，没有语病、句意明确的一句是（　　）

A. 赵明下班从公司回到家里，看见哥哥赵清正和他的女朋友在客厅里聊天。

B. 南北朝时期，由于北方民族的大融合和工商业的发展，为隋朝的统一创造了有利条件。

C. 国务院决定免征关税和进口增值税的目的和意义，在于进一步扩大利用外资，鼓励引进国外的先进技术和设备，促进产业结构的调整，使其更趋完善。

D. 选择最恰当、最可靠的材料，对文章的成败，常常起着十分重要的作用。

6. 依次填入下面一段文字中横线处的语句，与上下文衔接最恰当的一组是（　　）

当今天的清华学子回眸历史照壁的时候，那一串串光芒四射的名字照耀得他们无法自持，他们无法想像那样一个大师云集，遍地学问的岁月，_____。他们只好逃离了，_____，才不必背上历史的沉重叹息。

①那所人文峥嵘，格物繁茂的清华，那块时贤们须仰视方及的圣地

②那块时贤们须仰视方及的圣地，那所人文峥嵘、格物繁茂的清华

③逃进知识和成功对每个人都是空白的地方，逃进美国，逃进图书馆，逃进实验室

④逃进实验室，逃进图书馆，逃进美国，逃进知识和成功对每个人都是空白的地方。

A. ①③　　　B. ②④　　　C. ①④　　　D. ②③

7. 下列句子标点使用正确的一项是（　　）

A. 古老神秘的东方文明到底孕育着人类的哪些生机，又将对西方文明产生怎样的动力？

B. 中国的造纸术，火药，印刷术，指南针四大发明带动了整个世界的革故鼎新，直接推动了欧洲的文艺复兴。

C. 中国退回到封闭的陆路，丝绸之路的荒凉逼迫西方文明走向海洋，从而成就了欧洲的大航海时代，推动了欧洲现代文明的发展和繁荣。

D. 作为负责任的东方大国，中国在思考，如何用文明观引导世界布局、世纪格局？这是中国应该担负的使命。

8. 下列句子中，比喻修辞手法使用正确的一项是（　　）

A. 奋斗是人生的催化剂，是撷取绚丽人生的金钥匙。

B. 拂晓，天空万道霞光，犹如一朵朵含苞欲放的荷花。

C. 他沉默了，似乎连呼吸都停止。

D. 跳水健将伏明霞在跳板与水面之间描绘出一连串从容美妙的曲线。

二、填空题

1. 《世界是平的，世界是通的》作者是_____。

2. 山积而高，_____。

3. 落其实者思其树，_____。

三、课内阅读

　　落其实者思其树，饮其流者怀其源。中华民族生生不息绵延发展、饱受挫折又不断浴火重生，都离不开中华文化的有力支撑。中华文化不仅是个人的智慧和记忆，而且是中华民族的集体智慧和集体记忆，是我们在未来道路上寻找家园的识路地图。中华民族的子子孙孙像种子一样飘向世界各地，但是不论在哪里，不论是何时，只要我们的文化传统血脉不断、薪火相传，我们就能找到我们的同心人——那些似曾相识的面容、那些久远熟悉的语言、那些频率相近的心跳、那些浸润至今的仪俗、那些茂密苗壮的传奇、那些心心相印的瞩望，这是我们中华民族识路地图上的印记和徽号。今天，我们有责任保存好这张识路地图，并将它交给我们的后代，交给我们的未来，交给与我们共荣共生的世界。

1. 解释"落其实者思其树，饮其流者怀其源"的含义。

2. 说说选文中加点"这"所指代的内容。

3. 概括选文的主旨。

四、拓展阅读

生命的化妆
林清玄

　　（1）我认识一位化妆师。她是真正懂得化妆，而又以化妆闻名的。

　　（2）对于这生活在与我完全不同领域的人，我增添了几分好奇，因为在我的印象里，化妆再有学问，也只是在皮相上用功，实在不是有智慧的人所应追求的。

　　（3）因此，我忍不住问她："你研究化妆这么多年，到底什么样的人才算会化妆？化妆的最高境界到底是什么？"

　　（4）对于这样的问题，这位年华已逐渐老去的化妆师露出一个深深的微笑。她说："化妆的最高境界可以用两个字形容，就是'自然'，最高明的化妆术，是经过非常考究的化妆，让人家看起来好像没有化过妆一样，并且这化出来的妆与主人的身份匹配，能自然表现那个人的个性与气质。次级的化妆是把人突显出来，让她醒目，引起众人的注意。拙劣的化妆是一站出来别人就发现她化了很浓的妆，而这层妆是为了掩盖自己的缺点或年龄的。最坏的一种化妆，是化过妆以后扭曲了自己的个性，又失去了五官的协调，例如小眼睛的人竟化了浓眉，大脸蛋的人竟化了白脸，阔嘴的人竟化了红唇……"

（5）没想到，化妆的最高境界竟是无妆，竟是自然，这可使我刮目相看了。

（6）化妆师看我听得出神，继续说："这不就像你们写文章一样？拙劣的文章常常是词句的堆砌，扭曲了作者的个性。好一点的文章是光芒四射，吸引人的视线，但别人知道你是在写文章。最好的文章，是作家自然的流露，他不堆砌，读的时候不觉得是在读文章，而是在读一个生命。"

（7）多么有智慧的人呀？可是，"到底做化妆的人只是在表皮上做功夫！"我感叹地说。

（8）"不对的"，化妆师说，"化妆只是最末的一个枝节，它能改变的事实很少。深一层的化妆是改变体质，让一个人改变生活方式。睡眠充足、注意运动与营养，这样她的皮肤改善、精神充足、比化妆有效得多。再深一层的化妆是改变气质，多读书、多欣赏艺术、多思考、对生活乐观、对生命有信心、心地善良、关怀别人、自爱而有尊严，这样的人就是不化妆也丑不到哪里去，脸上的化妆只是化妆最后的一件小事。我用三句简单的话来说明，三流的化妆是脸上的化妆，二流的化妆是精神的化妆，一流的化妆是生命的化妆。"

（9）化妆师接着做了这样的结论："你们写文章的人不也是化妆师吗？三流的文章是文字的化妆，二流的文章是精神的化妆，一流的文章是生命的化妆。这样，你懂化妆了吗？"

（10）我为了这位化妆师的智慧而起立向她致敬，深为我最初对化妆师的观点感到惭愧。

（11）告别了化妆师，回家的路上我走在夜黑的地方，有了这样深刻的体悟：在这个世界一切的表相都不是独立自存的，一定有它深刻的内在意义，那么，改变表相最好的方法，不是在表相下功夫，一定要从内在里改革。

（12）可惜，在表相上用功的人往往不明白这个道理。

1. 联系上下文，揣摩第（1）、（9）段中加点词语"化妆"的具体含义。
①以化妆闻名：
②生命的化妆：
2. 在与化妆师的交流中，"我"的认识经历了：

3. "我"最初对化妆的观点是什么？后来"我"为什么会"深为我最初对化妆的观点感到惭愧"？

4. 选出对文章内容理解不恰当的一项：（　　）

A. 妆师认为最低层次的化妆扭曲了人的个性，而拙劣的文章也常常是词句的堆砌，扭曲了作者的个性。

B. 第（5）段中"我""刮目相看"的原因是：听了化妆师的叙述后，"我"对化妆和化妆师有了新的认识。

C. 让一个人改变生活方式，睡眠充足，注意运动和营养，可以改变体质，而改变气质。

D. 从与化妆师的交流中，"我"体悟到，一切的表相都不是独立自存的，改变表相最好的方法是从内在里改革。

二十三　中国画与西洋画

 学习目标

1. 了解中国画和西洋画的特点。
2. 了解说明文体的相关知识。
3. 掌握做比较、举例子说明方法。

 文学常识

丰子恺（1898 — 1975），浙江省嘉兴市桐乡市石门镇人。原名丰润，后改为子恺，笔名TK，以中西融合画法创作漫画以及散文而著名。著有散文集《缘缘堂随笔》。丰子恺是中国现代画家、散文家、美术教育家、音乐教育家、漫画家、书法家和翻译家。1924年文艺刊物《我们的七月》4月号首次发表了他的画作《人散后，一钩新月天如水》。其后，陆续发表了冠以"漫画"为题的画作，自此中国才有了"漫画"这一名称。

 课文解析

本文是一篇介绍有关中西绘画知识的说明文。通过比较的说明方法，简明地阐释了中国画和西洋画的不同。进而在最后得出结论：中国画趣味高远，趣味平易。这种比较分析背后透着作者对中西绘画的深入思考，表达对中国画的眷恋的同时也在学习借鉴西洋画。

 知识积累

1. 给下列加点字注音。

皴法（　　）　衣褶（　　）　披露（　　）　曲廊（　　）

拘束（　　）　解剖（　　）　纤丽（　　）　骨骼（　　）

琐碎（　　）　无妨（　　）

2. 解释下列词语。

神韵：

风韵：

功夫：

工夫：

必须：

必需：

题材：

体裁：

知识检测

一、选择题

1. 下列词语中加点字的读音都正确的一项是（　　）

   A. 敷衍（yán）　　殷（yīn）勤　　殷（yān）红　　饿殍（piǎo）遍野
   B. 奖券（juàn）　　抽噎（yē）　　粗糙（zào）　　踽踽独行（jǔ）
   C. 友谊（yì）　　燠热（yù）　　模（mú）样　　踉踉跄跄（liàng qiāng）
   D. 宁谧（mì）　　婀娜（nuó）　　铁锹（qiān）　　毛骨悚然（sǒng）

2. 下列词语中，没有错别字的一组是（　　）

   A. 暴燥　精简　心无旁骛　游目聘怀　　B. 白皙　文身　披沙拣金　形迹可疑
   C. 影碟　膨胀　胸无城府　锐不可挡　　D. 幅员　恬量　指手划脚　甘拜下风

3. 下列各句中加点词语的使用，正确的一项是（　　）

   A. 前一段时间，日本名古屋市市长在公开场合发言时公然窜改南京大屠杀的事实，这激起了中日两国爱好和平的人民的强烈反对。
   B. 苹果公司生产的手机产品质量提高了，功能齐全了，款式新颖了，况且包装也精美了，因而受到广大用户的热烈欢迎。
   C. 昨天上午九点，上百家媒体的近200名记者云集在政协礼堂新闻发言大厅，等待着此次政协会议新闻发言人的到来。
   D. 随着欧洲主权债务危机的蔓延和美国经济陷入高失业、高负债的困境，我国的中小企业经营也出现困难，经济增速逐步回落。

4. 下列句子中成语的使用正确的一项是（　　）

   A. 漫步这里的景区，石林、溶洞、飞瀑显露出鬼斧神工的魅力，浓郁淳朴的苗家风情及丰姿绰约的民族歌舞增添了人文情趣。

B. 国家工信部近日召集技术专家及校车制造企业技术负责人，对我国校车新标准进行审定，相信不久我国校车新国标将呼之欲出。

C. "开车不喝酒，喝酒不开车""司机一滴酒，亲人两行泪"，面对这些禁酒宣传标语，一些司机不以为然，等出了交通事故后才后悔不已。

D. 经济的快速发展使得人类的生存环境江河日下。如今各国都认识到了问题的严重性，积极采取补救措施。

5. 下列各句中，没有语病的一句是（　　）

A. "绿水青山就是金山银山"这一论断，改变了简单的把发展与保护对立起来的思维束缚，深刻揭示了发展与保护的内在统一的关系。

B. 鼓浪屿海滩上有一礁石，涨潮时浪击礁石声似擂鼓而得名。鼓浪屿申遗工作2008年启动，2017年成功，成为中国第52处世界遗产。

C. 美国总统特朗普访华期间，两国企业签订经贸大单2535亿美元，这既创造了中美经贸合作的纪录，也刷新了世界经贸合作的纪录。

D. 韩国部署"萨德"致使中韩建交25年来最严重的外交危机。韩国总统文在寅12月13日的中国访问被认为是"修补篱笆之旅"

6. 对下列各句使用修辞手法的判断，全部正确的一项是（　　）。

①就凭这些绿的精神，谁也不忍得冻上，况且那些长枝的垂柳还想在水里照个影儿哩！

②"手术刀"在院里还是有些威望的，不仅因为他主任的职位，更因为他的技术确实无人能及。

③"有了凉风！有了凉风！凉风下来了！"大家兴奋地嚷着。

④我想去看"晴川历历汉阳树，芳草萋萋鹦鹉洲"的黄鹤楼，去领略那美丽了千年的乡愁。

　　A. 拟人　借代　排比　对偶　　　　B. 拟人　借喻　排比　双关

　　C. 拟人　借喻　反复　双关　　　　D. 拟人　借代　反复　对偶

7. 填入下面横线上的词语与上下文衔接最恰当的一项是（　　）

说到湿地，你会想到什么？是＿＿＿＿＿＿，还是＿＿＿＿＿＿？是"蒹葭苍苍，白露为霜"的绰约风姿，还是"关关雎鸠，在河之洲"的缠绵浪漫……湿地被称为"地球之肾"，有涵养水源、净化水质、调节气候、维护生物多样性等重要的生态功能，是人类＿＿＿＿＿＿和＿＿＿＿＿＿的重要基础。

　　A. 秋风中摇曳的芦苇　　晨光里嬉戏的水鸟　　持续发展　　赖以生存

　　B. 晨光里嬉戏的水鸟　　秋风中摇曳的芦苇　　赖以生存　　持续发展

　　C. 秋风中摇曳的芦苇　　晨光里嬉戏的水鸟　　赖以生存　　持续发展

D. 晨光里嬉戏的水鸟　　秋风中摇曳的芦苇　　持续发展　　赖以生存

8. 下列作品、作者、时代对应正确的一项是（　　　）

A.《合欢树》——王蒙——当代　　　　B.《荷花淀》——孙犁——当代

C.《琵琶行》——白居易——北宋　　　D.《师说》——柳宗元——唐代

二、填空题

1. 丰子恺，原名_____，后改为子恺。著有散文集_____丰子恺是中国_____家、_____家、美术教育家、音乐教育家、漫画家、书法家和翻译家。

2. 本文的文章体裁是_____，通过_____说明方法，简明地阐释了中国画和西洋画的不同。

三、课内阅读

（一）中国画盛用线条，西洋画线条都不显著。线条大都不是物象所原有的，是画家用以代表两物象的境界的。例如中国画中，描一条蛋形线表示人的脸孔，其实人脸孔的周围并无此线，此线是脸与背景的界线。又如画一曲尺形线表示人的鼻头，其实鼻头上也并无此线，此线是鼻与脸的界线。又如山水、花卉等，实物上都没有线，而画家盛用线条。山水中的线条特名为"皴法"。人物中的线条特名为"衣褶"。都是艰深的研究工夫。西洋画就不然，只有各物的界，界上并不描线。所以西洋画很像实物，而中国画不像实物，一望而知其为画。盖中国书画同源，作画同写字一样，随意挥洒，披露胸怀。19世纪末，西洋人看见中国画中线条的飞舞，非常赞慕，便模仿起来，即成为"后期印象派"（详见本书中《西洋画简史》篇）。但后期印象派以前的西洋画，都是线条不显著的。

（二）中国画不注重透视法，西洋画极注重透视法。透视法，就是在平面上表现立体物。西洋画力求肖似真物，故非常讲究透视法。试看西洋画中的市街、房屋、家具、器物等，形体都很正确，竟同真物一样。若是描走廊的光景，竟可在数寸的地方表出数丈的距离来。若是描正面的（站在铁路中央眺望的）铁路，竟可在数寸的地方表出数里的距离来。中国画就不然，不欢喜画市街、房屋、家具、器物等立体相很显著的东西，而欢喜写云、山、树、瀑布等远望如天然平面物的东西。偶然描房屋器物，亦不讲究透视法，而任意表现。例如画庭院深深的光景，则曲廊洞房，尽行表示，好似飞到半空中时所望见的；且又不是一时间所见，却是飞来飞去，飞上飞下，几次所看见的。故中国画的手卷，山水连绵数丈，好像是火车中所见的。中国画的立幅，山水重重叠叠，好像是飞机中所看见的。因为中国人作画同作诗一样，想到哪里，画到哪里，不能受透视法的拘束。所以中国画中有时透视法会弄错。但这弄错并无大碍。我们不可用西洋画的法则来批评中国画。

（三）东洋人物画不讲解剖学，西洋人物画很重解剖学。解剖学，就是人体骨骼筋肉的表现形状的研究。西洋人作人物画，必先研究解剖学。这解剖学英名曰 anatomy for art students，即艺术解剖学。其所以异于生理解剖学者，生理解剖学讲人体各部的构造与作用，艺术解剖学则专讲表现形状。但也须记诵骨骼筋肉的名称，及其形状的种种变态，是一种艰苦的学问。但西洋画家必须学习。因为西洋画注重写实，必须描得同真的人体一样。但中国人物画家从来不需要这种学问。中国人画人物，目的只在表现人物的姿态的特点，却不讲人物各部的尺寸与比例。故中国画中的男子，相貌奇古，身首不称。女子则蛾眉樱唇，削肩细腰。倘把这些人物的衣服脱掉，其形可怕。但这非但无妨，却是中国画的好处。中国画欲求印象的强烈，故扩张人物的特点，使男子增雄伟，女子增纤丽，而充分表现其性格。故不用写实法而用象征法。不求形似，而求神似。

（四）中国画不重背景，西洋画很重背景。中国画不重背景，例如写梅花，一枝悬挂空中，四周都是白纸。写人物，一个人悬挂空中，好像驾云一般。故中国画的画纸，留出空白余地甚多。很长的一条纸，下方描一株菜或一块石头，就成为一张立幅。西洋画就不然，凡物必有背景，例如果物，其背景为桌子。人物，其背景为室内或野外。故画面全部填涂，不留空白。中国画与西洋画这点差别，也是由于写实与传神的不同而生。西洋画重写实，故必描背景。中国画重传神，故必删除琐碎而特写其主题，以求印象的强明。

（五）东洋画题材以自然为主，西洋画题材以人物为主。中国画在汉代以前，也以人物为主要题材。但到了唐代，山水画即独立。一直到今日，山水常为中国画的正格。西洋自希腊时代起，一直以人物为主要题材。中世纪的宗教画，大都以群众为题材。例如《最后的审判》《死之胜利》等，一幅画中人物不计其数。直到19世纪，方始有独立的风景画。风景画独立之后，人物画也并不让位，裸体画在今日仍为西洋画的主要题材。

上述五条，是中国画与西洋画的异点。由此可知中国画趣味高远，西洋画趣味平易。故为艺术研究，西洋画不及中国画的精深。为民众欣赏，中国画不及西洋画的普通。

1. 这一部分，作者运用了什么说明方法？

2. 作者介绍中国画与西洋画的不同之处提到了哪些方面？二者有何不同？请把答案填入下表：

不同点	中国画	西洋画
线条		
透视法		
解剖学		
背景		
题材		

四、拓展阅读

话说中国画

冯骥才

（1）中国画在世界上是独一无二的。这不仅因其历史深厚久远，大师巨匠其众如林，传世名作浩似烟海，更重要的是它异常独特，且具鲜明的民族个性。中华民族独有的宇宙观、哲学观、艺术观、审美观，顽强地表现其间；把其他任何民族的绘画与其放在一起，都迥然不同，立时可见；中国画独放异彩。

（2）中国画自它诞生之日始，就不以追摹自然形态为能事，而把表现物象的精神作为目的。在形与神的关系上，认为"论画以形似，见与儿童邻"（苏轼语），主张"以形写神"（顾恺之语）。哪怕所画的形态在"似与不似之间"（齐白石语），也要把内在的精神表现出来。这就使中国画家的注意力始终投射在事物内在的、深层的、本质的层面上。

（3）唐宋两代，繁盛迷人的社会生活征服了画家，严谨认真写实的画风因之盛行一时，但捕捉物象精神仍是绘画的最高追求。同时，一些修养渊深的文人介入绘画，他们强调情感抒发与个性张扬，绘画的精神内涵得到进一步充实与开拓。文人们还主张"诗是无形画，画是有形诗"，"书画同源"，这样就把诗的深刻境界与书法的审美品格带入绘画，促使独具魅力的中国画艺术特征的形成。

（4）诗对画的首要影响，是使画家不受自然物象的时空局限，凝练升华，联想自由，去构造更加动人和感人的艺术境界。诗的洗练、隽永、含蓄和韵味，使绘画更注重"虚"的成分，更讲究"空白"的运用，更致力于笔墨的精练与意趣。文学中常见的象征、比喻、夸张、拟人等手法，被带入绘画后，绘画的表现力更大大地增强。这也是明清以来大写意画的主要艺术手法。

（5）书法是中国特有的、纯形式的艺术。在书法中，整体的布局，字的形态与架构，乃至一点一画，无不充溢着形式感；笔的疾缓、刚柔、巧拙、藏露，墨的枯润、饱渴、轻重、浓淡，一方面直抒作者的情感与思绪，一方面传达审美的精神与理想。中国的绘画与书法都使用毛笔，中国画又是以线造型，线条是画面的骨架，书法的笔墨便自然而然地过渡到绘画中来，不仅提高了绘画用笔的技法和能力，也丰富了绘画的笔情墨趣和形式美。尤其是通过苏轼、文同、赵孟頫等人的努力，将书法引入绘画，使元以来绘画的面貌翻然一变，全然改观了。

（6）元朝以来的中国画，还兴起在画面上题写诗文。画面既是绘画作品，也是书法作品，又是可读的文学作品，再加上篆刻印章，所谓"诗、书、画、印"一体，构成中国画独具的形式美。这对画家的修养也有了更高和更全面的要求。画家多是工诗善书、兼精治印的"通才"。

（7）中国画的主要工具材料是纸、笔、墨。最早的中国画大多画在绢上，宋元以来渐渐搬到纸上来。纸的种类很多，大致分为生熟两类：熟宣纸类是用矾水刷过的，不渗水，适于画精整而细致的工笔画；生宣纸吸水性强，不易掌握，但把水墨铺展上去，变幻无穷，故宜于挥洒淋漓多趣的写意画。笔的种类更是不可胜数，粗分可分做三类：一是笔锋刚健的狼毫类；二是锋毛柔软的羊毫类；三是兼用狼毫与羊毫混制而成，笔性刚柔相济的兼毫类。画家根据所要画的物象的形态和质感选择不同的毛笔，往往一幅画要用多种类型的笔。一支毛笔锋毫的散聚，含水蘸墨的多少，全由画家根据需要控制；使用笔锋的不同部位——中锋、侧锋、逆锋等，效果全然不同。每个画家都有自己习惯的用笔方法，这也是构成画家风格的重要因素。中国画上最主要的颜色是黑色。中国画说"墨分五色"，即用浓淡不同的墨色作画，常常不附加其他颜色，也一样可以表现物象的丰富性。中国画家在用墨上积累了很多经验，有的画家以独到的墨法自成一家。有时，画面加入其他颜色。早期的中国画所用颜色多为矿物质原料，如朱砂、石青、石绿、石黄、赭石、铅粉等，覆盖性强，色彩浓艳，经久不变，故当时中国画多为单线平涂，画面具有强烈的装饰效果；后来，渐多采用植物和矿物颜料，如花青、藤黄、胭脂、朱砂等，能被水溶解，互相调配，色泽接近自然，并能与墨结合，相辅相成，色调典雅。偶有画面，只用颜色，不用墨色，谓之"没骨"。骨即墨色，可见墨在中国画中至关重要、无可替代的位置。可以说，没有墨就没有中国画。

（8）中国画的分类非常繁杂，名称极多。从题材内容上，习惯分为人物、山水、花鸟、楼台、走兽、博古等；从画面笔墨繁简的程度上，分为写意、工笔、大写意、半工半写等；从设色上分为青绿、金碧、浅绛、水墨等；从技法上分为白描、双钩、单线平涂、泼墨等。中国画在画成之后，要经过装裱工序。一经裱褙，绫托锦衬，高贵大方，并具有很强的赏玩性。中国画的装裱十分考究，款式繁多，一般分为卷轴、镜片、扇面、斗方、册页等，卷轴画中又分为中堂、条幅、对屏、通景等。中国画常常把装裱款式上的分类作为第一位的。

（9）现今留下的最早的绘画，是画在山岩峭壁上，距今五千年以上；后来渐渐移到绢素上，成为单纯观赏性的艺术。开头是无名的工匠为之，此后才有专事绘画的画家出现，此时距今也有两千年了。中国绘画历经许多朝代，在历史江河的百转千折中，涌现出无数照耀古今的杰出画家和名重一时的流派。时风的变迁，致使绘画的面貌不断翻新；名家大师们独来独往、各立一帜，又使画坛千姿百态，形成了举世皆知、漫长悠远、异彩纷呈的中国绘画历史。

1992 年 6 月于天津

1. 国画重视写意，国画强调表现，而不是再现。"以形写神"，表现"神"是目的。那么，何谓形？何谓神？

2. 作者为什么说"中国画是世界上独一无二的"？找出能说明这一问题的语句。

3. 请简要归纳出中国画的特点。

4. 下面观点错误的一项是（　　）

A. 中国画讲求"以形写神"，追求一种"妙在似与不似之间"的感觉；而西洋画则讲求"以形写形"，当然，创作的过程中，也注重"神"的表现。但它非常讲究画面的整体、概括。有人说，西洋画是"再现"的艺术，中国画是"表现"的艺术。

B. 中国画在敷色方面有自己的讲究，所用颜料多为天然矿物质或动物外壳的粉末，耐风吹日晒，经久不变。敷色方法多为平涂，追求物体固有色的效果，很少光影的变化。

C. 用笔和用墨，是中国画造型的重要部分。

D. 所有的中国画都是"诗、书、画、印"的结合体。

二十四　古希腊的石头

学习目标

1. 了解古希腊的灿烂文化。
2. 分析作品结构，揣摩作者情感。
3. 领会作者在文中体现的尊重历史的精神。

文学常识

冯骥才，1942年生，当代作家。著有长篇小说《义和拳》（与李定兴合著）、《神灯前传》，中篇小说集《铺化的歧路》《啊！》，短篇小说集《雕花烟斗》《意大利小提琴》，小说集《高女人和她和矮丈夫》，系列报告文学《一百个人的十年》，电影文学剧本《神灯》，文学杂谈集《我心中的文学》，以及《冯骥才中短篇小说集》《冯骥才小说集》《冯骥才选集》等。短篇小说《雕花烟斗》，中篇小说《啊！》《神鞭》，分获全国优秀短篇、优秀中篇小说奖。部分作品已被译成英、法、德、日、俄等文字在国外出版。冯骥才以写知识分子生活和天津近代历史故事见长。注意选取新颖的视角，用多变的艺术手法，细致深入的描写，开掘生活的底蕴，咀嚼人生的况味。

近年来，冯骥才致力于城市保护和民间文化遗产抢救上，完成从文艺家向"社会活动家"的角色转换，被誉为"民间文艺救生员""民间文化遗产的守望者"。

课文解析

古希腊是四大文明古国之一，是欧洲文明的发祥地。在冯骥才的眼中"石头"承载着古希腊的历史，"石头"反映了古希腊的文明。他们从历史深处走来与现代人交谈，现在人得以触摸到真实的历史。作者游览了古希腊国家考古博物馆。阿雷奥斯·帕果斯山上的雕像，以及迈锡尼遗址和海神庙，描写这些记载着历史文明气息的石头——雕像、石碑、石柱等，其目的在于歌颂古希腊人的聪明智慧及其创造的古希腊文明。进而歌颂现代希腊人珍惜古希腊文化，保护并尊重文化遗产的做法。这实际上阐释了作者对古代历史遗迹的思考，以及对古代文物保护的态度和方法，即不改变它的原貌让历史文明受到绝对与纯正的保护。

本文是一篇托物言志的散文。先对"物"进行具体的叙述，细致的刻画缜密的分析采用了叙述、描写、议论、抒情相结合的方法表达了作者要珍视历史，不改变历史的观点。

1. 给下列加点字注音。

暧昧（　　）　亢奋（　　）　坚不可摧（　　）　炯炯有神（　　）

葱茏（　　）　头颅（　　）　神谕（　　）　　五采缤纷（　　）

呵护（　　）　坍塌（　　）　废墟（　　）　　砾（　　）

甬道（　　）　泯灭（　　）　剥夺（　　）　　剥皮（　　）

龟甲（　　）　龟裂（　　）　躲藏（　　）　　宝藏（　　）

2. 解释下列词语。

炯炯有神：

暧昧：

坚不可摧：

气宇轩昂：

竟然：

果然：

发现：

发明：

启示：

启事：

一、选择题

1. 下列词语中加点字的读音完全相同的一组是（　　）

A. 休憩　迄今　锲而不舍　雕栏玉砌　　B. 扉页　王妃　蜚短流长　斐然可观

C. 显著　贮存　爱莫能助　铸就辉煌　　D. 躬行　内讧　曲肱而枕　觥筹交错

2. 下列各组词语中,没有错别字的一组是（　　）

A. 沿用　融会贯通　针砭时弊　饮鸩止渴

B. 编纂　肺腑之言　开门楫盗　暴殄天物

C. 诀别　事必恭亲　旁征博引　颐指气使

D. 焦躁　苦思冥想　应接不遐　稗官野史

3. 依次填入下列横线处的词语,最恰当的一项是（　　）

①逐步推广使用清洁的可再生能源,减少使用污染环境的能源,是_____环境恶化的正确选择。

②随着人们自律程度的不断提高,过去有些需要用铁栏杆来维持_____的地方,现在只要拉绳或画线就行了。

③具有世界影响的中国画大师张大千,人物、花鸟、鱼虫、走兽无一不精,尤其_____画山水。

A. 遏制　次序　善于　　　　　　B. 遏止　次序　善于

C. 遏止　秩序　擅长　　　　　　D. 遏制　秩序　擅长

4. 下列各句加点成语运用恰当的一项是（　　）

A. 在生活中,当困难与挫折袭来的时候,有的人心如止水,颓废沮丧,放弃追求。

B. 市中心商厦一楼的窗户全部焊有粗粗的铸铁护栏,消防专家指出,这样的做法是消防法规所令行禁止的。

C. 下半年,日元不断贬值,其势如破竹的下跌势头,使已经遭受金融危机重重打击的亚洲经济雪上加霜。

D. 一批逼真的文物仿制品出口到海外,被一些中国藏家以天价购买后又回流到中国,这真令人啼笑皆非。

5. 下列句子标点符号的使用,正确的一句是（　　）

A. "学习就怕'认真'二字。"张老师说:"'态度决定一切',确实很有道理。"

B. 陆游,字务观,号放翁,山阴（今浙江绍兴）人。

C. 徽宗写诗吹嘘说:"密移造化出闽山,禁御新栽荔枝丹",实际上不过当年成熟一次而已。

D. 一个认真的作者总是要弄清楚,他所引用的事实材料是否确实可靠?他所引用的文献材料是不是恰如原意?

6. 下列各句中,没有语病的一句是（　　）

A. 有关部门认为,因过量开采地下水,我国华北地区在多年前就已形成世界最大的"地下水漏斗",南水北调仍不能解决水荒现象。

B. 美国《预防》杂志刊文指出,年龄在七八十岁的老年人如果每天干家务活的时间在一小时以上,他们会更健康。

C. 肖复兴认为，如今少数网络作品的走红，依然掩盖不了整体网络文学创作水准和思想含量不高，因此，我们要辩证地看待网络作品的火热现象。

D. 近视患者都应当接受专业医师的检查，选择合适的眼镜，切忌不要因为怕麻烦、爱漂亮而不戴眼镜。

7. 在下面横线处填入短语或句子，衔接最恰当的一项是（　　）

南戏艺术从萌芽到成熟的进程是漫长的。温州等地的民间歌舞小戏，_____，_____，_____，_____，_____，_____，而五大传奇戏的出现，则标志着南戏艺术的成熟。

①在进入城市以后

②它的戏剧结构也就更加严谨和完整了

③随着南戏活动地区的扩展

④戏剧结构比较简单

⑤各种舞台艺术的综合运用才逐渐成熟

⑥出场的角色也只有三四个人物

A. ⑥④①⑤③②　　　　　　　　B. ④⑥①③②⑤

C. ⑥④⑤①②③　　　　　　　　D. ④⑥③①⑤②

8. 对下面四个句子修辞手法判断全都正确的一组是（　　）

①他在《五柳先生传》这篇短文中写道："好读书，不求甚解；每有会意，便欣然忘食。"

②读一本好书，就是和许多高尚的人谈话。

③目前，我正兴致勃勃地对自己的作品进行"减肥"，将可有可无的字、句、段删去，绝不吝惜。

④白发三千丈，缘愁似个长。

A. 引用　拟人　比喻　夸张　　　　B. 引用　比喻　拟人　夸张

C. 引用　比喻　比喻　比喻　　　　D. 借喻　拟人　拟人　夸张

二、填空题

1. 冯骥才，当代作家。短篇小说集_____，小说集_____，短篇小说_____，中篇小说《啊！》_____，分获全国优秀短篇、优秀中篇小说奖。

2. 本文的文章体裁是_____表达了作者_____的观点。

三、课内阅读

（1）在博物馆的一个展厅，我看到一截石雕的男子的左臂。虽然只是这么一段残臂，却依然紧握拳头，昂然地向上弯曲着，皮肤下面的血管膨脖鼓胀，脉搏在这石臂中有力地跳动。我们无法看见这手臂连接着的雄伟的身躯，但完全可以想见这位男子英雄般的形象。一件古物背后是一片广阔的历史风景。历史并不因为它的残缺而缺少什么。残缺，却表现着它的经历，它的命运，它的年龄，还有一种岁月感。岁月感就是时间感。当事物在无形的时间历史中穿过，它便被一点点地消损与改造，并因而便变得古旧、龟裂、剥落与含混，同时也就沉静、苍劲、深厚、斑驳和朦胧起来。

（2）于是一种美出现了。

……

凡是懂得这一层美感的，就绝不会去将古物翻新，甚至做更愚蠢的事——复原。

……

（3）山顶的石碑是一座高大的雕着神像的纪念碑。由于历时久远，一半已然缺失。石碑上层的三尊神像，只剩下两尊，都已经失去了头颅，可是他们依然气宇轩昂地坐在深凹的洞窟里。这时，使我惊讶的是，它竟比我刚才在几公里之外看到的更像是两尊佛像。……与敦煌和云岗中那些北魏与西魏的佛像酷似！如果我们将两个佛头安装上去，也会十分和谐！于是，它叫我神驰万里，一下子感到世纪前丝绸之路上那段早已逝去的令人神往的历史——从亚历山大东征到希腊人在犍陀罗为原本没有偶像崇拜的印度人雕刻佛像，再到佛教东渐与中国化的历史——陡然地掉转过头，五彩缤纷地扑面而来。

（4）原来时间隧道就在希腊人的石头中间！……由此，我找到了逼真地进入希腊历史的秘密。

（5）我便到处去寻访古老的文化的石头，从那一片片石头的遗址中找到时光隧道的入口，钻进去。

（6）然而，我发现希腊到处全是这种石头。……从德尔菲的太阳神庙到苏纽的海神庙，从埃皮达洛夫洛斯的露天剧场到迈锡尼的损毁的城堡，它们简直全是巨大的石头的世界。可是这些石头早已经老了。它们残缺和发黑，成片地散布在宽展的山坡或起伏的丘陵上。数千年前，它们曾是堆满财富的王城，聆听神谕的圣坛或人间英雄们竞技的场所。……

（7）尽管无情的历史遗弃它，有心的希腊人却无比珍惜它。他们保护这些遗址的方式在我们看来十分奇特，他们绝不去动一动历史遁去之后的"现场"。一根石柱在一千年前倒在哪里，今天绝不去把它扶立起来，因为这是历史的本来面目。尊重历史就是不更改历史。当然他们又不是对这些先人的创造不理不管。常常会有一些"文物医生"拿着针管来，为一些正在开裂的石头注射加固剂，或者定期清洗现代工业造成的酸雨给这些石头带来的污迹。他们做得小心翼翼。好像这些石头在他们手中依然是活着的需要呵护的生命。

（8）他们使我们认识到，每一块看似冰冷的古老的石头，其实并没有死亡，它们犹然带着昔时的气息。它们各自不同的形态都是历史的表情，石头上的残痕则是它们命运的印记与年龄的刻度。认识到这些，便会感到我们已身在历史中间。如果你从中发现到一个非同寻常的细节，那就极有可能是神奇的时间隧道的洞口了。

（9）迈锡尼遗址给人的感受真是一种震撼。这座三千多年前用巨石砌成的城堡，如今已是坍塌在山野上的一片废墟，被时光磨砺得分外粗糙的巨大的石块与齐腰的荒草混在一起。然而，正是这种历史的原生态，才确切地保留着它最后毁灭于战火时惊人的景象……

（10）今天，入夜后如果我们在遗址点上篝火，一样可以看到古希腊这惊人的一幕；我们的想象还会进入那场以情杀为背景的毁灭性的内战中去。因为，迈锡尼遗址一切都是原封不动的。时光隧道还在那些石头中间。于是我想，如果把迈锡尼交给我们——我们是不是要把迈锡尼散乱的石头好好"整顿"一番，摆放得整整齐齐；再将倾毁的城墙重新砌起来；甚至突发奇想，像大声呼喊着"修复圆明园"一样，把迈锡尼复原一新。如若这样，历史的魂灵就会一下子逃离而去。

1. 解释下列加点词语或句子在文中的含意。

①它们各自不同的形态都是历史的表情。

②原来时间隧道就在希腊人的石头中间！

2. 作者在文中说："如果你从中发现到一个非同寻常的细节，那就极有可能是神奇的时间隧道的洞口了。"阅读节选文章，说说作者发现了哪些非同寻常的细节？感受到了哪些历史？

3. 作者在文中最后一个自然段设想了"我们"保护迈锡尼遗址的做法，这样写有什么用意？

4. 对文中第（1）自然段赏析不正确的一项是（　　）。

A. 本段采用了叙述、描写、议论、抒情有机结合的表达方式，表现"一截石雕的男子的左臂"的美。

B. 作者先用叙述的表达方式交代参观的对象，再对左臂做了细腻的描写，表现其阳刚之美，然后对此展开形象的议论，揭示残缺的意义。

C. 在描写、议论中表达了作者对残缺石雕的惋惜之情。

D. 多种表达方式有机结合，使作者既能对事物进行形象的描绘，使文章语言生动优美，给人以具体的美的享受，又能使作者对事物进行分析，发表见解，给人以启迪。

四、拓展阅读

艺术三昧

丰子恺

（1）有一次我看到吴昌硕写的一方字。觉得单看各笔画，并不好；单看各个字，各行字，也并不好。然而看这方字的全体，就觉得有一种说不出的好处。单看时觉得不好的地方，全体看时都变好，非此反不美了。

（2）原来艺术品的这幅字，不是笔笔、字字、行行的集合，而是一个融合不可分解的全体。各笔各字各行，对于全体都是有机的，即为全体的一员。字的或大或小，或偏或正，或肥或瘦，或浓或淡，或刚或柔，都是全体构成上的必要，决不是偶然的。所以单看一笔、一字或一行，自然不行。这是伟大的艺术的特点。在绘画也是如此。中国画论中所谓"气韵生动"，就是这个意思。西洋印象画派的持论："以前的西洋画都只是集许多幅小画而成一幅大画，毫无生气。艺术的绘画，非画面浑然融合不可。"在这点上想来，印象派的创生确是西洋绘画的进步。

（3）这是一个不可思议的艺术的三昧境。在一点里可以窥见全体，而在全体中只见一个个体。这道理看似矛盾又玄妙，其实是艺术的一般的特色，美学上的所谓"多样的统一"，很可明了地解释。其意义：譬如有三只苹果，水果摊上的人把它们规则地并列起来，就是"统一"。只有统一是板滞的，是死的。小孩子把它们触乱，东西滚开，就是"多样"。只有多样是散漫的，是乱的。最后来了一个画家，要照着它们写生，给它们安排成一个可以入画的美的位置——两个靠拢在后方一边，余一个稍离开在前方，——望去恰好的时候，就是所谓"多样的统一"，是美的。

（4）要统一，又要多样；要规则，又要不规则；要不规则的规则，规则的不规则；要一中有多，多中有一。这是艺术的三昧境！

（5）宇宙是一大艺术。人何以只知鉴赏书画的小艺术，而不知鉴赏宇宙的大艺术呢？何以不拿看书画的眼来看宇宙呢？如果拿看书画的眼来看宇宙，必可发现更大的三昧境。

宇宙是一个浑然融合的全体，万象都是这全体的多样而统一的诸相。在万象的一点中，必可窥见宇宙的全体；而森罗的万象，只是一个个体。勃雷克的"一粒沙里见世界"，孟子的"万物皆备于我"，就是当作一大艺术而看宇宙的吧！艺术的字画中，没有可以独立存在的一笔。即宇宙间没有可以独立存在的事物。倘不为全体，各个体尽是虚幻而无意义了。那么这个"我"怎样呢？自然不是独立存在的小我，应该融入宇宙全体的大我中，以造成这一大艺术。

（选自《丰子恺散文选》，有删节）

1. 请简要概括本文的论述思路。

2. 结合摆放苹果的事例，说说在审美过程中应该怎样处理"多样"和"统一"的矛盾。

3. 丰子恺在文章结尾提出的"鉴赏宇宙的大艺术"，包含哪些深意？

4. 下列各项对文章的理解正确的一项是（　　）

A. 作为书法作品单看各笔画，并不好；单看各个字，各行字，也并不好，但反着看就美了。

B. 文中说"要统一，又要多样；要规则，又要不规则"是因为作者没有想清楚艺术到底想要什么。

C. "艺术的字画中，没有可以独立存在的一笔。"意思是说，艺术是多样性的统一。

D. 最后一个自然段说明，我们是不独立的小我，因而我们不能创造出很好的艺术。

二十五　奥林匹克精神

学习目标

1. 理解奥林匹克精神的内涵和价值。
2. 能体会奥林匹克精神在人类社会发展中的积极作用。
3. 能够品味文章的语言。

文学常识

皮埃尔·德·顾拜旦（1863—1937），是法国著名教育家、国际体育活动家、教育学家和历史学家、现代奥林匹克运动的发起人。1863年1月1日出生于法国巴黎的一个非常富有的贵族家庭。1896年至1925年，他曾任国际奥林匹克委员会主席，并设计了奥运会会徽、奥运会会旗。由于他对奥林匹克不朽的功绩，被国际上誉为"奥林匹克之父"。

奥林匹克运动会是发源于两千多年前的古希腊，因举办地在奥林匹亚而得名。古代奥林匹克运动会停办了1500年之后，法国人顾拜旦于19世纪末提出举办现代奥林匹克运动会的倡议。1894年成立奥委会，1896年举办了首届奥运会，1924年举办了首届冬奥会，1960年举办了首届残奥会，2010年举办了首届青奥会。

现代奥林匹克运动会由国际奥林匹克委员会主办的世界规模最大的综合性运动会，每四年一届，会期不超过16日。分为夏季奥林匹克运动会、夏季残疾人奥林匹克运动会、冬季奥林匹克运动会、冬季残疾人奥林匹克运动会、夏季青年奥林匹克运动会、冬季青年奥林匹克运动会、世界夏季特殊奥林匹克运动会、世界冬季特殊奥林匹克运动会、夏季聋人奥林匹克运动会、冬季聋人奥林匹克运动会。奥运会中，各个国家用运动交流各国文化，以及切磋体育技能，其目的是为了鼓励人们不断进行体育运动。

课文解析

这是一篇精彩的演说词。用诗歌般的语言阐述了奥林匹克精神的内涵与价值。作者认为真正的奥林匹克精神，将带给人们美感，荣誉感。通过考察希腊雅典古代奥运会的遗址，作者认为古希腊人组织竞赛活动，不仅是为了锻炼体格，更是为了教育人。通过复兴奥运会的根本宗旨就是通过体育竞赛来教育青年人。

如何将恢复奥林匹克精神的理想变成现实呢？顾拜旦提出一个重要的理念就是大众参与，即使地位最低下的公民也应该能够享受这种精神。他认为，奥林匹克精神是人类吸收古代传统构筑未来的力量之一。这种力量虽不足以确保社会和平，但可以促进和平；虽不能更加均衡地为人类分配生产和消费物质必须品的权利，但可促进公平；虽不能够为青少年提供免费接受智利培训的机会，但仍可促进教育。和平、公平性、教育性在他看来就是完整、民主的奥林匹克精神。

在演讲的最后，顾拜旦畅想了美好的前景。

知识积累

1. 给下列加点字注音。

崩溃（　　）　崭新（　　）　纯粹（　　）　萦绕（　　）

绚丽（　　）　拙劣（　　）　肤浅（　　）　朝气蓬勃（　　）

严峻（　　）　沉甸甸（　　）　赋予（　　）　祈求（　　）

束缚（　　）　奠定（　　）　慷慨（　　）　劫难（　　）

2. 在下列句子的括号里填上适当的关联词。

①（　　）他不能获胜，（　　）会给人以胜利在望的感觉。

②人类渴望进步，（　　）又常常误入歧途。

③这个人没有意识到他应当受这样的赞扬，（　　）他仅仅是凭一种比其意识还强大的直觉在行事。

④（　　）奥林匹克精神，经历了这一切，（　　）是她没有恐惧，没有成为这场劫难的牺牲品。

一、选择题

1. 加点字注音正确的一项是（　　）

A. 渲染（xuān）　祈盼（qǐ）　誊写（téng）　宁谧（mì）

B. 衣袂（mèi）　凫水（fú）　长喙（huì）　窒息（zhì）

C. 山脊（jì）　婀娜（ē）　奢华（chē）　刁难（nān）

D. 灵柩（jiù）　　凤愿（sù）　　谙熟（yìn）　　窈窕（tiáo）

2. 下列成语书写完全正确的一项是（　　）

A. 义正辞严　如出一辙　天源之别　　　B. 走头无路　不卑不抗　安分守己

C. 滔天大罪　从谏如流　众目睽睽　　　D. 怦然心动　直迷不悟　熙熙嚷嚷

3. 依次填入下列横线处的词语，最恰当的一项是（　　）

①（《九歌》）自屈原吟唱出这动人的诗句，它的鲜明的形象，影响了此后历代诗人们，许多为人_____的诗篇正是从这里得到启发。

②这个预言也不就此结束，这只乌鸦借来的羽毛全给人家拔去，现了_____，老羞成怒，提议索性大家把自己天生的羽毛也拔个干净……

③"乡下佬"是不是只配剃光头，以及什么样的人才配剃平头，这问题是够_____的，我答不上来。

④为了避免我们的谈话被人误解_____闹出什么乱子，我得把我们的谈话内容报告校长。

A. 传诵　原型　深刻　以致　　　　B. 传颂　原型　深奥　以至

C. 传诵　原形　深奥　以致　　　　D. 传颂　原形　深刻　以至

4. 下列各句中，加点的成语使用恰当的一句是（　　）

A. 这部轻喜剧逗得大家哈哈大笑，人们所有的烦恼都涣然冰释了。

B. 他在哲学上造诣极深，所以才能见仁见智，写出极有价值的论文。

C. 二中女子排球队在比赛中，连连失利，最后功亏一篑，只获得第八名。

D. 大熊猫憨态可掬，小猴子顽皮可爱，使得周围的大人们忍俊不禁，孩子们更是笑得前仰后合。

5. 下列各句中，没有语病的一项是（　　）

A. 有人认为科学家终日埋头科研，不问家事，有点儿不近人情，然而事实却是对这种偏见的最好说明。

B. 政府执法部门的各种罚没款必须依法上缴，不能截留自用，其经费来源只能来自国家财政拨款。

C. 黄昏时分，站在山顶远远望去，只见水天相接处一片灯光闪烁，那里就是闻名中外的旅游胜地——水乡古镇东平庄。

D. 现在许多小学允许学生上课时喝水、上厕所，甚至在老师讲课中插嘴，这些历来被看作违反纪律的行为已经得到纠正。

6. 下列句子中标点符号使用正确的一项是（　　）

A. 据人民银行调查，截至3月末，钢铁，水泥，房地产三大行业投资项目中，48%的资金来自银行贷款。

B. 我很欣赏哈佛校训上的一句话："为增长智慧走进来，为服务祖国和同胞走出去。"

中国青年也应把"胸怀祖国，服务人民"作为自己的座右铭。

C. 取消自行车牌照招致了人们的反对，其理由是：一些交管部门认为：根据道路交通管理条例，任何上路的车辆都必须证照齐全；公安部门则认为：自行车挂牌照，便于追赃；一些市民也认为：自行车牌照仍有存在必要，否则赃车就会光明正大地招摇过市。

D. 自从施瓦辛格以51%得票率的优势战胜了134位竞争者，当选为美国加州州长后，一个"如果"就让我不得安宁：如果张艺谋竞选某省省长，会怎么样，会发生些什么。

7. 使用的修辞方法不同于其他三句的一句是（　　　）

A. 流氓欺乡下佬，洋人打中国人，教育厅长冲小学生，都是善于克敌的豪杰。

B. 现在敌人已经在磨刀了，因此我们也要磨刀。

C. 他又是个挺红的干部，长得又英俊，劳动更可以顶住一个半人；没念过多少书，但靠着自修，肚里的墨水也不少。

D. 老寿上县委啦？甘书记请你吸红牡丹了吧？

8. 填入下面横线处的句子，与上下文衔接最恰当的一项是（　　　）

走进史丹福大学，会被一种大气揪住。一条宽阔笔直的大道向校园深处延伸进去，_____，_____，建筑后边青山隐隐。

①四季葱绿的树林生长在道路两旁

②道路两旁是四季葱绿的树林

③庄严的石头建筑位于校园深处

④校园深处是庄严的石头建筑

A. ①③　　　　　　　　　　B. ②④

C. ②③　　　　　　　　　　D. ①④

二、填空题

1. 顾拜旦是_____国著名教育家、国际体育活动家、教育学家和历史学家、现代奥林匹克运动的发起人。被国际上誉为"_____"。

2. 奥林匹克运动会是发源于两千多年前的_____，因举办地在奥林匹亚而得名。

3. 本文的文章体裁是_____。

三、课内阅读

　　奥林匹克精神逐渐为青年所崇尚。奥林匹克精神同纯粹的竞技精神是有区别的，奥林匹克精神包括但又超越了竞技精神。我想对这一不同之处作出详细阐述，运动员欣赏自己作出的努力。他喜欢施加于自己肌肉和神经上的那种紧张感，而且因为这种紧张感，即使他不能获胜，也会给人以胜利在望的感觉。但这种乐趣保留在运动员内心深处，在某种程度上只是自得其乐。现在。让我们设想一下另一种情况，当这种内心的悦乐向外突发与大自然的乐趣和艺术的奔放融合在一起，当这种悦乐为阳光所萦绕，为音乐所振奋，为带圆柱形门廊的体育馆所珍藏时，该是何等情景呢？这就是很久以前诞生在阿尔弗斯河岸边的古代奥林匹克精神绚丽的梦想。在过去几千年里，正是这一迷人的梦想使世界凝聚在一起。

　　现在，我们正处于历史的转折关头。人类渴望进步，但又常常误入歧途。青少年往往为陈旧、复杂的教学方法，愚蠢和严厉相交替的说教以及拙劣肤浅的哲学所束缚而失去平衡。我想：这就是为何要敲响重开奥林匹克时代钟声的原因。我们把盎格鲁撒克逊人的运动功利主义同古希腊留传下来的高尚、强烈的观念结合起来，开辟奥林匹克新时代。在对纽约和伦敦举办奥运会的现实可能性作出评估后，我为这一意外的合成物向不朽的希腊祈求一剂理想主义的良药。先生们，这就是我们的杰作——刚才你们还向她表达了敬意。如果你们的赞美之词是向为之工作的人说的，我将感到羞愧。<u>这个人没有意识到他应受这样的赞扬</u>，因为他仅仅是凭一种比其意识还强大的直觉在行事。但他愉快地接受对奥林匹克理想的赞美之词，他是这一理想的第一个信徒。

1.顾拜旦认为奥林匹克精神与纯粹的竞技精神有什么不同之处？

2."敲响重开奥林匹克时代的钟声的原因"是什么？表达了作者怎样的愿望？

3.画线处语句中的"这个人"、"他"指代谁？作者为什么不直接点明，并且转换了人称？

4. 请用"奥林匹克是一种竞技精神"为开头，写一段话要求表述合理，语言连贯，不少于80个字。

四、拓展阅读

梦碎雅典

杨 明　马小林

奥蒂又输了，这次依然输给了坏运气。

这位37岁的牙买加老将具备夺取世界百米冠军的实力已达17年之久，运气却从来没有降临到她的头上。当奥蒂闪着泪花走出第六届世界田径锦标赛赛场时，她追求了一生的梦想化作一场噩梦。

奥蒂已经赢得过20多枚世界大赛银牌和铜牌，参加过5届世界锦标赛，但还从来没有赢得过一次百米冠军。没有任何一个田径选手的付出比奥蒂更多，没有任何一个女子田径短跑选手能在37岁的"高龄"依然在世界赛场上奔跑，也没有任何一个世界名将遭遇到比奥蒂更多的莫明其妙的不幸。

这次大赛前，她以10秒96的成绩排名今年世界第三，奥运会冠军德弗斯和世界冠军托伦斯的缺席，给了奥蒂一次绝好，也是最后一次竞争世界短跑女皇的机会。

经过三轮出色的表现，奥蒂最终站到决赛起跑线前，观众送给她的掌声和欢呼声超过了所有其他选手。她太珍惜这次机会了，这是她人生最关键的一次搏击，就像剑手要毕其全部功力于一击。

奥蒂蹲下了，全场静默着。发令员举起手臂，反常的两声枪响预示着有人抢跑。所有人跑出后都停了下来，只有奥蒂没有听出是犯规的枪声。这对于比赛经验最丰富的奥蒂来说，似乎是不可思议。

起跑通常不好的奥蒂这次飞身领先，她像旋风般地掠过跑道，人们惊呆了孤独的奥蒂一人奔跑在赛场上，转瞬之间，她已经跑过80米！

在全场观众的惊呼声中奥蒂停了下来，她意识到发生了什么。此时，全场再次静默得反常。在这片静默中，面无表情的奥蒂转身在跑道上慢慢地一步、一步地走着……

人们想起在1993年的世界锦标赛百米决赛中，奥蒂和美国的德弗斯同时撞线，成绩虽然都是10秒82，但金牌却被莫明其妙地判给了对方，站在银牌领奖台上的奥蒂的那双泪眼给世界留下了难忘的印象。

在1996年奥运会的百米决赛上，历史居然惊人地类似，奥蒂又是在同样的情况下输给了德弗斯。

去年底，疲惫的奥蒂终于决定退役，捧着20多枚在世界大赛上夺得的银牌和铜牌，心怀不甘的奥蒂宣布自己将转做时装设计师。当时，世界上所有的田径爱好者都将深深的敬意送给这位不是世界百米冠军的"女皇"。

奥蒂沉重地走着，一步一个坎，一步一个艰辛。那条百米跑道浓缩了她20多年的运动生涯，全场观众以静默表示着他们深深的同情。

出乎所有人的意料，奥蒂没有发脾气，没有沮丧，她的脸上现出坚毅的表情。

她再一次蹲下，再一次使出毕生力量去拼搏，但结局是大家可以预料的（仅获第七名）。

奥蒂以永不服输的精神感动着观众。她的世界百米冠军梦虽然没有实现，但在世人心中，奥蒂何尝不是英雄！

1. 文章开头两段属于新闻文体基本构成中的哪个部分？请结合本文分析其作用。

2. 文章用较长篇幅介绍了奥蒂参加比赛的背景材料，这样写有什么作用？

3. 怎样理解"在这片静默之中，面无表情的奥蒂转身在跑道上慢慢地一步、一步地走着……"这句话在文中的含意？

4. 作者在文章结尾说："她的世界百米冠军梦虽然没有实现，但在世人心中，奥蒂何尝不英雄！"请结合奥林匹克精神，谈谈你的认识。

第五单元检测题

一、选择题

1. 下列加点字注音全部正确的一组是（　　）

   A. 谪戍（zhé）　　黏合（nián）　　黔首（qián）　　囊括（náng）
   B. 逡巡（qūn）　　锋镝（dí）　　　癖好（pì）　　　墨翟（zhái）
   C. 廿七（èr）　　　鲰生（zhōu）　　嗔目（chēn）　　户牖（yǒu）
   D. 尽兴（jǐn）　　 炽烈（zhì）　　 挫折（cuō）　　 欢谑（xuè）

2. 下列词语中没有错别字的一项是（　　）

   A. 以逸待劳　　游刃有余　　功亏一匮　　骄奢淫逸
   B. 幅员　　　　惦量　　　　指手划脚　　甘拜下风
   C. 庖丁解牛　　拨乱反正　　青面獠牙　　洋洋洒洒
   D. 一杯黄土　　狂放不羁　　裨官野史　　众目昭彰

3. 依次填入下列各句横线处的词语，恰当的一组是（　　）

   ①逐步推广使用清洁的可再生能源，减少使用污染环境的能源，是_____环境恶化的正确选择。

   ②端午节，民间有在身上挂香荷包的习俗，据说这样可以_____疾病。

   ③见到这一情景，她那满腔怨恨，似乎一下子都_____了。

   A. 遏止　驱除　融解　　　　　　B. 遏制　祛除　融解
   C. 遏止　祛除　溶解　　　　　　D. 遏制　驱除　溶解

4. 下列各句中加点成语使用恰当的一项是（　　）

   A. 他在我们这个小山城里可以说是出类拔萃的才子，但比起京、沪等地的作家来，未免有些美中不足。

   B. 青年人在前进的道路上遇到各种困难，这本来是很正常的，但是他们不应该举棋不定，而应勇往直前。

   C. 各级领导干部只有勤政廉政，一心为民，才能造成上行下效、正气张扬的良好局面。

   D. 只要你设身处地地为下岗工人着想，你就会同情他们的境遇，伸出援助之手，帮助他们寻找就业门路。

5. 下列各句中，标点符号使用不正确的一句是（　　）

A. 李四光用他的学识和智慧，为我们描绘了多么美丽的石油、煤炭、金属、非金属、稀有元素、分散元素等矿产资源的远景啊！

B. 现在有一出歌剧叫"大漠女儿"，是写杨虎城之女杨拯陆为找油而牺牲于洪水的，戴健之死的情形与之完全一样。

C. 心晴的时候，雨也是晴；心雨的时候，晴也是雨。

D. "学习就怕'认真'二字。"张老师说，"'态度决定一切'，确实很有道理。"

6. 对下列各句所使用的修辞手法判断正确的一组是（　　）

①一排排柳树倒映在水中，欣赏着自己的容貌。

②江南的夏夜，蛙声如潮，月色似银。

③一滴太白酒，十里草木香。

④盼望着，盼望着，东风来了，春天的脚步近了。

A. ①拟人②明喻③夸张④反复　　　　B. ①比喻②排比③借代④排比

C. ①拟人②排比③夸张④排比　　　　D. ①暗喻②借喻③借代④反复

7. 下列各句中没有语病的一句是（　　）

A. 据历史资料记载，早在一千三百多年前，中国人就开始种植和使用桐油了。

B. 你们的父母省吃俭用，为你们创造了今天这么好的学习条件，却不好好学习，对得起他们吗？

C. 一些不自觉的游客因身边没有清洁袋，就随手将用过的垃圾扔在树林里、草丛中，给美丽的中山陵抹上了不和谐的色彩。

D. 他就是在那缱绻的秋日，怀着无限依恋、惜别的心情，告别了一切，途经巴黎，浪迹天涯。

8. 依次填入下列横线处的句子，与上下文衔接最恰当的一组是（　　）

我不能相信，一个从小不知体恤和敬爱父母，不知尊敬师长，对同胞毫无感情，对除了自己以外的广大民众的生存现状和祸福忧患漠不关心，麻木不仁的人，竟会 _____。

A. 不是一个真诚的而是一个虚伪的爱国者

B. 是一个虚伪的而不是一个真诚的爱国者

C. 不是一个虚伪的而是一个真诚的爱国者

D. 成为一个真诚的爱国者

9. 下列文学形象、作品、作者、国籍（时代）对应正确的一项是（　　）

A.《想北平》——老舍——当代

B.《肖邦故园》——雅·伊瓦什凯维奇——俄国

C.《中国画与西洋画》——宗白华——现代

D.《奥林匹克精神》——顾拜旦——法国

10. 下列各句与例句中加点词用法相同的一项是（　　）

例句：道芷阳间行

A. 籍吏民，封府库，而待将军　　B. 会盟而谋弱秦

C. 项伯杀人，臣活之　　D. 君为我呼入，吾得兄事之

二、诗文阅读

红　梅
苏　轼

怕愁贪睡独开迟，自恐冰容不入时。故作小红桃杏色，尚余孤瘦雪霜姿。

寒心未肯随春态，酒晕无端上玉肌。诗老不知梅格在，更看绿叶与青枝。

【注】诗老：指苏轼的前辈诗人石曼卿。

1. 对这首诗的理解，不恰当的一项是（　　）

A. "独开迟"既点出了红梅晚开，也赋予了她不与众花争春的品性。

B. "自恐"句不是说自己真的担心，而是含蓄地表达了不愿趋时的情感。

C. "尚余"句在写红梅"雪霜姿"的同时，也透露出一丝无奈。

D. "酒晕"句是说梅花之色仿佛是人饮酒后脸上泛起的红晕。

2. 对这首诗的赏析，不恰当的一项是（　　）

A. 诗人使用拟人手法，以红梅自况，表达了与桃杏一起装点春天的愿望。

B. 心境幽寒的红梅"怕愁贪睡"，不肯随"春"，故而未能及早开放。

C. 红梅生机难抑，烂漫开放，冰容雪姿，孤瘦高洁，自成一片春光。

D. 面对百花盛开的"春态"，红梅仍深自怵惕，保持自己的节操。

三、科技文阅读

太阳的能量

太阳在亿万年的历史长河中忠于职守地为地球提供能量，它的能量是什么？这是一个催人探索的问题。在相对论出现以前，人们解释说太阳内部物质燃烧而释放出能量。相对论诞生后，则解释为原子核的聚变和裂变产生出巨大的能量。这两种解释都使人类痛苦而面临着抉择。

然而，统一论发现，太阳是宇宙中大规模的统一场场能变化使得在某一空间区域内产生的巨大的能量辐射现象。这可以用太阳灶来打比方，聚光镜把太阳能聚焦在某一点上，于是该焦点便产生了一个能量聚焦点。太阳便是宇宙中一个巨大的能量聚焦点。这个能

量点是来源于宇宙统一场场能的不断变化，使在太阳所在的区域内不断发生能级跃迁从而产生的巨大能量辐射现象。其微观辐射模型，正是核外电子能极跃迁的现象，一个电子从一个能级跃迁到另一个能级，对能量的吸收与释放是从整个原子系统上表现出来的，太阳能源的统一论观点使得在这一领域的宏观理论和微观理论也得到了完美的统一。

  由此可见，太阳并不是悬挂在天空的圆球，而是宇宙运行中的一个闪光点。这闪光也不是因其自身能发光，而是宇宙运动产生的能量辐射现象，所以我们没有必要对地球产生菲薄之念，因为地球自身就是拯救自己的真正的"太阳"。

  1."使人类痛苦而面临着抉择"一句中，"痛苦"是指（　　）

  A. 太阳能源总会耗尽，宇宙将失去光明。

  B. 太阳总有一天会从我们的天空消逝。

  C. "内部物质燃烧论"与"相对论"都意味着人类的灭亡。

  D. 必须离开地球故乡，去寻找新的太阳。

  2.与"太阳仅是宇宙中一个巨大的能量聚焦点"含义一致的是（　　）

  A. 太阳是在宇宙统一场场能作用下产生的巨大能量辐射现象。

  B. 太阳就是宇宙中吸收能量并产生巨大辐射现象的"聚光镜"。

  C. 太阳的巨大能量辐射现象是在宇宙统一场场能作用下产生的。

  D. 太阳就是宇宙"聚光镜"作用下吸收能量产生的辐射现象。

  3."地球自身就是拯救自己的真正的'太阳'"这一说法的科学依据是（　　）

  A. 整个宇宙是不可分解的整体，有地球存在，就一定有太阳存在。

  B. 地球运动是产生太阳辐射现象的必要条件，地球运动是永恒的。

  C. 太阳的辐射现象是包括地球在内的宇宙系统运行的自然结果。

  D. 从某种意义上说，"太阳"部分在地球中延伸，地球就是自身的"太阳"。

  4.下面表述与文意不相符的一项是（　　）

  A. 根据统一论，太阳是宇宙运行中自身并不能发光的一个闪光点。

  B. 相对论认为太阳能源来自于原子核的聚变和裂变产生的巨大能量。

  C. 文中用太阳灶来打比方是为了说明太阳是宇宙一个巨大的能量聚焦点。

  D. 相对论以前的观点认为，由于能源耗尽，太阳总有一天会从我们的太空消逝。

四、填空题

  1.老舍，其代表作有长篇小说《＿＿＿＿》《＿＿＿＿》。

  2.肖邦是19世纪＿＿＿＿（国家）作曲家、钢琴家。

  3.《古希腊的石头》选自＿＿＿＿。

  4.《中国画与西洋画》作者是＿＿＿＿。

五、应用文写作

请以当事人身份写一张借条：3月1日，张华买车，向朋友李强借人民币10 000元，承诺7月1日归还。（200字以内）

六、现代文阅读

亲亲麦子

张佐香

（1）麦子是一枝灿烂而实在的花朵，开在万里田畴之上，开在农民的心坎上。

（2）麦子的颗粒很美，有土壤般朴素柔和的质地和本色。一粒麦子是美丽的，一棵麦子是美丽的，一地麦子还是美丽的。麦子生命的每个过程都是美丽的。麦子原本是一粒种子，浸润了阳光、空气、水分，结出黄灿灿的麦粒，丰富了我们的血液和躯体。麦子用它的物质颗粒和精神内核书写着人类的历史。

（3）当秋阳拂照四野，耕耘完的田畴袒露出丰腴的肌肤，随着父亲手臂的挥动和铿锵的步伐，麦粒穿过深秋的空气落入土地。田野上空一阵又一阵金色的雨在秋阳里一闪一闪，父亲脸上荡漾着微笑的涟漪，把麦粒交给生命的家园。种子要想不丢失自己，就必须走回它生命的家园，走向疏松湿润的土壤，吸收大地的微温和芬芳。在秋雨的润泽下，绿色的剑刺破黑暗的泥土指向天空。嫩嫩的绿芽儿探出头来，它们挨挨挤挤地住在一起，以盛大的形式展开，以集体的力量显示其生存的意义。

（4）麦子从容地迈过冬天的门槛，第一个用绿色的手与春天紧握。清纯的麦苗相依相扶、牵牵连连，一直铺向遥远的远方。瞬间，万野绿遍，大地尽染，麦子在一望无际的田畴尽情地拓展绿色的海洋。大地融进了蓝天，蓝天陷进了绿海。此时的乡亲们忙着在麦海里除草施肥。麦子在人类的呵护下，展示着拔节吐穗、开花灌浆的生命过程。麦子和人类在和谐中相互期待、相互拥有。

（5）麦子把生命之花开在头部，最完美地接受阳光雨露。麦子终于完成了对生命的雕塑，不动声色地吐露出饱满的穗子，麦穗就是国徽上的那麦穗。麦穗是绝妙的艺术品。数十粒麦子团结起来，井然有序地排列成一个柱体。麦粒大头向下，小头尖尖向上，汗滴一般，而麦芒如剑直指蓝天。风来了，麦浪一波一波，似乎整个大地都跳起了舞。父亲去看看麦子的长势，怜惜地扯下几根麦穗搓着，然后眯起眼，吹起麦芒，将一手心鲜嫩的麦粒倒进嘴里。我去嗅麦子清香的味道，像掬起一捧水那样，用双手捧着几个麦穗，将脸贴在它们的上面，我手捧着它们表达我的亲近。在我心里，麦子就是我永远的亲人。

（6）看母亲割麦是一件赏心悦目的事。镰刀闪着星月一般俏丽的锋芒。母亲一手抡开镰刀，一手揽麦入怀。镰刀贴着地皮，挥出一道优美的弧线。瞬间，麦子便倒进母亲温暖的怀里。顺手，母亲抽出一绺作要子，就势将麦子翻转过来，捆好。麦捆从腋间滑落下来，躺在田垄上。这一连串的动作一气呵成。农民为麦子备好行囊，走进炊烟袅袅的村庄。麦子收后的田野静静的。母亲细心地寻找麦子，唯恐遗漏一粒，像在寻找土里的珍珠。融入了阳光、雨露、汗水的麦粒，是大地之树结出的鲜亮的果子，是大地母亲分泌的乳汁，哺育着人类。麦子是芸芸众生生命的基本元素，锻造着我们的灵魂。

（7）麦子从容地走完真善美的一生，生根，长叶，开花，结果，奉献……麦子，普通而神圣的麦子，朴素而雅致的麦子，养育我们血脉和精神的麦子，弥漫着文化意蕴，流淌进海子纯洁的诗篇。面对你，我俯首膜拜，诚谢敬仰！

(《新语文学习》)

1. 作者在（2）段说："麦子用它的物质颗粒和精神内核书写着人类的历史。"怎么理解这句话的含意？

2. 本文第（6）段主要运用了什么表达技巧？各举一例说明其表达效果。

3. 联系全文，探究作者主张"亲亲麦子"的理由。

4. 下列对文章有关内容的分析和概括，最恰当的一项是（　　　）

A. 本文生动详细地记述了麦子生根、长叶、开花、结果的一生，用词优美，情深意浓，给我们留下了深刻的印象。

B. 本文主要运用了叙议结合的手法以及拟人、对比、夸张的修辞手法，使作品条理清楚，又显得很有文采。

C. 本文作者有很强的语言表达能力，如他在文中运用冷静客观、准确细致的语言，表达了对麦子的情感。

D. 从字里行间不难看出，"我"的父亲种麦子很有经验，例如在第⑤段，他吃下鲜嫩的麦子就能判断麦子的长势。

七、写作训练

"只解沙场为国死,何须马革裹尸还。"爱国,是一种坚定的民族精神,是一种振兴中华的责任感。请你以"爱国"为话题,确定立意,明确文体,自拟标题完成一篇800字的文章,不要套作,不得抄袭。

第六单元

二十六　六国论

学习目标

1. 掌握重点实词、虚词的含义和用法及特殊语法现象；能够正确翻译文章。
2. 了解史论中借古讽今的写法。
3. 学习本文论证严密的特点。
4. 认识苏洵关于六国灭亡的观点："弊在赂秦"。

文学常识

1. 作者：苏洵，字明允，号老泉，四川眉山人，北宋（朝代）著名散文家，号为"老苏"，与其子苏轼、苏辙并称"三苏"，同为"唐宋八大家"中的散文家。后人有诗称赞："一门三父子，都是大文豪。诗赋传千古，峨嵋共比高。"

2. 论：是散文的一种，以论证为主，其特点是善于说理。"六国论"在这里是一个省略式短语，实际应是"六国破灭之论"。文章旨在分析六国失败的原因，借古讽今。

课文解析

1. 借古讽今，针砭时弊。

本文从历史与现实结合的角度，抓住六国破灭"弊在赂秦"这一点立论，针砭时弊，切中要害，表明了作者独到的政治见解。文末联系北宋现实，点出全文的主旨，语意深切，发人深省。

2. 论点鲜明，论证严密。

文章开篇提出六国破灭"弊在赂秦"的论点，然后以史实为据正反论证，从而得出"为国者无使为积威之所劫"的论断，最后借古论今，讽谏北宋统治者切勿"从六国破亡之故事"。文章围绕中心论点展开论证，既深入又充分，逻辑严密，无懈可击。

3. 语言生动，气势充沛。

语言生动形象，对偶、对比、比喻、引用、设问等修辞方式的运用，不仅使章法严谨，而且富于变化，承转灵活，纵横恣肆，雄奇道劲，具有雄辩的力量和充沛的气势。

二十六 六国论

知识积累

1. 字音。

贿赂 huìlù　　获邑 yì　　厥 jué　　暴霜露 pù　　荆棘 jīngjí　　草芥 jiè
安寝 qǐn　　弥繁 mí　　与嬴 yíng　　洎 jì　　胜负之数 shù

2. 通假字。

①暴霜露（通"曝"）
②暴秦之欲无厌（通"餍"，满足）
③当与秦相较（通"倘"，如果）

3. 解释重点词语。

①六国互丧，率赂秦耶　率（shuài）：一律、一概
②思厥先祖父　厥：代词，其，他的，他们的
③暴霜露，斩荆棘　暴（pù）：暴露、冒着
④故不战而强弱胜负已判矣　判：分清、判明
⑤与嬴而不助五国也　与：依附、亲近
⑥始速祸焉　速：招致
⑦洎牧以谗诛　洎（jì）：到、等到
⑧当与秦相较，或未易量　当：通"倘"，倘若、如果

4. 词类活用。

①事：以地事秦（名作动，侍奉）
②义：义不赂秦（名作动，行正义）
③事、礼：以事秦之心，礼天下之奇才（名作动，侍奉；礼遇）
④日、月：日削月割（名作状，一天天地；一月月地）
⑤却：李牧连却之（动词使动，使……退却）

5. 古今异义。

（1）其实：①古义：那实际上。
　　　　　②今义：副词，表示所说的是实际情况。

（2）祖父：①古义：祖辈父辈。
　　　　　②今义：爷爷。

（3）至于：①古义：以致，以至于。
　　　　　②今义：表示另提一事。

（4）智力：①古义：智谋，力量。
　　　　　②今义：指人认识、理解客观事物并运用知识、经验等解决问题的能力。

（5）可以：①古义：可以凭借。

②今义：表示可能、能够或许可。

（6）故事：①古义：旧事，前例。

②今义：用来讲述的真实或虚构的事。

6.句式。

①举（之）以予人（省略句）

②是故燕虽小国而后亡，斯用兵之效也（判断句）

③赵尝五战于秦（介宾结构后置）

④而为秦人积威之所劫（被动句）

 知识检测

一、选择题

1.下列加点字注音正确的一项是（　　）

A. 革灭殆尽（dài）　　　　　　　暴霜露（bào）

B. 思厥先祖父（jué）　　　　　　胜负之数（shù）

C. 弊在赂秦（lù）　　　　　　　为国者（wèi）

D. 不得下咽（yàn）　　　　　　洎牧以谗诛（zì）

2.下列各组句子中加点的词，解释不正确的一项是（　　）

A. 六国互丧　互：交互。　盖失强援　盖：因为。

B. 思厥先祖父　先：对已去世尊长的敬称。　暴秦之欲无厌　厌：讨厌。

C. 故不战而强弱胜负已判矣　判：分出，分清。　终继五国迁灭　迁：改变。

D. 后秦击赵者再　再：两次。　苟以天下之大　苟：如果。

3.下列句子中加点词的意思，与今义不同的一组是（　　）

①盖失强援，不能独完　　　　②思厥先祖父，暴霜露，斩荆棘

③至于颠覆，理固宜然　　　　④可谓智力孤危

⑤然后得一夕安寝　　　　　　⑥较秦之所得，与战胜而得者，其实百倍

⑦然则诸侯之地有限，暴秦之欲无厌　⑧而从六国破亡之故事

A.①②⑦　　　　　　　　　　B.③④⑤

C.①⑤⑦　　　　　　　　　　D.④⑥⑧

4.从词类活用的角度，选出与其他三项不同的一项（　　）

A. 小则获邑，大则得城　　　　B. 日削月割，以趋于亡

C. 不能容于远近   D. 因利乘便，宰割天下

5. 选出属于被动句的一项是（ ）

A. 赵尝五战于秦   B. 赂秦而力亏，破灭之道也

C. 而为秦人积威之所劫   D. 举以予人

6. 下列句中"于"的用法与"其势弱于秦"中"于"的用法相同的一项是（ ）

A. 齐人勿附于秦   B. 至于颠覆，理固宜然

C. 吾祖死于是   D. 师不必贤于弟子

7. 下列加点虚词含义和用法相同的一项是（ ）

A. 秦以攻取之外　以地事秦，犹抱薪救火

B. 不赂者以赂者丧　洎牧以谗诛

C. 犹抱薪救火　犹有可以不赂而胜之之势

D. 然后得一夕安寝　然则诸侯之地有限

8. 选出"秦人食之不得下咽也"一句译文正确的项（ ）

A. 秦国人想吞掉六国也吞不下去

B. 秦国人吞食六国也不能咽下咽喉

C. 秦国人吃饭也不能咽下去

D. 秦国人连吃饭都不能咽下咽喉去

二、填空题

中国文学史上往往有作家并称的现象，如"三曹"是指 ____ 、____ 、____ ；"初唐四杰"是指 ____ 、____ 、____ 、____ ；"唐宋八大家"是指 ____ ，____ ，____ 、____ 、____ 、____ 、____ 、____ 。"三苏"是指 ____ 、____ 、____ ；"元曲四大家"是指 ____ 、____ 、____ 、____ 。

三、课内阅读

六国破灭，非兵不利，战不善，弊在赂秦。赂秦而力亏，破灭之道也。或曰：六国互丧，率赂秦耶？曰：不赂者以赂者丧。盖失强援，不能独完。故曰弊在赂秦也。

秦以攻取之外，小则获邑，大则得城。较秦之所得，与战胜而得者，其实百倍；诸侯之所亡，与战败而亡者，其实亦百倍。则秦之所大欲，诸侯之所大患，固不在战矣。思厥先祖父，暴霜露，斩荆棘，以有尺寸之地。子孙视之不甚惜，举以予人，如弃草芥。今日割五城，明日割十城，然后得一夕安寝。起视四境，而秦兵又至矣。然则诸侯之地有限，暴秦之欲无厌，奉之弥繁，侵之愈急。故不战而强弱胜负已判矣。至于颠覆，理固宜然。

古人云："以地事秦，犹抱薪救火，薪不尽，火不灭。"此言得之。

1. 对下列句子中加点词的解释，完全不正确的一项是（   ）

①破灭之道也（规律）　②率赂秦耶（全都）
③固不在战矣（所以）　④思厥先祖父（他的，他们的）
⑤诸侯之所亡（灭亡）　⑥以有尺寸之地（才，从而）

A. ①③⑤　　　　　　　　B. ①②⑤
C. ③④⑤　　　　　　　　D. ②④⑥

2. 下列四组句子中，加点词的意义和用法相同的一项是（   ）

A. 赂秦而力亏　　　　　而秦兵又至矣
B. 破灭之道也　　　　　暴秦之欲无厌
C. 不赂者以赂者丧　　　秦以攻取之外
D. 小则获邑，大则得城　则秦之所大欲

3. 选出翻译正确的选项（   ）

然则诸侯之地有限，暴秦之欲无厌

A. 然而诸侯的土地有限，粗暴的秦国的要求没有满足。
B. 然而诸侯的土地有限，强暴的秦国的欲望是没有满足的。
C. 虽然如此，但是诸侯的土地有限，暴躁的秦国的要求是没有满足的。
D. 既然如此，那么诸侯的土地有限，强暴的秦国的欲望却没有满足。

4. 第二段文字运用的论证方法是（   ）

①比喻论证　②对比论证　③类比论证　④引用论证

A. ①②　　　　　　　　　B. ②③
C. ①③　　　　　　　　　D. ②④

四、拓展阅读

六国论（节选）

苏辙

尝读六国世家，窃怪天下之诸侯，以①五倍之①地，十倍之众，发愤西向，以②攻山西千里之秦，而①不免于灭亡，常为之②深思远虑，以为必有可以自安之计。盖未尝不咎其当时之士，虑患之疏，而②见利之浅，且不知天下之势也。

1. 根据标号解释文言虚词的用法。

以①　　以②　　而①　　而②　　之①　　之②

2. 对画横线的词语解说不正确的一项是（   ）

A. "怪"是形容词的意动用法。

B. "西向"意即"向西",指抗秦。

C. "千里"作"秦"的定语,意指秦国幅员辽阔,实力雄厚。

D. "世家"指司马迁的《史记》中诸侯的传记。

3. 选出"以为必有可以自安之计"一句译文正确的项是( )

A. 认为一定可以有自我安定的办法。

B. 认为一定会有能够用来保全自己的办法。

C. 认为一定有可以使自己安全的办法。

D. 认为一定有办法使自己的国家保全下来。

4. 苏辙认为六国灭亡的原因是:

5. 苏洵认为六国灭亡的原因是:

二十七　游褒禅山记

 学习目标

1. 初步掌握赏析古诗文的基本方法，提高文言文直译能力。
2. 引导学生结合注释疏通文句，结合语境掌握重要的实词和虚词的意义和用法，如"舍、观、名、明、其、于、以"等。
3. 体会作者由事说理、循理布事的写法。

 文学常识

王安石（1021—1086），北宋政治家、思想家、文学家，唐宋八大家之一。字介甫，号半山，北宋临川人（今江西省临川人）。封荆国公，世称王荆公。谥文，故又称"王文公"。

王安石在文学上是个革新派。他倡导诗文革新运动，反对北宋初年浮靡文风。诗文多为揭露时弊、反映社会矛盾之作，体现了他的政治主张和抱负。其散文雄健峭拔，诗歌遒劲清新，词虽不多而风格高峻。代表作品有《王临川集》《答司马谏议书》《临川集拾遗》《临川先生集》等。

 课文解析

1. 因事说理，叙议结合。

本文不同于一般的游记，不重山川风物的描绘，而重在因事说理，以说理为目的，记游的内容只是说理的材料和依据。文章以记游的内容为喻，生发议论，因事说理，以小见大，准确而充分地阐述一种人生哲理，使完美的表现形式与深刻的思想内容和谐统一。

2. 重点突出，详略得当。

本文的主旨在于阐述要"有志""尽吾志"的观点，另外也涉及"深思而慎取"的观点，因此，文章的选材、详略无一不经过精心裁定。记游部分写景似乎平淡无奇，实际上刻意安排。

3. 文笔简洁，语言凝练。

本文的记游部分，除为说理之外，没有多余的文字；议论部分，说理充分而有节制，没有无用的笔墨。全篇行文严谨，用墨极为简省，语言精要得当，以致文字难以增删改换。

知识积累

1. 字音。

褒禅山 bāo　　　　庐冢 zhǒng　　　　仆碑 pū　　　　窈然 yǎo

咎其欲出者 jiù　　懈怠 xiè dài　　　瑰怪 guī　　　谬其传 miù

无物以相之 xiàng

2. 通假字。

长乐王回深父，余弟安国平父、安上纯父

"父"通"甫"

3. 古今异义。

①而卒葬之	卒：最终。今为士兵或完毕。
②比好游者不能十一	十一：十分之一。今为序数词。
③于是余有叹焉	于是：对于这种情况。今合用为连词，表示后一事紧接着前一事，后一事往往是由前一事引起的。
④世之奇伟、瑰怪、非常之观	非常：不平常。今表程度，很，十分。
⑤至于幽暗昏惑而无物以相之	至于：抵达到。今表达到某种程度或另提一事。
⑥此所以学者不可以不深思而慎取之也	所以：……的原因。今表因果关系的连词。学者：做学问的人。今特指有专门学问的人。

4. 一词多义。

得	而余亦悔其随之而不得极夫游之乐也	能，能够
	往往有得	心得，收获
观	古人之观于天地、山川、草木、虫鱼、鸟兽	观察
	而世之奇伟、瑰怪、非常之观	景象，景观
谬	盖音谬也	错误
	后世之谬其传而莫能名者	弄错
常	而世之奇伟、瑰怪、非常之观	平常
	常在于险远	常常，经常
名	以故其后名之曰"褒禅"	命名

	后世之谬其传而莫能名者	说出，说明，指识其本名
以	以故其后名之曰"褒禅"	因为
	火尚足以明也	用来
	此所以学者不可以不深思而慎取之也	与"所"结合，相当于"……"的缘故
于	唐浮图慧褒始于其址	在
	于是余有叹焉	对于
	古人之观于天地、山川、草木、虫鱼、鸟兽	引出动作的对象
	常在于险远	动词后缀，不译

5. 词类活用。

①名词活用为动词。

唐浮图慧褒始舍于其址	舍：建舍定居
以故其后名之曰"褒禅"	名：命名

②名词做状语。

有泉侧出	侧：从旁边

③动词活用为名词。

则其至又加少矣	至：到达的人
往往有得	得：心得
后世之谬其传而莫能名者	传：流传的文字

④形容词活用为名词。

问其深	深：深度
常在于险远	险远：险远的地方

⑤形容词活用为动词。

则其好游者不能穷也	穷：走到尽头
火尚以明也	明：照明
后世之谬其传而莫能名者	谬：弄错

6. 文言句式。

①判断句。

今所谓慧空禅院者，褒之庐冢也。

所谓华山洞者，以其乃华山之阳名之也。

此所以学者不可以不深思而慎取之也。

②介词结构后置。

唐浮图慧褒始舍于其址

③省略句。

有碑仆道　　　　　　　　　　　省略了介词"于"

而又不随以怠　　　　　　　　　省略了代词"之"

然力足以至焉　　　　　　　　　省略了"而不至"

知识检测

一、选择题

1. 加点字读音有误的一项是（　　）

　A. 慧褒 bāo　　庐冢 zhǒng　　退避三舍 shě　　舍生取义 shě

　B. 禅院 chán　　封禅 shàn　　华而不实 huá　　咎其欲出者 jiù

　C. 谬传 miù　　窈然 yǎo　　瑰怪 guī　　无物以相之 xiàng

　D. 仆碑 pū　　梵语 fàn　　何可胜道 shēng　　王回深父 fǔ

2. 下列句中加点词的解释不正确的一项是（　　）

　A. 余与四人拥火以入　　　　　　拥：持，拿

　B. 夫夷以近，则游者众　　　　　夷：平坦

　C. 世之奇伟、瑰怪、非常之观　　观：景象

　D. 于是余有叹焉　　　　　　　　叹：叹气

3. 下列句中的"其"与例句中的"其"意义和用法相同的一项是（　　）

　例：其孰能讥之乎？

　A. 以其求思之深而无不在也　　　B. 距其院东五里

　C. 其可怪也与？　　　　　　　　D. 余亦悔其随之而不得极夫游之乐也

4. 下列句中加点词古今意义相同的一项是（　　）

　A. 比好游者尚不能十一　　　　　B. 则或咎其欲出者

　C. 而世之奇伟、瑰怪、非常之观　D. 古之学者必有师

5. 从下列各项加点词中选出用法不同类的一项（　　）

　A. 唐浮图慧褒始舍于其址　　　　B. 以故其后名之曰"褒禅"

　C. 左右欲刃相如　　　　　　　　D. 火尚足以明也

6. 下列加点词的意义和用法大致相同的一组是（　　）

　A. ①唐浮图慧褒始舍于其址　　　②古人之观于天地、山川……往往有得

　B. ①以其求思之深而无不在也　　②夫夷以近

　C. ①则其好游者不能穷也　　　　②此则岳阳楼之大观也

D.①以故其后名之曰"褒禅" ②故非有志者不能至也

7. 下列句中的"之"的用法归类正确的一项是（　　）

①古人之观于天地、山川、草木、虫鱼、鸟兽，往往有得

②世之奇伟、瑰怪、非常之观，常在于险远

③至于幽暗昏惑而无物以相之

④而人之所罕至焉

⑤褒之庐冢也

⑥遂与之俱出

⑦句读之不知，惑之不解

⑧何陋之有

A.①②/③④/⑤⑥/⑦⑧　　B.①④/②⑤/③⑥/⑦⑧

C.①⑤/②③/④⑦/⑥⑧　　D.①⑦/②⑤/③④/⑥⑧

8. 下列句子属于状语后置的一项是（　　）

A. 有碑仆道

B. 今所谓慧空禅院者，褒之庐冢也

C. 古人之观于天地、山川、草木、虫鱼、鸟兽

D. 此余之所得也

9. 对"盖余所至，比好游者尚不能十一"一句的翻译，正确的一项为（　　）

A. 大概我所到的地方，比起好多游客来，还不及十分之一。

B. 大概我所到的地方，与喜欢游览的人相比，还有十一处未到。

C. 大概我所到的地方，比起那些喜欢游览的人来，还不到十分之一。

D. 大概因为我所到的地方，与喜欢游览的人相比，还不到十分之一。

二、填空题

1. 此所以学者_____。

2. 本文选自《_____》，作者_____，字_____，号_____，封荆国公，世称_____。谥"文"，又称_____，北宋_____家、_____家。

三、课内阅读

　　于是余有叹焉。古人之观于天地、山川、草木、虫鱼、鸟兽，往往有得，以其求思之深而无不在也。夫夷以近，则游者众；险以远，则至者少。而世之奇伟、瑰怪、非常之观，常在于险远，而人之所罕至焉，故非有志者不能至也。有志矣，不随以止也，然力不足

者，亦不能至也。有志与力，而又不随以怠，至于幽暗昏惑而无物以相之，亦不能至也。然力足以至焉，于人为可讥，而在己为有悔；尽吾志也而不能至者，可以无悔矣，其孰能讥之乎？此余之所得也。

1. 对下列各句中加点词的解释，不正确的一项是（　　）

A. 于是余有叹焉　　叹：感慨　　　　B. 夫夷以近　　　夷：平坦

C. 而人之所罕至焉　罕：少　　　　　D. 其孰能讥之乎　孰：怎么

2. 下列各句中的"而"字与例句用法相同的一项是（　　）

例：尽吾志也而不能至者

A. 来而记之者已少

B. 而世之奇伟、瑰怪、非常之观，常在于险远

C. 以其求思之深而无不在也

D. 于人为可讥，而在己为有悔

3. 下列关于本段内容要点的概括，正确的一项是（　　）

A. 写游华山洞的心得　　　　　　　B. 记游山所见的景物

C. 写游华山洞的经过　　　　　　　D. 提出治学应采取的态度

4. 对这段文字的解说，不正确的一项是（　　）

A. 平坦而近的地方，游览的人多，但这些人看不到奇伟、瑰怪、非常之观。

B. 作者认为要到达奇伟、瑰怪和非常之观的地方，需要志、力、物，三者之中，志最重要。

C. 作者认为只要尽了"吾志"，即使不能到达奇伟、瑰怪和非常之观的地方，也是没有什么值得后悔的。

D. 作者对古人"求思之深"作了赞扬，但古人没有得出自己这样深刻的结论，也可惋惜。

四、拓展阅读

王安石待客

王安石在相位，子妇之亲萧氏子至京师，因谒公，公约之饭。翌日，萧氏子盛服而往，意为公必盛馔。日过午，觉饥甚而不敢去。又久之，方命坐，果蔬皆不具，其人已心怪之。酒三行，初供胡饼两枚，次供猪脔数四，顷即供饭，旁置菜羹而已。萧氏子颇骄纵，不复下箸，惟啖胡饼中间少许，留其四傍。公取自食之，其人愧甚而退。

（选自宋·曾敏行《独醒杂志·卷二》）

1. 解释下列句中加点的词

①翌日，萧氏子盛服而往（　　　）　　②意为公必盛馔（　　　）

③又久之，方命坐（　　　）　　　　　④惟啖胡饼中间少许（　　　）

2. 翻译句子。

①觉饥甚而不敢去

②其人已心怪之

3. 理解：上文末了说"公取自食之"，那么王安石到底吃了什么？

4. 这篇文言文中可以看出王安石什么品质？

二十八　国殇

学习目标

1. 了解楚辞的一般特点；学习本文刚健质朴的语言。
2. 通过朗读和意境的分析来把握诗歌内涵。
3. 体会战士们视死如归的爱国精神。

文学常识

屈原，伟大的爱国诗人，名平，字原。战国时期楚国贵族，任三闾大夫、左徒。屈原在长沙汨罗江怀石自杀。他写下许多不朽诗篇，成为中国古代浪漫主义诗歌的奠基者，在楚国民歌的基础上创造了新的诗歌体裁楚辞，大量使用楚地方言和"兮"字。与《诗经》并称"风骚"，对后世诗歌产生积极影响。

《国殇》是《九歌》中的一篇。"九歌"是楚国的民间祭歌，屈原将其加工后，祭悼为国捐躯的楚国将士。国殇，指为国战死的将士。

课文解析

1. 战斗场面的描写出色。第一部分描写战斗过程，诗句虽不多，但内容丰富，笔法灵活。从写法上，作者把概括叙述和具体描写结合起来，把动态描绘和静止画面结合起来，把暗写敌人凶猛和明写楚军奋勇结合起来。

2. 叙和赞相结合。本诗第一部分描写战争情况，第二部分赞颂烈士们的业绩和精神。前者叙的内容是后者赞的依据，后者赞的词句是前者叙的深化。两者有机联系，互相映衬，完满地表现了诗的中心思想。

3. 诗歌中运用了夸张、比喻的手法来形容敌方人多势盛，渲染战斗气氛。如"旌蔽日兮敌若云"。语言上，全诗都是七字句，且用"兮"字，句式整齐，增强了诗的节奏感，也使感情的表达显得庄重。语言质朴通俗，非常切合这首诗的题材和内容。

第六单元

 知识积累

1. 字音。

左骖（cān）　　殪（yì）　　毂（gǔ）车　　霾（mái）

絷（zhí）　　躐（liè）　　行（háng）　　枹（fú）　怼（duì）

2. 解释词语。

殇：指未成年而死，也指死难的人。

被，通"披"，穿着。

毂：车轮的中心部分，有圆孔，可以插轴。

凌：侵犯。躐，践踏。行，行列。

枹：鼓槌。

躐：践踏。

怼：怨恨。

殪：死。

忽：渺茫。

惩：悔恨。

神以灵：指死而有知，英灵不泯。

 知识检测

一、选择题

1. 下列加点的字注音有错的一项是（　　）

A. 操吴戈兮披犀（xī）甲，车错毂（gǔ）兮短兵接

B. 凌余阵兮躐（liè）余行，左骖殪（yè）兮右刃伤

C. 霾（mái）两轮兮絷四马，援玉枹（fú）兮击鸣鼓

D. 天时怼（duì）兮威灵怒，严杀尽兮弃原野

2. 对下列加点的词解释有误的一项是（　　）

A. 严（残酷）杀尽兮弃原野

B. 出不入兮往不反（同返）

C. 诚（诚然，确实）既勇兮又以（句中助词）武

D. 终（终于）刚强兮不可凌

230

3. 对下面句子里的词解释有误的一项是（　　）

A. 操吴戈兮被犀甲　　被：披，穿着

B. 凌余阵兮躐余行　　凌：侵犯

C. 援玉枹兮击鸣鼓　　援：拿起

D. 首身离兮心不惩　　惩：惩罚

4. 选出下列诗句的翻译有错的一项是（　　）

A. 操吴戈兮被犀甲，车错毂兮短兵接。

译文：手拿着长戈啊，身穿着铠甲，战车轮毂交错啊，短兵器相拼杀。

B. 旌蔽日兮敌若云，矢交坠兮士争先。

译文：天空阴沉沉的，敌兵像乌云，箭矢互坠落啊，战士冲向前。

C. 霾两轮兮絷四马，援玉枹兮击鸣鼓。

译文：战车两轮陷啊，战马被羁绊，战士举鼓槌啊，击鼓声震天。

D. 出不入兮往不反，平原忽兮路超远。

译文：英雄们此去啊，不再盼回还，原野空茫茫啊，路途太遥远。

5. 下列说法有错的一项是（　　）

A. 《国殇》是悼念阵亡将士的祭歌。

B. 《国殇》描绘了一场敌众我寡、以失败告终的战争，在这失败的悲剧中，写出楚国将士们视死如归、不可凌辱的崇高品格。

C. "诚既勇兮又以武，终刚强兮不可凌。身既死兮神以灵，子魂魄兮为鬼雄"这几句诗，既呈现了楚人刚毅的性格，也寄托着屈原对祖国复兴的期望。

D. 这首诗篇幅不长，却是中国文学史上最早的叙事诗。

6. 下面各句中说法不正确的一项是（　　）

A. 《诗经》是我国最早的一部诗歌总集，收集了从西周初年至春秋中叶的诗歌305篇，古称"诗三百"，它和乐、射、御、书、数一起被称为"六艺"。

B. "风""雅""颂"是《诗经》的三部分内容，"赋""比""兴"是《诗经》的三种表现手法，后人把两者合称为"六义"。

C. 《楚辞》是我国继《诗经》之后的第二部古代诗歌总集，西汉刘向编，东汉王逸注，全书以屈原的作品为主。

D. 《国殇》是我国最早、最著名的一篇歌颂爱国主义、歌颂牺牲精神的光辉诗篇。

7. 下列对《国殇》一诗的艺术特色分析不准确的一项是（　　）

A. 《国殇》中战斗场面的描写很有特色。第一部分仅短短十句，就记叙了楚军与敌军短兵相接、壮烈牺牲的完整过程；诗中描写了吴戈、犀甲、兵车以及将士、人马等各个方面，内容极为丰富，容量很大。

B. 从写法上看，《国殇》一诗把概括叙述与具体描写相结合，把动态描写和静止画面相结合,把明写楚军英勇和暗写敌人凶猛相结合,互相补充,展现了战斗场面的惨烈。

C.《国殇》一诗采用前叙后赞、叙赞有机结合的写法,完整地表现了诗的中心思想。

D.作品运用了夸张、比拟、借代、比喻、双关等修辞手法渲染战斗气氛;全诗都是七字句,而每句中的第四字又都是感叹词"兮",这就使全诗句式整齐,节奏感强。

8.以下各句爱国古诗词和作者对应错误的一句是（　　）

A. 长太息以掩涕兮,哀民生之多艰。——战国·楚·屈原《离骚》

B. 臣心一片磁针石,不指南方不肯休。——宋·辛弃疾《扬子江》

C. 身既死兮神以灵,子魂魄兮为鬼雄。——战国·楚·屈原《国殇》

D. 但使龙城飞将在,不教胡马度阴山。——唐·王昌龄《出塞》

二、填空题

1. 屈原,名_____,字_____,战国时期_____国人,伟大的爱国主义诗人。他开创了诗人由集体歌唱到个人独立创作的新时代。其代表作主要有_____、_____、_____、_____等。

2.《国殇》的意思是_____。

3.《离骚》是我国古代最长的政治抒情诗,我国最长的民间叙事诗是_____。

4. 路漫漫其修远兮,_____。

5. 楚辞本是我国古典诗歌的一种体裁,在民间歌谣的基础上创造的一种新诗体,具有浓厚的地域文化色彩。它打破了《诗经》_____言诗的格调,多融进神话传说,具有浪漫主义色彩。

三、课内阅读

阅读下面材料,回答问题。

操吴戈兮被犀甲,车错毂兮短兵接。

旌蔽日兮敌若云,矢交坠兮士争先。

凌余阵兮躐余行,左骖殪兮右刃伤。

霾两轮兮絷四马,援玉枹兮击鸣鼓。

天时怼兮威灵怒,严杀尽兮弃原野。

出不入兮往不反,平原忽兮路超远。

带长剑兮挟秦弓,首身离兮心不惩。

诚既勇兮又以武,终刚强兮不可凌。

身既死兮神以灵,子魂魄兮为鬼雄。

二十八 国殇

1. 选出下面字词注音有误的一项。（　　）

A. 错毂（gǔ）　　旌旌（jīng）　　躐（liè）

B. 左骖（cān）　　殪（yì）　　霾（mái）

C. 絷（zhí）　　玉枹（fú）　　陨落（yùn）

D. 魂魄（hún pò）　　怼（duì）　　夙兴（sù）

2. 对下面各句中加点词解释有误的一项是（　　）

A. 出不入兮往不反（同"返"，返回）

B. 操吴戈兮被（同"披"，穿着）犀甲

C. 霾两轮兮絷（绊住）四马

D. 车错毂兮短兵（军队）接

3.《国殇》描写战斗的进程，对主要表现方法分析正确的一项是（　　）

A. 侧面烘托

B. 对比描写

C. 场面描绘

D. 象征暗示

4. 下面对课文的分析错误的一项是（　　）

A. "矢交坠兮士争先"表现了楚军在箭如雨下的激战中奋不顾身、勇往直前的气概。

B. "出不入兮往不反，平原忽兮路超远"两句歌颂战士们视死如归的精神，表达对烈士的钦佩与悼念。

C. "身既死兮神以灵，子魂魄兮为鬼雄"两句突出地赞颂楚国将士虽死犹生，精神不死，浩气长存。

D. "旌蔽日兮敌若云"只运用了比喻的修辞手法表现敌军人多势盛，气势汹汹。

5. 这首诗描写战斗场面，把概括叙述和具体描写相结合，把动态描绘和静止画面相结合，把暗写敌人凶猛和明写楚军奋勇相结合。试简要分析，并说说这样写的好处。

6. "身既死兮神以灵，子魂魄兮为鬼雄"与主题有什么关系？

四、拓展阅读

帝高阳之苗裔兮，朕皇考曰伯庸。摄提贞于孟陬兮，唯庚寅吾以降。
皇览揆余初度兮，肇锡余以嘉名：名余曰正则兮，字余曰灵均。
纷吾既有此内美兮，又重之以修能。扈江离与辟芷兮，纫秋兰以为佩。
汩余若将不及兮，恐年岁之不吾与。朝搴阰之木兰兮，夕揽洲之宿莽。
日月忽其不淹兮，春与秋其代序。唯草木之零落兮，恐美人之迟暮。
不抚壮而弃秽兮，何不改乎此度也？乘骐骥以驰骋兮，来吾道夫先路也。

（节选自屈原《离骚》）

1. 阅读1～2节，思考：诗人追述世系，说明了什么？

   答：_____

2. 阅读3～4节，体会诗人有着怎样的品质？是怎样形象地描绘的？

   答：_____

3. 诗人感到流年似水后又是怎样做的呢？

   答：_____

4. 第5、6节内容有何深刻含义，在行文上有何作用？

   答：_____

二十九　孔雀东南飞

学习目标

1. 学习叙事诗通过塑造人物形象来表现主题思想。
2. 了解封建家长制度和封建礼教摧残青年男女幸福生活的罪恶。
3. 了解偏义复词、古今异义字的特点，掌握"谢""相""见""迎"的一词多义。掌握"相""自""见"在不同语境里的用法。
4. 注意把握本诗人物语言个性化这一突出的艺术成就。

文学常识

《孔雀东南飞》是保存下来的我国古代最早的也是最长的一首叙事诗，是古乐府民歌的代表作之一，与稍后出现的北朝的《木兰辞》并称"乐府双璧"。选自南朝陈代徐陵编的《玉台新咏》，原题为《古诗为焦仲卿妻作》。

"乐府"，本是汉武帝刘彻时设立的一个掌管音乐的机构（官署）。它的职责是采集民间歌谣或文人的诗来配乐，以备朝廷祭祀或宴会时演奏之用。后世把它所搜集整理的诗歌，称为"乐府诗"，或简称"乐府"。其中属于汉代的就叫"汉乐府"。

课文解析

1. 成功地塑造了刘兰芝、焦仲卿等艺术形象。刘兰芝敢爱敢恨，敢说敢为，感情丰富，具有强烈的反抗性格，形象饱满，生动感人。仲卿形象较为复杂。他忍让求母，委曲求全，显得软弱，这是当时一般人所无法超越的时代局限，何况他身为府吏，更不能不受封建法规的制约，同时他为了爱情也做了努力和抗争。本诗写出了他们性格中所特有的复杂性，有血有肉兼有神。

2. 故事情节完整，矛盾冲突不断。《孔雀东南飞》以人物为中心铺叙故事，情节曲折，首尾完整。此诗写得曲折有致，扣人心弦，因此令人读来不觉其长，不愧为"长篇之圣"。

3. 语言通俗化、个性化，明白如话而又神情毕肖。这首诗描摹情态，铺叙事物，全都通俗易懂。尤其是人物的对话，真实而又贴切地反映出人物的性格与心理活动。

知识积累

1. 字音。

箜篌（kōng hóu） 公姥（mǔ） 槌（chuí）床 伶俜（líng pīng）

绣腰襦（rú） 葳蕤（wēi ruí） 遗（wèi）施 蹑（niè）丝履（lǚ）

玳瑁（dàimào） 纨（wán）素 拊（fǔ）掌 窈窕（yǎotiǎo）

鸿鹄（hú） 幡（fān） 踯躅（zhí zhú） 青骢（cōng）马

赍（jī）钱 鲑（xié）珍 奄奄（yǎn） 摧藏（zàng）

2. 通假字。

终老不复取（"取"通"娶"）

蒲苇纫如丝（"纫"通"韧"）

摧藏马悲哀（"藏"通"脏"）

合葬华山傍（"傍"通"旁"）

府吏见丁宁（"丁宁"通"叮咛"）

3. 古今异义。

泣涕涟涟　　古义：眼泪。　　　今义：鼻涕。

可怜体无比　古义：可爱。　　　今义：同情，怜悯。

千万不复全　古义：无论如何。　今义：再三叮嘱。

叶叶相交通　古义：交错相通。　今义：各种运输和邮电事业的总称。

感吾区区怀　古义：真挚的情义。今义：数量少，事物不重要。

4. 一词多义。

相

及时相遣归（代"我"；副词，表示一方对另一方有动作）

会不相从许（代"你"；副词，表示一方对另一方有动作）

好自相扶将（代"她"；副词，表示一方对另一方有动作）

登相许和（代"他"；副词，表示一方对另一方有动作）

誓不相隔卿（代"你"，与"卿"复指；衬词，无意）

相见常日稀（相互、彼此；副词）

儿已薄禄相（相貌，名词）

且

吾今且报府（将要；副词）

且暂还家去（暂且；副词）

四体康且直（又；副词）

自

自可断来信(既;副词)

本自无教训(是;副词)

好自相扶将(亲自;副词)

物物给自异(无意;助词)

不图子自归(自己;介词)

自君别我后(自从;介词)

我自不驱卿(本来;副词)

何

何乃太区区(怎么;疑问代词)

隐隐何甸甸(何等;副词)

何意致不厚(哪里;疑问代词)

言何复来还(什么;疑问代词)

谢

谢家来贵门(辞别;动词)

阿母谢媒人(辞谢;动词)

多谢后事人(劝告;动词)

意

何意出此言(料想;动词)

恐不任我意(心意;名词)

会

会不相从许(当然;副词)

于今无会因(会见;动词)

5. 词类活用。

(1)名词作动词

①仕宦于台阁(名词"仕"作动词;任官)

②头上玳瑁光(名词"光"作动词;发光)

(2)名词作状语

①孔雀东南飞(方位名词"东南"作"飞"的状语;朝东南)

②手巾掩口啼(名词"手巾"作"掩"的状语;用手巾)

③卿当日胜贵(名词"日"作"胜"的状语;一天天)

④晚成单罗衫(名词"晚"做"成"的状语;在晚上)

(3)动词作名词

①留待作遗施(动词"遗施"做名词;遗施之物,纪念品)

（4）形容词作动词

①千万不复全（形容词"全"作动词；保全）

（5）使动、意动用法

①足以荣汝身（"荣"形容词使动；使……荣耀）

②以此下心意（"下"名词使动；使……委屈）

③戒之慎勿忘（"戒"，动词意动用法，"以……为警戒"）

6.特殊句式。

①汝是大家子（判断句）

②何言复来还（宾语前置）

③仕宦于台阁（状语后置）

④今日被驱遣（被动句）[以"被"为标记]

⑤为仲卿母所遣（被动句）[以"为……所"为标记]

知识检测

一、选择题

1.下列词语中加点字注音全对的一项是（　　）

A. 哽咽（yè）　　遗（wèi）施　　否（fǒu）泰　　络绎（yì）

B. 伶俜（pīng）　磐（bān）石　　窈（yǎo）窕　　公姥（mǔ）

C. 白鹄（hú）　　赍（jī）钱　　　彷（páng）徨　　龙幡（fān）

D. 葳蕤（ruí）　　鲑（guì）珍　　踯（zhí）躅　　晻晻（yǎn）

2.下列加点的词与现代汉语意义完全相同的一项是（　　）

①却与小姑别　　②适得府君书　　③可怜体无比

④汝岂得自由　　⑤五里一徘徊　　⑥举言谓新妇

⑦哽咽不能语　　⑧昼夜勤作息　　⑨便复在旦夕

⑩既欲结大义　　⑪本自无教训

A. ①③⑩　　　　　　　　　　B. ②⑦⑧

C. ⑤⑦⑨　　　　　　　　　　D. ④⑥⑪

3.选择没有通假字的一组（　　）

①终老不复取　　②伏惟启阿母

③箱帘六十　　　④摧藏马悲哀

⑤幸复得此妇　　⑥泪落便如泻

A. ②③④ B. ①③④
C. ①⑤⑥ D. ②⑤⑥

4. 下列各组加点的多义词中，对意义相同的两项判断正确的是（　　）

① a. 儿已薄禄相 b. 嬉戏莫相忘 c. 黄泉下相见 d. 会不相从许
② a. 相见常日稀 b. 君既若见录 c. 渐见愁煎迫 d. 府吏见丁宁
③ a. 阿母谢媒人 b. 多谢后世人 c. 谢家来贵门 d. 谢家事夫婿

A. ① bd ② bd ③ cd B. ① ad ② cd ③ ac
C. ① ac ② ad ③ bd D. ① bc ② ac ③ bc

5. 下列各句的句式不同于其他三项的一项是（　　）

A. 仍更被驱遣 B. 汝是大家子
C. 为仲卿母所遣 D. 渐见愁煎迫

6. 对下列句子中加点词含义解释完全正确的一组是（　　）

A. 始适还家门（女子出嫁）　适得府君书（刚才）
B. 故作不良计（故意）　大人故嫌迟（特地）
C. 幸可广问讯（幸亏）　幸复得此妇（希望）
D. 徒留无所施（用处）　留待作遗施（施舍）

7. 加点虚词用法相同的一项是（　　）

A. 吾今且报府　四体康且直 B. 君尔妾亦然　诺诺复尔尔
C. 君既若见录　腰若流纨素 D. 于今无会因　因求假暂归

8. "相"可以表示一方对另一方的动作，相当于第一人称代词、第二人称代词或第三人称代词。对下面各句中这种用法的"相"归类，完全正确的一项是（　　）

①及时相遣归　②会不相从许　③还必相迎取　④好自相扶将
⑤嬉戏莫相忘　⑥誓不相隔卿　⑦誓天不相负　⑧蹑履相逢迎
⑨怅然遥相望　⑩不得便相许

A. ①⑤/②③⑥⑦⑩/④⑧⑨ B. ①③⑤/②④⑦⑩/⑥⑧⑨
C. ①⑤/②④⑥⑧⑩/③⑦⑨ D. ①②⑥/③⑦⑨/④⑤⑧⑩

9. 下列加点词从词性上看分类正确的一组是（　　）

①便可白公姥　②贵贱情何薄
③昼夜勤作息　④会不相从许
⑤仍更被驱遣　⑥我有亲父兄
⑦留待作遗施　⑧逼迫兼弟兄
⑨其日牛马嘶　⑩否泰如天地

A. ①⑥⑧⑨/②③④⑤⑦⑩ B. ①②④⑥⑧⑨/③⑤⑦⑩
C. ①⑥⑧/②③④⑤⑦⑨⑩ D. ①③⑥⑧⑨/②④⑤⑦⑩

10. 下列说法不正确的一项是（　　）

A. 《孔雀东南飞》以现实主义的手法叙述故事，而以浪漫主义的手法结尾，使全诗产生了质的变化，成为浪漫主义的代表作。

B. 《孔雀东南飞》是乐府诗，也是我国最早的一篇长篇叙事诗，选自南朝宋人徐陵编的《玉台新咏》。

C. 这首诗是乐府民歌的代表作，它与北朝民歌《木兰辞》在文学史上因其文学价值而被合称为"乐府双璧"。

D. 诗中采用了托物起兴的手法，借飞禽的离散相依，暗示了焦、刘两人婚姻的破裂，给全诗奠定了缠绵悱恻的抒情基调。

二、填空题

1. 《孔雀东南飞》原题为 _____，选自 _____ 朝 _____ 编的 _____，它与 _____ 被誉为南北朝民歌的"乐府双璧"。

2. 这首诗的开头"孔雀东南飞，五里一徘徊"采用了民歌常用的 _____ 手法，它在诗中的作用是 _____。

三、课内阅读

①十三能织素，十四能裁衣，十五弹箜篌，十六诵诗书。十七为君妇，心中常苦悲。<u>君既为府吏，守节情不移，贱妾留空房，相见常日稀</u>。鸡鸣入机织，夜夜不得息。三日断五匹，大人故嫌迟。非为织作迟，君家妇难为。

②鸡鸣外欲曙，新妇起严妆。著我绣夹裙，事事四五通。足下蹑丝履，头上玳瑁光。腰若流纨素，耳著明月珰。指如削葱根，口如含朱丹。纤纤作细步，精妙世无双。

1. 对第①段画线句的含意理解正确的一项是（　　）

A. 向焦仲卿倾诉悲苦之情，略含埋怨。

B. 称赞仲卿，忠于职守。

C. 带着悲苦之情，回忆坚贞的爱情。

D. 说明夫妻分离的潜在原因。

2. 刘兰芝既然决计要走，为什么还要精心打扮，而且一遍两遍不行，还是"事事四五通"呢？对此，理解最恰切的一项是（　　）

A. 爱美之心使然。

B. 以平抑自己烦乱的心情。

C. 要体面地离开焦家，以免被人嘲笑。

D. 既有自尊自强的显示，也有不忍离去的拖延。

3. 第②段运用的手法主要是（　　）

A. 描写动作细节　　　　　　　B. 环境衬托

C. 夸张渲染　　　　　　　　　D. 刻画心理活动

4. 第②段着重写的是她的_____和_____。

四、拓展阅读

阅读乐府民歌《陌上桑》，完成1~4题。

日出东南隅，照我秦氏楼。秦氏有好女，自名为罗敷。罗敷善蚕桑，采桑城南隅。青丝为笼系，桂枝为笼钩。头上倭堕髻，耳中明月珠。缃绮为下裙，紫绮为上襦。行者见罗敷，下担捋髭须。少年见罗敷，脱帽著帩头①。耕者忘其犁，锄者忘其锄。<u>来归相怨怒，但坐观罗敷。</u>

使君从南来，五马立踟蹰。使君遣吏往，问是谁家姝？"秦氏有好女，自名为罗敷。""罗敷年几何？""二十尚不足，十五颇有余。"使君谢罗敷："宁可共载不？"

罗敷前置词："使君一何愚！使君自有妇，罗敷自有夫。""东方千余骑，夫婿居上头。何用识夫婿？白马从骊驹，青丝系马尾，黄金络马头；腰中鹿卢剑，可值千万余。十五府小吏，二十朝大夫，三十侍中郎，四十专城居。为人洁白皙，鬑鬑②颇有须。盈盈公府步，冉冉府中趋。坐中数千人，皆言夫婿殊。"

【注】①帩头：包头发的纱巾。②鬑鬑：形容须发长。

1. "使君谢罗敷"中"谢"的意思与下列句中意思相同的一项是（　　）

A. 谢家来贵门　　　　　　　　B. 多谢后世人

C. 阿母谢媒人　　　　　　　　D. 谢家事夫婿

2. 对上文画横线的句子解释正确的一项是（　　）

A. 回来后抱怨妻子，但仍坐在那里看罗敷。

B. 来来回回地抱怨着，只是因为贪看罗敷的缘故。

C. 回来后彼此抱怨，只是由于贪看罗敷的缘故。

D. 来来回回地抱怨着家人，但仍坐在那里看罗敷。

3. 下面是对这首诗的简要分析，其中不正确的一项是（　　）

A. 诗人运用烘云托月的手法着意刻画了罗敷之美。

B. 本诗第一段写罗敷的美丽，第二段是她痛斥无礼的使君，第三段是她竭力夸赞丈夫。

C. 这是一首写罗敷的叙事诗。

D. 作者运用了铺陈和对比手法刻画出罗敷的完美人格。

4. 罗敷的性格特点可概括为_____。

三十　陈情表

学习目标

1. 熟读全文,掌握文中出现的重要的实词、虚词、古汉语句式;
2. 鉴赏本文融情于事的表达和形象精粹的语言;
3. 深入体会文章凄切婉转的陈情技巧。

文学常识

1. 李密（224—287），名虔,字令伯,晋初散文家。武阳（令四川彭山县）人。父早亡,被祖母刘氏收养。为人正直,颇有才干,长于《春秋左氏传》。曾仕蜀汉侍郎。蜀之后,李密被晋武帝征为太子洗马,辞命不从。祖母死后,出任太子洗马,官至汉中太守。后被谗免官,死于家中。

2. 关于"表"：表,古代奏章中的一种文体,是古代臣子向皇帝陈述己见的一种奏章。它与一般上书奏折的不同在于常含有表示陈情、诉说心曲的意思。

课文解析

《陈情表》是三国两晋时期文学家李密写给晋武帝的奏章。文章从自己幼年的不幸遭遇写起,叙述祖母抚育自己的大恩,以及自己应该报养祖母的大义;除了感谢朝廷的知遇之恩以外,又倾诉自己不能从命的苦衷。此文被认定为中国文学史上抒情文的代表作之一,有"读诸葛亮《出师表》不流泪不忠,读李密《陈情表》不流泪者不孝"的说法。

1. 融情于事,辞意恳切,真情流露,委婉畅达。强烈的感情色彩是本文的一大特色,但作者无论是述自己的孤苦无依之情,还是述自己和祖母相依为命的深厚亲情,都是通过叙事来表达的。

2. 语言形象生动,自然精粹。本文虽然用了不少四字句、对偶句,有骈文的整俪之工,但语言却绝不雕琢,而是十分自然真切,仿佛是从肺腑中流出,丝毫不见斧凿痕迹。

知识积累

1. 字音。

险衅（xìn） 闵（mǐn）凶 门衰祚（zuò）薄 期（jī）功

强（qiǎng）近之亲 应（yìng）门 茕茕（qióng） 孑（jié）立

床蓐（rù） 猥（wěi）以微贱 陨（yǔn）首 逋（bū）慢

伏惟（wò） 刘病日笃（dǔ） 犹蒙矜（jīn）育 拔擢（zhuó）

气息奄奄（yǎn） 盘桓（huán） 更（gēng）相为命

2. 通假字。

夙遭闵凶。"闵"通"悯"，指可忧患的事（多指疾病死丧）。

零丁孤苦。"零丁"通"伶仃"，孤独的样子。

常在床蓐。"蓐"通"褥"，草垫子，草席。

臣密今年四十有四。"有"通"又"。

祖母今年九十有六。"有"通"又"。

3. 古今异义。

后刺史荣举臣秀才。古义：优秀人才；今义：科举考试中最低一级考中者。

九岁不行。古：不能走路；今：不可以，不中用，不好。

零丁孤苦，至于成立。古：成年；今组织等开始存在。

臣欲奉诏奔驰。古：快速赶到；今：（车、马等）快速地跑。

则告诉不许。古：申述；今：诉说给别人知道。

是以区区不能废远。古：形容自己的私情，我，谦称；今：少。

臣之辛苦。古：辛酸苦楚；今：身心劳苦。

4. 词类活用。

则病日笃。日：名作状，一天天地。

臣具以表闻。闻：动词的使动用法，使……知道。

谨拜表以闻。闻：动词的使动用法，使……知道。

无以终余年。终：动词的使动用法，使……结束。

外无期功强近之亲，内无应门五尺之童。内、外：名词作状语，在外面，在家中。

5. 一词多义。

于

急于星火。介词，比。

是臣尽节于陛下之日长。介词，对。

以

臣以险衅。介词，因为。

臣以供养无主。介词，因为。

但以刘日薄西山。介词，因为。

猥以微贱。介词，凭借。

圣朝以孝治天下。介词，凭借。

臣具以表闻。介词，用、把。

臣无祖母无以至今日。介词，用。

区区

是以区区不能废远。拳拳，形容自己的私情。

秦以区区之地，至万乘之势。小小的。

新妇谓府吏，感君区区怀。真心实意。

拜

拜臣郎中。授官，动词。

谨拜表以闻。奉上，动词。

矜

犹蒙矜育。怜惜，动词。

不矜名节。自夸，夸耀，动词。

6. 特殊句式。

判断句

臣之辛苦，非独蜀之人士及二州牧伯所见明知。（非，副词，否定判断）

实为狼狈（动词"为"肯定判断）

本图宦达（副词"本"表示判断，本来是的意思）

省略句

欲苟顺私情，则告诉（上官）（上官）不许。

前太守臣逵察（为）孝廉，后刺史臣荣举臣（为）秀才/拜臣（为）郎中/除臣（为）洗马。

具以表闻（之）/拜表以问（之）。

被动句

而刘夙婴疾病

状语后置

州司临门，急于星火。

知识检测

一、选择题

1. 下列加点字的读音有误的一项是（　　）

   A. 臣以险衅（xìn）　夙（sù）遭闵凶　门衰祚（zuò）薄　日薄（bó）西山
   B. 茕茕（qióng）　孑立床蓐（rù）　猥（wěi）以贱微　生当陨（yǔn）首
   C. 责臣逋（bū）慢　犹蒙矜（jīn）育　过蒙拔擢（zhuó）　宠命优渥（wò）
   D. 期（qī）功强近　终鲜（xiǎn）兄弟　除臣洗（xǐ）马　刘病日笃（dǔ）

2. 下列加点词解释有误的一项是（　　）

   A. 晚有儿息：子　　　　　　形影相吊：安慰
   B. 逮奉圣朝：等到　　　　　未曾废离：停止
   C. 寻蒙国恩：寻找　　　　　除臣洗马：授与官职
   D. 刘病日笃：病重　　　　　不矜名节：自夸

3. 对下列句中加点词的解析，不正确的一项是（　　）

   A. 臣以险衅，夙遭闵凶。（险衅：指命运不好。夙：早时。凶：不幸。）
   B. 生孩六月，慈父见背。（见背：离开我。背，背离、离开。）
   C. 皇天后土实所共鉴　（鉴：借鉴）
   D. 门衰祚薄，晚有儿息。（薄：浅薄。息：子。）

4. 下列句中不含通假字的一项是（　　）

   A. 臣密今年四十有四。
   B. 而刘夙婴疾病，常在床蓐。
   C. 臣以险衅，夙遭闵凶。
   D. 诏书切峻，责臣逋慢。

5. 下列加点词古今意义完全相同的一项是（　　）

   A. 至于成立　　　　　　　　B. 则告诉不许
   C. 臣之辛苦　　　　　　　　D. 实为狼狈

6. 下列句子中词语的意思相同的一项是（　　）

   A. 夙　夙遭闵凶　　　　　　夙兴以求，夜寐以思
   B. 区区　是以区区不能废远　秦以区区之地，致万乘之势
   C. 见　慈父见背　　　　　　君既若见录，不久望君来
   D. 薄　但以刘日薄西山　　　薄田五十顷

7. 下列加点虚词解释有误的一项是（　　）

A. 急于星火：像　　　　　　　　B. 臣之进退：助词，取消句子独立性

C. 无以至今日：没有用来……的　　D. 是以区区不能废远：因此

8. 下列所选成语中"是"的含义、用法与例句相同的一项是（　　）

例句：是臣尽节于陛下之日长

A. 是可忍，孰不可忍　　　　　B. 唯命是从

C. 是非曲直　　　　　　　　　D. 实事求是

9. 下面关于"表"这种文体的说明不正确的一项是（　　）

A. "表"是纪传体史书中的一种体裁，如同现代史书的大事纪年表，比如《史记》就有"十表"

B. "表"是臣下向皇上言事的一种文体，表有分条陈述之意

C. "表"是古代奏章的一种，多用于臣向君表白心迹，陈请谢贺

D. "表"还有一种作用，就是向敌对一方发的宣战书，称作"战表"

10. 选出对文章分析有误的一项是（　　）

A. 选文一连用了"察臣""举臣""拜臣""除臣"几个词，准确地陈述了自己"过蒙拔擢，宠命优渥"的实情以及由衷的感恩戴德之情。

B. "诏书切峻，责臣逋慢；郡县逼迫，催臣上路；州司临门，急于星火。"这一组四字骈句的排比渲染出圣命逼人的紧张气氛。

C. "前太守臣逵，察臣孝廉；后刺史臣荣，举臣秀才"是排比句，恰当地表达了自己深受圣朝恩宠的感激。

D. "臣欲奉诏奔驰，则刘病日笃；欲苟顺私情，则告诉不许"，通过内容的对立，突出了李密无奈之情。

二、填空题

1. 臣少多疾病，九岁不行，＿＿＿＿＿＿，＿＿＿＿＿＿。既无叔伯，终鲜兄弟，门衰祚薄，晚有儿息。＿＿＿＿＿＿，＿＿＿＿＿＿。

2. 但以刘日薄西山，气息奄奄，＿＿＿＿＿＿，＿＿＿＿＿＿。

三、课内阅读

1. 指出各句加点词解释有误的一项是（　　）

A. 逮奉圣朝，沐浴清化。逮：及，至

B. 凡在故老，犹蒙矜育。矜：怜惜

C. 臣欲奉诏奔驰，则刘病日笃。 笃：更加

D. 但以刘日薄西山，气息奄奄。 薄：迫近

2. 分析比较下列句中"以"的意义用法，判断正确的一项是（　　　）

①臣以供养无主，辞不赴命。　　②但以刘日薄西山，气息奄奄。

③臣具以表闻，辞不就职。　　④臣不胜犬马怖惧之情，谨拜表以闻。

A. ①和②相同 ③和④不同　　　　B. ①和②不同 ③和④相同

C. ①和④相同 ②和③不同　　　　D. ①②③④各不相同

3. 选出翻译准确的一项是（　　　）

①生孩六月，慈父见背

②臣少多疾病，九岁不行，零丁孤苦，至于成立。

A. ①生下小孩六个月，父亲离开了他。

②我小时候常生病，九岁还不能走路，孤独无靠，直到长大成人。

B. ①生下来只六个月，父亲就去世了。

②我小时候常生病，九岁还不行，孤独无靠，直到长大成人。

C. ①生下来六个月，父亲就去世了。

②我小时候常生病，九岁还不能走路，孤独无靠，直到成家立业。

D. ①生下来六个月，父亲就去世了。

②我小时候常生病，九岁还不会走路，孤独无靠，直到长大成人。

4. 指出表述有误的一项是（　　　）

A. 晋武帝征诏李密为太子洗马，李密不愿应诏，就写了这篇申诉自己不能应诏的苦衷的表文。

B. 本文开篇就提出不愿应诏，接着从自己幼年的不幸遭遇写起，说明自己与祖母相依为命的特殊感情，致使君王收回成命。

C. 本文叙述委婉，辞意恳切，语言简洁生动，富有表现力与强烈的感染力。

D. 文章始终围绕"愿乞终养，辞不赴命"八个字展开，在简洁的笔墨中寄寓了深深的情感。

四、拓展阅读

李密，字令伯，犍为武阳人也，一名虔。父早亡，母何氏醮。密时年数岁，感恋弥至，烝烝之性，遂以成疾。祖母刘氏，躬自抚养，密奉事以孝谨闻。刘氏有疾，则涕泣侧息，未尝解衣，饮膳汤药必先尝后进。有暇则讲学忘疲，而师事谯周，周门人方之游夏。

少仕蜀，为郎。数使吴，有才辩，吴人称之。蜀平，泰始初，诏征为太子洗马。密以祖母年高，无人奉养，遂不应命。乃上疏曰：臣以险衅……（课文部分）

帝览之曰："士之有名，不虚然哉！"乃停召。后刘终，服阕，复以洗马征至洛。司空张华问之曰："安乐公何如？"密曰："可次齐桓。"华问其故，对曰："齐桓得管仲而霸，用竖刁而虫流。安乐公得诸葛亮而抗魏，任黄皓而丧国，是知成败一也。"次问："孔明言教何碎？"密曰："昔舜、禹、皋陶相与语，故得简雅；《大诰》与凡人言，宜碎。孔明与言者无己敌，言教是以碎耳。"华善之。

出为温令，而憎疾从事，尝与人书曰："庆父不死，鲁难未已。"从事白其书司隶，司隶以密在县清慎，弗之劾也。密有才能，常望内转，而朝廷无援，乃迁汉中太守，自以失分怀怨。及赐饯东堂，诏密令赋诗，末章曰："人亦有言，有因有缘。官无中人，不如归田。明明在上，斯语岂然！"武帝忿之，于是都官从事奏免密官。后卒于家。

（选自《晋书·李密传》）

1. 对下列句子中加点词语的解释，不正确的一项是（　　）

A. 祖母刘氏，躬自抚养　躬自：亲自

B. 数使吴，有才辩　数：多次

C. 服阕，复以洗马征至洛　服阕：服丧期满

D. 华善之　善：好

2. 下列各组句子中，加点词语的意义和用法不相同的一项是（　　）

A. 密奉事以孝谨闻 // 是以区区不能废远

B. 乃迁汉中太守 // 乃上疏曰：臣以险衅

C. 刘氏有疾，则涕泣侧息 // 有暇则讲学忘疲

D. 齐桓得管仲而霸 // 常望内转，而朝廷无援

3. 下列对文章内容的理解和分析，不恰当的一项是（　　）

A. 李密几岁大的时候就成了孤儿，是祖母刘氏把他抚养成人，他曾拜谯周为师，周的门人把他比作子游和子夏。

B. 李密因为孝敬祖母而闻名，也因祖母年老，无人奉养，上疏《陈情表》"辞不就职"；皇帝看后，停止征召他为太子洗马。

C. 李密在祖母去世后，被迫到晋朝廷任洗马的官职，实现"先尽孝，后尽忠"忠孝两全的夙愿。

D. 李密做温县县令时，讨厌下属官吏，因给人写信说"庆父不死，鲁难未已"而被上告，司隶因为他在温县做官清廉谨慎，没有弹劾他。

第六单元检测题

一、选择题

1. 下面读音全部正确的一项是（　　）

   A. 装载（zǎi）　慰藉（jiè）　强词夺理（qiáng）　佶屈聱牙（jí）　拾级而上（shí）

   B. 泊船（bó）　遒劲（jìng）　丢三落四（là）　装模作样（mú）　噤若寒蝉（jìn）

   C. 殷红（yīn）　摒弃（bǐng）　自怨自艾（yì）　力能扛鼎（gāng）　同仇敌忾（kài）

   D. 怆然（chuàng）　稗官（bài）　宁缺毋滥（wù）　筚路蓝缕（bì）　封妻荫子（yīn）

2. 下列各组词语中，有错别字的一组是（　　）

   A. 鸿福　洪福齐天　法治　健全法制　　B. 事故　圆滑世故　扶养　抚养子女

   C. 意气　义气用事　修养　休养生息　　D. 委屈　委曲求全　振荡　山谷震荡

3. 依次填入下面句中横线上最恰当的一组词语是（　　）

   商品化的大潮_____浮动的人心，由此而_____一大堆文字垃圾污染人文环境，现实的窘况_____人的良知，价值标准混乱_____大众的视线，人类文明史常常在特定的背景下变得_____不辨。

   A. 迷惑　产生　启迪　遮挡　美丑　　B. 迷惑　滋生　启迪　遮蔽　真假

   C. 左右　滋生　局限　模糊　良莠　　D. 迷惑　滥造　局限　遮蔽　真假

4. 下列各句中加点的熟语的使用，恰当的一句是（　　）

   A. 在官场上一干就是十五年，李向廉依旧危言危行，不褪共产党员的本色。

   B. 下塘镇为了迎接上级扶贫检查，把邻近好几个村的羊、鸭集中到一起，以其规模效应骗取扶贫资金，这一做法令人叹为观止。

   C. 会议开始时气氛有些沉闷，多亏张教授抛砖引玉的一番话，大家的发言才活跃起来。

   D. 2002年NBA.秀状元姚明在11月15日美国东部时间晚上10时第一次和全美观众见面，继王治郅、巴特尔之后又一名中国篮球队员在NBA.墨登场了。

5. 下列各句中，没有语病的一句是（　　）

   A. 出席会议的除本校的师生员工外，还有市教育局负责人，本市各学校的代表，以及其他有关单位也派人参加了这个大会。

   B. 劳动和社会保障部日前提出，现阶段收入分配改革的重点是扩大中等收入人群比重，形成"中部大，两头小"的新分配格局。

   C. 一些唱片公司喜欢以流水线的方式快速包装新歌手，造成了流行乐坛表面繁荣，内里空虚。

D. 一大早，教室里十分热闹，有的交作业，有的读书，有的谈论昨天电视节目内容，预备铃过后，教室里才比较安静下来。

6. 填入下面横线处的语句，与上下文衔接最恰当的一项是（　　）

若是有人因为列宁说托尔斯泰"一方面，是一个天才的艺术家""另一方面，是一个发狂地笃信基督的地主"；若是有人因为恩格斯说巴尔扎克"在政治上是一个正统派"，同时又在艺术上取得"现实主义最伟大的胜利"，就认为_____，那是天大的误解与曲解。

A. 艺术和思想可以分割作家的世界观和他的艺术内容无关

B. 艺术和思想不可以分割作家的世界观和他的艺术内容无关

C. 艺术和思想可以分割作家的世界观和他的艺术内容相关

D. 艺术和思想不可以分割作家的世界观和他的艺术内容相关

7. 下列各项中，标点符号的使用合乎规范的一项是（　　）

A. 我想养只鸽子，让它生鸽蛋给小孩儿玩。可是目前严重的问题是，有没有壁虎，假定有了，会不会偷鸽蛋？

B. 上海电影译制片厂最有代表性的作品。如《音乐之声》、《王子复仇记》……等等，为什么令人百看不厌？这首先还是归功于本子做得精彩。

C. 古语云："仓廪实而知礼节，衣食足而知荣辱。（《管子·牧民》）"政治的清明和文化的复兴必须具备一定的经济基础。

D. 红丝带——艾滋病防治的宣传标识象征着我们对艾滋病患者、感染者的关心，象征着我们对生命的热爱，象征着我们要用"心"来参与预防艾滋病的工作。

8. 对下面各句的修辞格判断全正确的一项是（　　）

①一眨眼就是八年了。

②这样的表现怎能战胜对手呢？

③红军一天一夜行军一百二十里，赛过了敌人的四个轮子。

④我的心早就飞到了那向往已久的巴山蜀水。

A. 比喻　反问　借代　夸张　　　　B. 夸张　反问　借代　拟物

C. 夸张　设问　比喻　借代　　　　D. 比喻　设问　拟物　夸张

9. 下列与其他三项加点词活用方式不同的一项是（　　）

A. 假舟楫者，非能水也

B. 席卷天下，包举宇内

C. 君为我呼人，吾得兄事之

D. 相如廷斥之

10. 下列有关文学常识的表述，不正确的一项是（　　）

A.《孔雀东南飞》是保存下来的我国古代最早的长篇抒情诗，古乐府民歌代表作之一，作者不详。原题为"古诗为焦仲卿妻所作"，与北朝《木兰诗》并称"乐府双璧"。

B. 中国现代作家老舍，原名舒庆春，字舍予，北京，满族人。代表作品有长篇小说《骆驼祥子》《四世同堂》，中篇小说《月牙儿》《我这一辈子》，话剧《龙须沟》和《茶馆》。

C. 乐府，本是汉武帝时设立的一个掌管音乐的机构。它的职责是采集民间歌谣或是文人的诗来配乐，以备朝廷祭祀或宴会时演奏之用，后世把它收集整理的诗歌，称为乐府诗，或简称乐府。

D. 王安石，字介甫，号半山，北宋政治家、文学家、思想家，世称临川先生，唐宋八大家之一，其散文战斗性和现实性都很强。

二、诗文阅读

卜算子
黄州定慧院寓居作
苏 轼

缺月挂疏桐，漏断人初静。谁见幽人独往来，缥缈孤鸿影。

惊起却回头，有恨无人省。拣尽寒枝不肯栖，寂寞沙洲冷。

1. 下列对诗句内容理解不正确的一项是（　　）

A. "缺月挂疏桐，漏断人初静。"营造了一个夜深人静、月挂疏桐的孤寂氛围，为"幽人""孤鸿"的出场做铺垫。

B. "谁见幽人独往来，缥缈孤鸿影。"写出暗夜幽寂，万物入梦的时刻，有谁看见孤独的人在月光下徘徊，就像是一只孤单飞过天穹的凄清的大雁。

C. "惊起却回头，有恨无人省。"这是直写自己孤寂的心境。人孤独的时候，总会四顾，回头的寻觅，找到的是更多的孤独。

D. "拣尽寒枝不肯栖，寂寞沙洲冷。"写孤鸿遭遇不幸，心怀幽恨，惊恐不已，在寒枝间飞来飞去，拣尽寒枝不肯栖息，只好落宿于寂寞荒冷的沙洲，度过这样寒冷的夜晚。

2. 下列对词的赏析不正确的一项是（　　）

A. 这首词的境界高妙，对孤鸿和月夜环境背景的描写中，选景叙事均简约凝练，空灵飞动，含蓄蕴藉，生动传神，具有高度的典型性。

B. 上阕先是点出一位独来独往、心事浩茫的"幽人"形象，继而用孤鸿这一意象与之契合，让人联想到："幽人"那孤高的心境，正像缥缈若仙的孤鸿之影。

C. 苏轼被贬黄州后，虽然自己的生活都有问题，但他是乐观旷达的，能率领全家通过自身的努力来渡过生活难关，这首词正是这种乐观精神的体现。

D. 下阕把鸿与人同写，通过鸿的孤独缥缈，惊起回头、怀抱幽恨和选求宿处，表达了作者贬谪黄州时期的孤寂处境和高洁自许、不愿随波逐流的心境。

三、科技文阅读

（1）在英国权威的科学杂志《自然》上刊登的一篇美国科学家的论文说，研究人员在实验室里把抗虫害转基因玉米"BT玉米"的花粉撒在苦苣菜叶上，然后让蝴蝶幼虫啃食这些菜叶。四天之后，有44%的幼虫死亡，活着的幼虫身体也较小，而且没有精神。而另一组幼虫啃食撒有普通玉米花粉的菜叶，就没有发生类似现象。另据英国科学家的研究，与一般大豆相比，耐除草剂的转基因大豆中，防癌的成分异黄酮减少了。这些结论引起了科学家的担心，也引起了世界范围的不安。

（2）苏格兰科学家普斯陶伊的转基因土豆研究，情况却有所不同。去年秋季，普斯陶伊称，自己一项未经发表的实验结果证明，年幼老鼠食用转基因土豆10天后，其肾脏、脾和消化道都出现损伤，而且免疫系统也遭到破坏，他将这一切归咎于对土豆的基因操作本身。他的结论据说得到了14个国家20名科学家的支持。但英国最具权威的科研机构英国皇家学会宣布，该学会组织的6人专家组经过详细评估发现，他的研究无论在设计上，还是在操作和数据上，都充满漏洞，他的结论无法成立。然而，这场在英国引起并跨出国界的轩然大波却至今未平。

（3）转基因技术是一项先进的生物科学技术，这一点已在世界范围内取得共识。美国是转基因技术最先进的国家，据统计，美国的大学、科研机关和企业等已经开发出上百个转基因作物品种，其中仅有43个品种的安全性得到了美国食品和药物管理局的确认。面临转基因玉米和大豆正在进行大面积种植与大量出口以及由此引发争议的现状，美国国家科学院已经郑重承诺，将就转基因食品的安全性问题展开全面调查。看来，在发展转基因技术的同时，也是应当注意吸取任何一种现代工业技术发展过程中的教训的。

1. 引起"科学家的担心"和"世界范围的不安"的原因是（　　）

A. "BT玉米"抗虫害能力并不能达到百分之百，某些转基因大豆可能会致癌。

B. 某些转基因作物会对生态环境造成污染，还有一些会削弱作物对人体健康的作用。

C. 转基因作物会毒杀昆虫或影响昆虫的发育，并会降低人体自身的防癌功能。

D. 由于毒素存在，某些转基因作物会污染环境，因此而影响人体的健康。

2. 不符合第二自然段文意的一项是（　　）

A. 普斯陶伊认定，转基因作物会损伤动物内脏并在破坏免疫系统，他声称是通过实验证明这一点的。

B. 英国皇家学会认为普斯陶伊的结论不能成立，根据主要是普斯陶伊实验的科学性太差。

C. 普斯陶伊所引发的风波，表明了在世界范围内人们对这项先进的生物科学技术的某种担心与不信任。

D. "有所不同"是针对第一自然段而言,意思是说普斯陶伊的结论没有引起科学家的担心与不安。

3. 文中所说的"教训"指的是（　　　）

A. 现代工业技术没有注意到它的安全性及对人们心理的影响。

B. 发展生物科学没有注意到它对生态平衡和人类健康的影响。

C. 发展现代工业技术没有注意到它可能造成的危害而做到趋利避害。

D. 在科学发展中,没有听取各方面的不同意见,没有做更大范围的细致研究。

4. 同本文作者的观点倾向不一致的一项是（　　　）

A. 转基因作物作为先进的生物科学技术成果所引起的担心和不安,绝不会妨碍这项技术的发展。

B. 面对运用转基因技术所引起的世界范围的担心与不安,吸取教训总结经验才是正确的做法。

C. 转基因技术是一项先进的生物科学技术,但在推行的时候,要特别考虑到它的安全性问题。

D. 实验证明,某些转基因作物自身有长亦有短,但完全否定这项技术成果,尚缺乏科学依据。

四、填空题

1. 身既死兮神以灵,_____?
2. 外无期功强近之亲,内无应门五尺之僮。_____,_____。
3. 《游褒禅山记》从文体上属_____。
4. 《国殇》是_____中的一篇。

五、应用文写作

旅游（三）班要举办毕业晚会,为了把晚会办得更完美,班长打算向学校艺术室借一套音响设备。艺术室需要写一张借条。

如果你是班长,现在请代表旅游（三）班写一张借条。

六、文言文阅读

六国论

六国破灭，非兵不利，战不善，弊在赂秦。赂秦而力亏，破灭之道也。或曰：六国互丧，率赂秦耶？曰：不赂者以赂者丧。盖失强援，不能独完，故曰：弊在赂秦也。

秦以攻取之外，小则获邑，大则得城。较秦之所得与战胜而得者，其实百倍；诸侯之所亡，与战败而亡者，其实亦百倍。则秦之所大欲，诸侯之所大患，固不在战矣。思厥先祖父，暴霜露，斩荆棘，以有尺寸之地。子孙视之不甚惜，举以予人，如弃草芥，今日割五城，明日割十城，然后得一夕安寝。起视四境，而秦兵又至矣。然则诸侯之地有限，暴秦之欲无厌，奉之弥繁，侵之愈急。故不战而强弱胜负已判矣。至于颠覆，理固宜然。古人云："以地事秦，犹抱薪救火，薪不尽，火不灭。"此言得之。

齐人未尝赂秦，终继五国迁灭，何哉？与嬴而不助五国也。五国既丧，齐亦不免矣。燕、赵之君，始有远略，能守其土，义不赂秦。是故燕虽小国而后亡，斯用兵之效也。至丹以荆卿为计，始速祸焉。赵尝五战于秦，二败而三胜。后秦击赵者再，李牧连却之。洎牧以谗诛，邯郸为郡，惜其用武而不终也。且燕、赵处秦革灭殆尽之际，可谓智力孤危，战败而亡，诚不得已。向使三国各爱其地，齐人勿附于秦，刺客不行，良将犹在，则胜负之数，存亡之理，当与秦相较，或未易量。

呜呼！以赂秦之地封天下之谋臣，以事秦之心礼天下之奇才，并力西向，则吾恐秦人食之不得下咽也。悲夫！有如此之势，而为秦人积威之所劫，日削月割，以趋于亡。为国者无使为积威之所劫哉！

夫六国与秦皆诸侯，其势弱于秦，而犹有可以不赂而胜之之势。苟以天下之大，而从六国破亡之故事，是又在六国下矣。

1. 下列各项中，加点词的解释不正确的一项是（　　）

A. 思厥先祖父　　　　　　　　　厥：其，泛指列国的
B. 故不战而强弱胜负已判矣　　　判：决定
C. 胜负之数　　　　　　　　　　数：次数
D. 始速祸焉　　　　　　　　　　速：招致

2. 下列各项中，加点词的意义和用法相同的一项是（　　）

A. 不赂者以赂者丧　　　　　　　輮以为轮，其曲中规
B. 与嬴而不助五国也　　　　　　客亦知夫水与月乎
C. 而为秦人积威之所劫　　　　　故为之文以志
D. 而秦兵又至矣　　　　　　　　非利足也，而致千里

3. 下列各项中，加点词语属于古今同义的一项是（　　）
A. 其实亦百倍
B. 可谓智力孤危
C. 下而从六国破亡之故事
D. 以有尺寸之地

4. 下列对本文有关内容的赏析和概括，不正确的一项是（　　）
A. 文章开篇直截了当提出论点："弊在赂秦"，分别从"不赂者"和"赂者"两个方面进行初步论证，剖析深入，逻辑严密。
B. 第四段以齐、燕、赵三国灭亡的进程，具体论证了"不赂者以赂者丧"的道理。如燕国起初全力反抗秦国侵略，但后来由于派遣刺客，杀了良将李牧，于是终至灭亡。
C. 为了增强说服力，作者还运用了多种方法，如用"今日""明日"，夸张地描述了割地赂秦的频繁，表现了秦国的贪婪。
D. 文章借古讽今，表面上批评的是六国，实际上是讥讽北宋统治者采取以赂求和的妥协投降政策，并告诫统治者切勿"从六国破亡之故事"。

七、写作训练

阅读下面的文字，根据要求作文。

某社交软件的宣言：别和陌生人说话，别做新鲜事，继续过平常的生活。胆小一点，别好奇，就玩你会的，离冒险远远的，有些事想想就好，没必要改变。待在熟悉的地方，最好待在家里，听一样的音乐，见一样的人。重复同样的话题。心思别太活，梦想要实际，不要什么都尝试。就这样活着吧。

对此则材料，你如何看？请自选角度，自定立意，自拟题目，写一篇不少于800字的作文。

综合检测题一

一、选择题

1. 下列词语中加横线的字的读音完全相同的一组是（　　）
   A. 觐见　灰烬　进退两难　噤若寒蝉
   B. 回溯　硕大　媒妁之言　数见不鲜
   C. 邂逅　狡黠　不屑一顾　歌台舞榭
   D. 罪孽　涅槃　劣迹昭彰　蹑手蹑脚

2. 下列词语中没有错别字的一组是（　　）
   A. 胳膊　札记　墨守成规　卑躬屈膝
   B. 骨骼　宣泄　囤积居奇　以逸代劳
   C. 畏葸　瑕疵　鸠占雀巢　在所不惜
   D. 慧眼　编纂　星罗棋布　面面俱到

3. 填入下列横线上的词语，正确的一组是（　　）
   ①布恩地亚一听这消息竟怔住了，他木然不动，极力_____着悲痛。
   ②人们感到惊异的是他们怎么会找到这个_____在沼泽中的村庄的。吉卜赛人道出了真情，是小鸟的歌声为他们指的路。
   ③开头几天，他们没有遇到什么了不起的_____，从那里沿着野橘林间的一条小道进入大森林。

   A. 抑制　湮没　障碍
   B. 抑制　淹没　阻碍
   C. 控制　淹没　阻碍
   D. 控制　湮没　障碍

4. 下列名句中加横线的成语使用恰当的一句是（　　）
   A. 对于这座神秘的古代墓葬，专家们希望能从漫无边际的史料中找到一些关于它的蛛丝马迹。
   B. 经过长达两个星期的鏖战，本届世界锦标赛最终尘埃落定，中国队在赛程极其不利的情况下，克服重重困难，获得冠军。
   C. 随着4G时代的到来，国产智能手机纷纷登堂入室，截至今年第一季度，联想、华为、中兴和小米等品牌手机在全球市场已占有三分之一的份额。
   D. 历史如同一条长河，从源头连绵不断地流去，每一个阶段都具有特立独行的标志。

5. 下列标点符号使用正确的一项是（　　）
   A. 古人清明踏青往往还举行体育活动：踢球呀、折柳呀、放风筝呀、荡秋千呀，其中荡秋千最受人们喜爱。
   B. 生产成本居高不下的原因，一个是设备落后,能耗高。另一个是管理不善,浪费严重。

C. 围棋的魅力，在于它斗智斗勇，充分展现了人们的博弈技巧；围棋的魅力，还在于它源远流长，完全融合了中国传统文化的精髓：所以说围棋是中国文化的一个代表。

D. 站在村中心小学那几间破烂不堪的教室（有两间的墙都倒塌了一半）前，感觉这里像是刚被敌机轰炸过。

6. 下列各句中，没有语病的一句是（　　）

A. 今年暑假，我市将举办第12届中学生运动会，我校参加这届运动会的20名男运动员和16名女运动员，均是由班级和年级层层选拔出来的优秀选手组成。

B. 我先来到展厅后面一座小山上，映入眼帘的，是一个巨大的由一块茶色玻璃构成的覆斗形上盖，它保护着古墓的发掘现场。

C. 成功的基础是奋斗，奋斗的收获是成功，所以，天下唯有不畏艰难而奋斗的人，才能登上成功的高峰。

D. 据悉，一种新型的袖珍电脑将亮相本届科博会，它采用语言输入、太阳能供电，具有高雅、时尚、方便、环保的功能和作用。

7. 依次填入下面一段文字横线处的语句，衔接最恰当的一句是（　　）

这其实也正是一切高贵者的通病。＿＿＿＿＿＿是啊，只有宽容大度才能成就大事。

①项羽不懂这个道理，他的失败便是理所当然了

②由于高贵，他们往往不能容人

③胸中容不得尘埃

④然而他们不知道，海洋之所以博大，恰在能容

⑤而且还自诩为眼里容不得沙子

A. ①②④③⑤　　　　　　　　B. ②③⑤①④

C. ①④②⑤③　　　　　　　　D. ②⑤③④①

8. 对下列各句中所用修辞手法，判断正确的一组是（　　）

①处处憋闷，整个老城像烧透了的砖窑，使人喘不过气来。

②千万个雷锋活跃在祖国大地上。

③芝麻粒儿大的事，不必放在心上。

④大雪压青松，青松挺且直。

⑤山色逐渐变得柔嫩，山形也逐渐变得柔和，很有一伸手就可以触摸到凝脂似的感觉。

A. 拟人　比喻　夸张　对偶　比喻　　　B. 比喻　借代　夸张　顶针　通感

C. 比喻　借代　比喻　对偶　拟人　　　D. 通感　比喻　借代　顶针　比喻

9. 下列有关文学常识的表述正确的一项是（　　）

A. 明代最杰出的传奇作家是汤显祖，《桃花扇》是他的代表作，也是我国戏曲史上浪漫主义的杰作。

B. 韩愈是唐代"古文运动"倡导者，苏轼称他"文起八代之衰"，明人将他列于"唐

宋八大家"之首。

C. 《红楼梦》《水浒传》《三国演义》《聊斋志异》这四部中国古典长篇小说都是章回体结构。

D. 舒婷是中国当代朦胧诗派的代表作家之一，代表作品有《我爱这土地》等。

10. 下列各句中语言运用得体的一项是（　　）

A. 多年不见的老乡捎来了家乡的特产，我推辞不了，最后只好笑纳了。

B. 送君千里，终须一别，请您留步，恕不远送了。

C. 尽管只是绵薄之力，但他费了很大的劲，我们应该感谢。

D. 下能光临寒舍，真使蓬荜生辉，我感到十分荣幸。

二、诗文阅读

曲江对酒

杜　甫

苑外江头坐不归，水精宫殿转霏微。
桃花细逐杨花落，黄鸟时兼白鸟飞。
纵饮久判①人共弃，懒朝真与世相违。
吏情更觉沧洲②远，老大徒伤未拂衣。

【注】①判：同"拚"，不顾一切，豁出去。这里是"甘愿"。
　　　②沧洲：水边绿洲，古时常用来指隐士的居处。

1. 对作品赏析不恰当的一项是（　　）

A. "苑外江头坐不归"，"苑"是指宫苑，"坐不归"写出了诗人想回但不能回去的无奈。

B. "水精宫殿转霏微"，"霏微"是迷蒙的样子，这句话营造了一种虚空寥落的意境。

C. 尾联表达出微官缚身，不能解脱，故而虽老大伤悲，也无可奈何，终未拂衣而去的意思。

D. 这首七律诗表现了杜甫在官场中不受重用，抱负难展，理想落空的苦痛。

2. 对作品的写作手法赏析不当的一项是（　　）

A. 这首七律的韵脚是"归""微""飞""违""衣"。

B. 颔联两句，以比喻的手法写出诗人久坐江头，空闲无聊，因而才这样留意于花落鸟飞的心绪。

C. 颈联诗人正话反说，表面说：我整日纵酒，早就甘愿被人嫌弃；我懒于朝参，的确有违世情；实际是说：既然人家嫌弃我，不如借酒自遣；既然我不被任用，何苦恭勤朝参？更显其牢愁之盛，又妙在含蓄委婉。

D. 尾联则以"沧洲远""未拂衣"，和上联的"纵饮""懒朝"形成对照，显示一种欲进既不能、欲退又不得的两难境地。

三、科技文阅读

蒙特卡罗的模拟

当科学家们使用计算机来试图预测复杂的趋势和事件时，他们通常应用一类需要长串的随机数的复杂计算。设计这种用来预测复杂趋势和事件的数字模型越来越依赖于一种称为蒙特卡罗模似的统计手段，而这种模拟进一步又要取决于可靠的无穷尽的随机数目来源。

蒙特卡罗模拟因摩洛哥著名的赌场而得名。它能够帮助人们从数学上表述物理、化学、工程、经济学以及环境动力学中一些非常复杂的相互作用。数学家们称这种表述为"模式"，而当一种模式足够精确时，他能产生与实际操作中对同一条件相同的反应。但蒙特卡罗模拟有一个危险的缺陷：如果必须输入一个模式中的随机数并不像设想的那样是随机数，而是构成一些微妙的非随机模式，那么整个的模拟（及其预测结果）都可能是错的。

最近，由美国佐治亚大学的费伦博格博士做出的一份报告证明了最普遍用以产生随机数串的计算机程序中有 5 个在用于一个简单的模拟磁性晶体中原子行为的数学模型时出现错误。科学家们发现，出现这些错误的根源在于这 5 个程序产生的数串其实并不随机，它们实际上隐藏了一些相互关系和样式，这一点只是在这种微小的非随机性歪曲了晶体模型的已知特性时才表露出来。贝尔实验室的里德博士告诫人们记住伟大的诺伊曼的忠告："任何人如果相信计算机能够产生出真正的随机的数序组都是疯子。"

1. 对"蒙特卡罗模拟"理解正确的一项是（　　）

A. 蒙特卡罗模拟是一种统计手段，可靠的、无穷尽的随机数是其实现的基础。

B. 蒙特卡罗模拟是一种统计手段，对复杂趋势和事件的预测是其运算的基础。

C. 蒙特卡罗模拟是一种计算机程序，它是可靠的、无穷尽的随机数的决定因素。

D. 蒙特卡罗模拟是一种计算机程序，它决定着可靠的、无穷尽的随机数目的来源。

2. "蒙特卡罗模拟"存在危险性的根源是（　　）

A. 计算机所产生的模式的精确度有偏差。

B. 计算机所产生的反应与实际操作不符。

C. 程序所产生的数串并不是随机数。

D. 程序所产生的数学模型是错误的。

3. 费伦博格博士的报告证明了（　　）

A. 有 5 个用来处理随机数的计算机程序出现错误。

B.出现这些错误的根源在于这5个程序产生的数串其实并不随机。

C.有5个计算机程序隐藏了一些相互关系和样式。

D.微小的非随机性歪曲了晶体模型的已知特性。

4.下列说法，符合原文意思的一项是（　　）

A.如果输入的是同一条件的模式，科学家就能够通过蒙特卡罗模拟产生与实际操作完全相同的反应。

B.如果输入蒙特卡罗模拟中的随机数不是随机数，那么整个的模拟及其预测结果都必然是错误的。

C.费伦博格博士指出，计算机程序出现错误的根源在于没有办法做到真正的随机。

D.蒙特卡罗模拟的作用是帮助人们运用计算机，通过数学模式对复杂的趋势和复杂事件进行预测。

四、文言文阅读

寡人之于国也（节选）

"不违农时，谷不可胜食也；数罟不入洿池，鱼鳖不可胜食也；斧斤以时入山林，材木不可胜用也。谷与鱼鳖不可胜食，材木不可胜用，是使民养生丧死无憾也。养生丧死无憾，王道之始也。

"五亩之宅，树之以桑，五十者可以衣帛矣。鸡豚狗彘之畜，无失其时，七十者可以食肉矣。百亩之田，勿夺其时，数口之家，可以无饥矣；谨庠序之教，申之以孝悌之义，颁白者不负戴于道路矣。七十者衣帛食肉，黎民不饥不寒，然而不王者，未之有也。"

1.下列句子当中不含词类活用现象的一项是（　　）

A.填然鼓之，兵刃既接，弃甲曳兵而走。

B.生乎吾前，其闻道也固先乎吾，吾从而师之。

C.卒廷见相如，毕礼而归之。

D.不违农时，谷不可胜食也。

2.选出加点的"以"字，意义不同于其他三句的一项是（　　）

A.加之以师旅　　　　　　　B.以五十步笑百步

C.斧斤以时入山林　　　　　D.申之以孝悌之义

3.与"申之以孝悌之义"句式相同的一项是（　　）

A.然而不王者，未之有也　　B.五亩之宅，树之以桑

C.仰观宇宙之大，俯察品类之盛　　D.非我也，兵也

4.下面对文意的表述理解错误的一项是（　　）

A.孟子认为，如果想让百姓对生养死葬没有什么不满，就必须做到粮食与鱼鳖吃不完，

材木不能用得尽。

B. 孟子认为，让百姓按时栽种农桑，畜养牲畜，不随意耽误百姓农时，百姓就能免于饥寒，国君就能够称王天下。

C. 对于社会混乱、哀鸿遍野的局面，不加以改变，却归罪于年成不好，这无异于拿刀杀人却归罪于兵器。

D. 本段文字从实行王道谈起，层层深入，有力地阐明了使民归附的原因、道理和措施。

五、填空题

1. ＿＿＿＿＿＿，善假于物也。
2. 曲终收拨当心画，＿＿＿＿＿＿。
3. ＿＿＿＿＿＿，更那堪冷落清秋节。
4. 《我爱这土地》的作者是我国现代著名诗人＿＿＿＿＿＿。
5. "你走，我不拦你。家里怎么办？"描写的是＿＿＿＿＿＿（人物名）。

六、应用文写作

于小燕2013年4月16日因事向朋友小李借了三万三千块钱并当场写下借条，又于2013年10月16日还了小李一万三千块钱并承诺剩下的钱于2013年12月31日前还清。根据以上内容写一张欠条。要求内容清晰，格式正确。

七、现代文阅读

花　树

（1）从未过多地留意楼前那排我叫不出名字的树。

（2）一天，忽然来了登高远眺的雅兴，一口气登上六楼阳台，凭栏放眼，无意间有了惊奇的发现：楼前的树开花了！朵朵紫中透着粉白的花，一团团，一簇簇，合抱着条条刚刚活软起来的青枝儿，在微风吹拂下，温柔地舞动着，起起伏伏如一片漾着香波的花海。看那繁盛的样子，不知在被我发现之前，它已经在那里寂寞地开了多少日子。

（3）无意间的发现令我惊喜，也唤起我深深的内疚。阳春时节，只顾追随人流，陶醉于"桃红三尺，鸭绿一湾"的胜景，却忽略了身边这普普通通的树。多少次在路旁小路上漫步，却未曾想过抬起头，望望枝头是否有了春的消息；也根本不曾料到，这枝干皲裂的树会开出光润鲜亮的花来。可是，面对许多如我这般的人的疏忽与冷淡，这看似平凡无奇的树，在草长莺飞的季节，还是一如既往地让蓓蕾绽放枝头，无声地将生命的美丽尽情挥洒。

　　（4）望着棵棵寂寞的花树，我的心被一股感动的潮水鼓荡着，眼前浮现出一张熟悉的笑脸来。

　　（5）家乡的一个男孩，很有头脑，也很有才华，本可凭此谋一份不错的职业，享受舒适的生活，但他却着魔似地爱上了那身国防绿，中学毕业后到荒凉的地方守卫国门。许多朋友对此叹息不止："哎，到了那人烟稀少的大西北，你就是再有才华，又有谁知道呢？"他却不以为然地笑了，说："我不在乎有多少人知道我，我只想好好干，将来能够说，在大西北，我的青春曾经美丽过。"后来的事实证明，他的确干得很出色，但也并没有因此声名远扬。边陲的军旅生活艰苦而寂寞。别后的信中，他常向我讲边疆的生活，字里行间没有一丝怨悔，充满了对西北高原和青春生命的热爱。

　　（6）日子云烟般一天天飘远，那张熟悉的笑脸却从未在我的记忆中淡去。如今睹树思人，心被深深地触动，总觉得他与眼前的花树有一种无言的默契。

　　（7）黄昏，又上阳台。正是夕阳流金百鸟归林的时刻。树下不断有穿着入时的人走过，大都行色匆匆，不曾注意头顶那满枝的花朵。凝望春风中繁花灿烂的树——那夕阳下独自静立的花树。心头却少了几分惊喜，多了几分落寞和惆怅。不觉地，我又想起那熟悉的笑脸，想起祖国边陲的国防绿，想起在实验室里日夜钻研的学者，想起在城市晨曦中挥动扫把的清洁工……生活中多少美丽的东西，就像这眼前的花树，虽在平凡中经受着寂寞，但那份本质的美却潇潇洒洒地存在，不曾因少了欣赏的目光而削弱丝毫。

　　（8）我懂了花树的美丽，也懂了花树的寂寞。它的寂寞是因为无人欣赏它的美丽，而它的美丽正是因为它承受了无人欣赏的寂寞。

　　（9）于是，寂寞的花树成为我心中最美的风景。

　　阅读全文，完成下面题目。

1.第（9）段中"寂寞的花树"象征什么？

2.第（7）段中"心头却少了几份惊喜，多了几份落寞和惆怅。"这里的"惊喜"和"落寞惆怅"分别指什么？（各用一句话概括回答）

惊喜：

落寞惆怅：

3. 读了《花树》，你想说些什么呢？请联系生活实际或社会实际谈谈你的感受和领悟。

4. 文中前三个自然段中反复出现"从未过多地留意""无意间""忽略了""未曾想过""根本不曾料到"等词语。这些词语对中心的表达作用，最接近作者意图的一项是（   ）

　　A. 自责对美丽的花树所表现出的那种疏忽、冷淡的态度。
　　B. 批评包括自己在内的人们对美丽的花树所表现出的疏忽、冷淡的态度。
　　C. 衬托美丽的花树那种不事炫耀、甘受寂寞的品质。
　　D. 强调平凡而美丽的花树遭人冷遇、被人忽视的境遇。

八、写作训练

阅读下面的材料，根据要求写一篇不少于800字的文章。

小和尚跟着老和尚出来化缘，满心不情愿，看见几尾逆水而游的鱼，便借题发挥："这些鱼真傻呀，逆水而游，多费力，多辛苦！""可它们正在享受快乐呢！"老和尚说，顺手一指河面上的落叶，"你看见那片黄叶了吗？只有死去的东西，才会享受这种随波逐流的安逸和舒适啊！"

要求选好角度，确定立意，明确文体，自拟标题；不要脱离材料内容及含意的范围作文，不要套作，不得抄袭。

综合检测题二

一、选择题

1. 下列各组词语中加点字的读音全不相同的一组是（　　）
   A. 行藏　行伍　道行　树行子
   B. 叨咕　叨念　叨登　叨教
   C. 蒙昧　蒙骗　蒙古　蒙太奇
   D. 落色　落价　落榜　落落大方

2. 下列各组词语书写全部正确的一项是（　　）
   A. 劲弩　揭竿为旗　文过饰非　别出心裁
   B. 脉搏　形迹可疑　功亏一篑　食不果腹
   C. 通碟　以逸代劳　分庭抗礼　张皇失措
   D. 扫瞄　悬梁刺骨　神洲大地　恬不知耻

3. 依次填入下列各句横线上的词语，最恰当的一组是（　　）
   ①这座_____渤海的小城，因为地理位置优越，而成为重要的小商品集散地。
   ②为了进一步转变机关作风，规范建委行政审批行为，建委民工委决定将对建设工程全程办事代理过程和效能实施_____。
   ③奥运会金牌选手纷纷_____新浪网，与网友畅谈在北京参加比赛的感受。
   A. 濒临　监察　做客　　　　　　B. 毗邻　监察　做客
   C. 濒临　检察　作客　　　　　　D. 毗邻　检察　作客

4. 下列各句中加点成语的使用，正确的一项是（　　）
   A. 比赛过后，教练希望大家重整旗鼓，继续以高昂的士气、振奋的精神、最佳的竞技状态，在下一届赛事中再创佳绩。
   B. 近年来农民收入稳步增长，生活条件大大改善，对商场里琳琅满目的高档电器也不再望尘莫及了。
   C. 央视《中国诗词大会》这个温文尔雅的节目走红，引起社会广泛关注，节目中一举夺冠的小姑娘更是成为谈论的焦点。
   D. 有的同学过去对语文学习不重视，到了高中才发现既要补欠账，又要学新知识，被弄得左支右绌，狼狈得很。

综合检测题二

5. 下列语句中，标点符号使用正确的一项是（　　）

A. 在海边他写浪花，写礁石；在山顶他写青松，写老藤；在田野他写春花，写秋月：真可谓"远山近水皆有情。"

B. 中外记者都急于了解"防御性国防政策"和"积极防御的军事战略"两者是什么关系？该如何理解当前中国的国防政策本质？

C. 这种白内障冷冻摘除器，具有制冷、解冻迅速、操作方便、安全性能高等特点。

D. 按照中国医学的传统理论，正常情况下，风是自然界的"六气"（风、寒、暑、湿、燥、火）之一。异常情况下，风又是致病的一种因素。

6. 下列各句中没有语病的一句是（　　）

A. 感冒冲剂的主要成分是大青叶、板蓝根、草河车、连翘配制成的。

B. 善不善于选择最恰当的完全可靠的材料，对于一篇文章的成败，常常有很重要的关系。

C. 中宣部长强调，必须把有偿新闻、买卖书号等不正当行为作为一项长期任务长抓不懈。

D. 最新出台的医疗保险政策最大限度地关注了工薪阶层的就医问题，很好地完善了医疗保险制度和医保专用资金的使用效率。

7. 依次填入下面横线处的语句，与上下文衔接最恰当的一项是（　　）

中国画自古便有一条"计白当黑"的准则，_____，显示的是一种静默的力量，一种空白的丰满。尤其在水墨画中，_____，从中可以看出作者的胸襟人品。

①表示的是"此时无声胜有声"的境界

②就像音乐中有"此时无声胜有声"的境界

③"计白当黑"被运用得出神入化

④作者运用"计白当黑"出神入化

　　A. ①③　　　　B. ①④　　　　C. ②③　　　　D. ②④

8. 对下列各句的修辞手法判断正确一项是（　　）

A. 千斤的担子你先挑吧。（借代）

B. 低眉信手续续弹，说尽心中无限事。（比喻）

C. 我的心好像早就飞到了那向往已久的巴山蜀水。（比喻）

D. 我们之间已经隔了一层可悲的厚障壁了。（借喻）

9. 下列关于文学常识的表述正确的一项是（　　）

A.《楚辞》是我国第一部浪漫主义诗歌总集，西汉刘向编辑，全书以屈原的作品为主。

B. 莎士比亚，英国文艺复兴时期的戏剧家、诗人。代表作有四大悲剧分别是《罗密欧与朱丽叶》《哈姆雷特》《奥赛罗》《李尔王》。

C. 纪传体史书是以人物传记为中心来记载历史事实的，如《史记》《资治通鉴》都是纪传体史书。

D.《六国论》的作者是苏轼，北宋散文家，唐宋八大家之一，与苏洵、苏辙并称"三苏"。

10. 下列句中加点词语与现代汉语语义相同的一项是（   ）

A. 因为长句，歌以赠之
B. 这个差事又好似天王堂
C. 胜负之数，存亡之理
D. 或取诸怀抱，晤言一室之内

二、诗文阅读

玉楼春

宋 祁

东城渐觉风光好，縠皱波纹迎客棹。
绿杨烟外晓寒轻，红杏枝头春意闹。
浮生长恨欢娱少，肯爱千金轻一笑。
为君持酒劝斜阳，且向花间留晚照。

【注】縠（hú）：一种有波纹的纱。

1. 对这首诗语句的解说，不恰当的一项是（   ）

A. 首句从"东城"写起，因为春风从东吹来，所以首先在东城逐渐感到春意。
B. "縠皱"比喻水上的波纹；东风吹来，水面生起波纹，如同皱纱。
C. "绿杨烟"是以烟比柳；初春柳丝吐绿，遥望枝叶难分，好似一片轻烟薄雾。
D. "为君"两句说为了和朋友多欢聚，举杯劝夕阳永留花丛中。

2. 对这首词的赏析，不恰当的一项是（   ）

A. "晓寒轻"是把"轻"字移用来形容初春清晨的微寒，新奇妥帖。
B. "红杏"句运用通感写活了杏花盛开、生机勃勃、春光热闹的感觉。
C. 上阕写景，下阕叙事，全诗好在把春天绚丽的景色写得有知觉，有生气。
D. "闹"字把诗的意境点染出来，相传作者因此被称为"红杏尚书"。

三、科技文阅读

国家体育场"鸟巢"是2008年北京奥运会主体育场，是由2001年普利茨克奖获得者赫尔佐格、德梅隆与中国建筑师李兴刚等合作设计的巨型体育场。它就像是一个用树枝般的钢网把一个可容10万人的体育场编织成的一个温馨鸟巢，寄托着人类对未来的希望。"鸟巢"坐落在奥林匹克公园中央区平缓的坡地上，场馆设计如同一个容器，高低起伏变化的外观可以产生戏剧性和震撼性的视觉冲击力。"鸟巢"是建筑、体育、艺术完美的统一。

美轮美奂的"鸟巢"为什么东西两头高，南北两头低，远远看去就像一个大元宝？这是因为运动赛场具有方向性的缘故。大凡比较正规的足球场，一般都是南北走向。因为地球自转的方向是自西向东的，故太阳总是东升西落。假设足球场是东西走向，如果上午比赛，日出东方，则整个上午太阳都在偏东的方向，太阳光就会直射向东进攻的运动员，把运动员的眼睛照得眼花缭乱；如果在下午比赛，日落西山，则整个下午太阳都在偏西的方向，太阳光就会正对向西进攻的运动员，把运动员的眼睛晒得直冒火花，运动员就不敢往上看，这当然影响运动员的比赛。因此，只有足球场是南北走向的时候，太阳光才是从运动员的侧面照射过来的，运动员才能避免受到太阳直射，不至于影响到运动员的比赛。同样的道理，田径运动场也应该是南北走向，这样南北向的跑道就长些，东西向的跑道就短些，尽量避免运动员在东西方向上受太阳光的影响。

另一方面，如果运动赛场是南北走向，那么东西方向看台观众的视线是均衡的，因为观众可以均衡地看到两端的比赛情况，所以在东西方向应该布置更多的座席，而南北方向的座席应该相对少一些。这样一来，东西两个方向留出来的空间就肯定多些，南北两个方向自然留出来的空间就少些。"鸟巢"东西方向有6层看台，南北方向是5层看台，所以它东西两头就高起来，南北两边就低下去。另外，东西两头高还可以尽量遮挡一部分上午和下午的太阳，最大限度地减少太阳光对运动员的干扰。

"鸟巢"人性化的设计和独特的外观造型，使它成为2008年北京运动会一座独特的历史性建筑。它不论是近看还是远观，都将给人留下与众不同的、永不磨灭的形象。它完全符合国家体育场在功能上的需求，又不同于一般体育场建筑中大跨度结构为主体的设计手法。体育场的空间效果既具有前所未有的独创性、艺术性和实用性，而又大度、简洁、典雅，成为世界奥运史上的经典之作。

1. 依据原文，下面对"鸟巢"的说明错误的一项是（　　）

   A. "鸟巢"是国家体育场，也是2008年北京奥运会主体育场，坐落在奥林匹克公园的中央区。

   B. 它是由中外建筑师共同合作设计的巨型体育场，可容纳10万人。

   C. 场馆内外高低起伏变化，可以产生戏剧性和震撼性的视觉冲击力。

   D. "鸟巢"是建筑、体育、艺术完美的统一，寄托着人类对未来的希望。

2. 下列属于"鸟巢"设计东西两头高，南北两头低的原因的一项是（　　）

   A. 因为地球自转的方向是自西向东的，这样可以最大程度地减少太阳光对运动员的干扰。

   B. 这样的设计可以让东西南北四方看台上观众的视线能够均衡地看到整个赛场的比赛情况。

   C. 为了让南北向的跑道长些，东西向的跑道短些，所以在设计的过程中让东西两头高，南北两头低。

D. 为了让它有比较独特的外观造型，使它成为2008年北京运动会一座独特的历史性建筑。

3. 对于"鸟巢"的特点表述不正确的一项是（　　）

A. "鸟巢"东西方向看台多，南北方向看台少，所以它东西两头就高起来，南北两边就低下去。

B. 它结构上没有采用一般体育场建筑中大跨度结构的设计手法，完全符合国家体育场在功能上的需求。

C. "鸟巢"的空间效果是有前所未有的，它具有独创性、艺术性和实用性。

D. "鸟巢"的结构像鸟巢，外观看上去其实像一个大元宝。

4. 依据原文信息，下列推断不正确的一项是（　　）

A. 之所以把2008年北京奥运体育场称之为"鸟巢"是因为它结构形式像鸟巢，并给人以温馨感，并寄托了人类对未来的希望。

B. "鸟巢"为了使到场的观众收到更好的视觉效果，考虑到太阳光照射和视线的均衡两方面的因素，从而合理设计了四周的看台。

C. "鸟巢"运动场的设计有利于运动员在运动过程中排除干扰，从而发挥自己的最佳成绩。

D. 在2008北京奥运会期间，"鸟巢"将吸引大量的观众从遥远的异国来到北京，从而使奥运会将更加盛大、隆重。

四、文言文阅读

游褒禅山记

王安石

褒禅山亦谓之华山。唐浮图慧褒始舍于其址，而卒葬之；以故其后名之曰"褒禅"。今所谓慧空禅院者，褒之庐冢也。距其院东五里，所谓华阳洞者，以其乃华山之阳名之也。距洞百余步，有碑仆道，其文漫灭，独其为文犹可识，曰"花山"。今言"华"如"华实"之"华"者，盖音谬也。

其下平旷，有泉侧出，而记游者甚众，——所谓前洞也。由山以上五六里，有穴窈然，入之甚寒，问其深，则其好游者不能穷也，——谓之后洞。余与四人拥火以入，入之愈深，其进愈难，而其见愈奇。有怠而欲出者，曰："不出，火且尽。"遂与之俱出。盖余所至，比好游者尚不能十一，然视其左右，来而记之者已少。盖其又深，则其至又加少矣。方是时，余之力尚足以入，火尚足以明也。既其出，则或咎其欲出者，而余亦悔其随之而不得极夫游之乐也。

于是余有叹焉。古人之观于天地、山川、草木、虫鱼、鸟兽，往往有得，以其求思之深而无不在也。夫夷以近，则游者众；险以远，则至者少。而世之奇伟、瑰怪、非常之观，常在于险远，而人之所罕至焉，故非有志者不能至也。有志矣，不随以止也，然力不足者，亦不能至也。有志与力，而又不随以怠，至于幽暗昏惑而无物以相之，亦不能至也。然力足以至焉，于人为可讥，而在己为有悔；尽吾志也而不能至者，可以无悔矣，其孰能讥之乎？此余之所得也。

余于仆碑，又以悲夫古书之不存，后世之谬其传而莫能名者，何可胜道也哉！此所以学者不可以不深思而慎取之也。

四人者：庐陵萧君圭君玉，长乐王回深父，余弟安国平父、安上纯父。至和元年七月某日，临川王某记。

1. 下列句子中加点词的解释正确的一项是（　　）

A. 独其为文犹可识　　　　　　　文：文章
B. 火尚足以明也　　　　　　　　明：照明
C. 而世之奇伟瑰怪非常之观　　　观：观察
D. 后世之谬其传而莫能名者　　　传：流传

2. 下列加点词用法相同的一项是（　　）

A. 大王见臣列观　　　　　　　而世之奇伟瑰怪非常之观
B. 至于幽暗昏惑而无物以相之　及时相遣归
C. 其可怪也欤　　　　　　　　其孰能讥之乎
D. 此所以学者不可以不深思而慎取之也　古之学者必有师

3. 与例句中加点词的用法相同的一项是（　　）

例句：有泉侧出

A. 以事秦之心礼天下之奇才　　　B. 卒廷见相如
C. 大行不顾细谨　　　　　　　　D. 齐彭殇为妄作

4. 下列与例句句式相同的一项是（　　）

例句：此余之所得也

A. 揉以尖草　　　　　　　　　　B. 夫六国与秦皆诸侯
C. 告诉不许　　　　　　　　　　D. 玉斗一双

五、填空题

1. 宋代朱熹抽取《礼记》中《大学》《中庸》两篇和《论语》、_____ 编在一起，称为"四书"。

2. 美国小说家_____在《老人与海》中塑造了桑地亚哥这个"硬汉"的形象。

3. 古代文学史上并称为"乐府双璧"的是《木兰辞》和《_____》，后者

第六单元

主要叙述了焦仲卿和_____的爱情悲剧。

4._____，平原忽兮路超远。

5.余于仆碑，又以悲夫古书之不存，后世之谬其传而莫能名者，何可胜道也哉？_____。

六、应用文写作

　　学校文学、摄影、礼仪等兴趣社团都在招收新社员，请根据自己的爱好，写一份加入其中某一社团的申请书。

七、现代文阅读

粗糙也是一种美
海星星

　　某日，在一朋友家中听古典名曲《化蝶》，是用那种老式唱机播放的。塑胶唱片在金属唱针下面不慌不忙地转溜着，如泣如诉的旋律，宛如一泓清波，一圈一圈地迭漾开来，伴着"哧哧哧哧"的电流声、唱片"嗞嗞嗞嗞"的滑动声，显得有些凝滞又有点厚重。虽是小提琴独奏，却有着交响乐的效果，释放出一份古典而又散漫的忧伤。这种用老式唱机、唱片送出来的音质，与高保真CD唱片相比较而言，却独具一种粗糙之美。

　　是的，粗糙也是一种美。粗糙，有时候能给我们提供更多的营养，比如黑面包，那种用有麸皮的面粉做成的面包，就绝对比那种用抽了筋、扒了皮的麦子做成的白面包有着更多的维他命。因此，小时候，母亲常常告诫我：别挑嘴，多吃点粗粮是好事！

　　相对于做工精细的高脚杯，我更钟情于粗瓷大碗。前者带来的可能是桨声灯影、酒绿唇红；后者带给我的，却是母亲慈爱的目光、父亲祥和的面庞，甚至是寒夜里冻得通红的脚趾头被一双老茧丛生的大手塞进热乎乎的被窝。

　　平日读书，对那些装帧精美的豪华本，我有一种天生的排斥感，总觉得这种书不是给人读的，而是用来装潢门面的。心下十分神往这样一个场景：在某个寂静的雨夜，听着豆大的雨点在窗台上跳来跳去，一个人躺在被窝里翻一本毛边的书，哧哧哧地掀着那些表面粗糙的书页，那该是一种多美的享受啊！

作为一个喜欢怀旧的人，每当我回想起自己的童年，便对乡村生活中的许多旧物心存一份感怀。那做工粗糙的木板凳，那豁了口的饭勺，那缺了把的水瓢，那卷了刃的菜刀，那断了一条腿的木床，那脱了发的扫帚，还有那长满苔藓的石阶……隔着一层岁月的毛玻璃，细细打量这些曾经深深打动过我的旧物，叫人禁不住生出诸多感慨。

眼下已是一个追求细腻和精致的时代，一个对蒸馏水、太空水、纯净水情有独钟的时代。而笔者却是一个不合时宜的粗人，常年穿一身粗布衣服，终日吃的是粗茶淡饭，做事毛手毛脚，做人也不拘小节。与人相处，我最讨厌那些八面玲珑者，那种滑溜溜的感觉，总让人心里玄吊吊的，不踏实。我坚信，相互之间有摩擦才会有更深入的了解，有磕碰才会有"历尽劫波兄弟在，相逢一笑泯恩仇"的默契。

不敢想象，假如有一天我们的心也变成了一个精美细致的瓷器，处处都需要"小心轻放"，那将是一种多么可怕的情形！那样的人生岂不活得太累？

1. 标题说"粗糙也是一种美"，请体会"粗糙之美"在文中的含义，说说"粗糙之美"在与人相处上应是一种什么样的表现？

2. 作者说："一个人躺在被窝里翻一本毛边的书，哧哧哧地掀着那些表面粗糙的书页，那该是一种多美的享受啊！"这里所倡导的是一种怎样的学习精神？

3. "眼下已是一个追求细腻和精致的时代"，"而笔者却是一个不合时宜的粗人"，反映了作者怎样的思想观念？

4. 下面对这篇散文的赏析，不正确的一项是（　　）

A. 能从老式唱机播放的音乐声中感受到"粗糙也是一种美"，反映出作者对生活的感悟能力非常之强。

B. "相对于做工精细的高脚杯，我更钟情于粗瓷大碗。"表明作者所喜爱的粗糙之美实际上就是生活中的一种质朴美和自然美。

C. 作者天生排斥那些装帧精美的豪华本，是因为不如翻看那些表面粗糙的毛边的书页更有美的享受。

D. 这篇散文以叙述开头,有感而发;以议论结尾,意味深长;语言平实而不乏幽默,行文随意而形散神聚,也体现了一种"粗糙之美"。

八、写作训练

最近有两则引起广泛关注的消息:1月5日16时44分,在由合肥开往广州南的G1747次高铁列车上,一女子以等老公为名,用身体强行阻挡车门关闭,并提出让检票员放行等要求。近4分钟的拉扯,造成该次列车延迟发车。而1月11日,陕西省宝鸡南站又出现一起"高铁堵门"事件,据媒体报道,这位堵门女子事发前曾和丈夫吵架,拦在车厢门口因其希望丈夫尽快回到车上。

对于以上事情你怎么看?要求综合材料内容及含意,表明你的态度,阐述你的看法,写一篇不少于800字的文章。